"十四五"职业教育国家规划教材

U0454450

新编21世纪高等职业教育精品教材·法律类

人民调解实务

（第二版）

刘金华◎著

中国人民大学出版社

·北京·

图书在版编目（CIP）数据

人民调解实务/刘金华著. --2版. --北京：中
国人民大学出版社，2024.6
　　新编21世纪高等职业教育精品教材. 法律类
　　ISBN 978-7-300-32825-6

　　Ⅰ.①人… Ⅱ.①刘… Ⅲ.①调解（诉讼法）-中国-
高等职业教育-教材 Ⅳ.①D925.114

　　中国国家版本馆 CIP 数据核字（2024）第 095894 号

"十四五"职业教育国家规划教材
新编21世纪高等职业教育精品教材·法律类
人民调解实务（第二版）
刘金华　著
Renmin Tiaojie Shiwu

出版发行	中国人民大学出版社				
社　　址	北京中关村大街31号		邮政编码	100080	
电　　话	010 - 62511242（总编室）		010 - 62511770（质管部）		
	010 - 82501766（邮购部）		010 - 62514148（门市部）		
	010 - 62511173（发行公司）		010 - 62515275（盗版举报）		
网　　址	http://www.crup.com.cn				
经　　销	新华书店				
印　　刷	北京溢漾印刷有限公司		版　　次	2021年1月第1版	
开　　本	787 mm×1092 mm　1/16			2024年6月第2版	
印　　张	12.25		印　　次	2025年7月第3次印刷	
字　　数	290 000		定　　价	39.00元	

版权所有　侵权必究　　印装差错　负责调换

前　言

习近平总书记在党的二十大报告中指出，应当"弘扬社会主义法治精神，传承中华优秀传统法律文化""健全城乡社区治理体系，及时把矛盾纠纷化解在基层、化解在萌芽状态"。人民调解是一项具有中国特色的法律制度，它根植于"息诉止讼"的中华优秀传统文化，具有民间性和自治性、自愿性和司法性的基本特征，是我国人民在实践中独创的一种简便、有效的化解矛盾、消除纠纷的非诉讼纠纷解决方式，被誉为"东方经验"。实践中，人民调解制度对于调解民间纠纷、化解社会矛盾、维护社会稳定发挥了难以替代的重要作用。

为了完善人民调解制度，规范人民调解活动，2010年8月28日，第十一届全国人民代表大会常务委员会第十六次会议通过了《中华人民共和国人民调解法》（以下简称《人民调解法》）。《人民调解法》系统、完备地规范了人民调解制度，对推进我国民主法治建设、充分发挥人民调解的职能作用、构建和谐社会具有重要的意义。为了配合《人民调解法》的施行，强化人民调解协议的法律效力，2012年我国第二次修正《民事诉讼法》时，在第十五章"特别程序"中增加规定了"确认调解协议案件"的程序。2015年2月4日起施行的《最高人民法院关于适用〈中华人民共和国民事诉讼法〉的解释》又对确认调解协议案件的程序进一步作出了详细、具体的规定。为了加强人民调解员队伍的建设，2018年3月28日，中央全面深化改革委员会第一次会议审议通过了《关于加强人民调解员队伍建设的意见》。上述法律法规的施行，为人民调解制度的规范发展奠定了基础、指明了方向。目前，从人民调解制度的发展来看，我国人民调解组织已经形成网络体系，遍布全国各地。根据司法部2023年的统计，目前全国共有人民调解委员会69.3万个，其中村调委会49.2万个，乡镇调委会3.1万个，实现了全覆盖；全国有人民调解员317.6万人，其中村调委会调解员208.6万人，乡镇调委会调解员21.8万人。2022年全国人民调解组织共调解各类矛盾纠纷892.3万件，乡村调解约占半数①。

相关法律法规的不断健全、发展和完善，有利于人民调解制度的健康发展，也对人民调解工作者提出了挑战，只有知晓现行法律规定，了解和掌握调解的方式方法与技能技巧，才能使调解工作事半功倍，达到良好的调解效果。本教材的撰写，目的就是帮助学习

---

① 中国日报网．司法部：2022年全国人民调解组织共调解矛盾纠纷892.3万件．（2023－06－15）［2024－03－01］．https://www.163.com/dy/article/I7AE12L20514R9KE.html.

者和人民调解工作者准确理解和把握人民调解的法律规范，了解和掌握人民调解的方式方法与技能技巧，规范人民调解工作，提高人民调解员的能力和水平，以促进人民调解制度的健康发展，使人民调解制度发挥应有的作用。

本教材以习近平法治思想为指导，结合党的二十大报告精神，以现行《人民调解法》和相关法律规范为依据，结合我国人民调解的实践经验，以理论和实践相结合的方式，全面、系统地介绍和阐述人民调解法律制度。本教材主要具有以下特点：一是新颖性与全面性。本教材依据《人民调解法》等最新法律规范，全面、系统地介绍人民调解法律制度各方面内容，保证教材的新颖性和全面性。二是知识性与理论性。本教材的撰写结合法学理论，准确、深入地阐述了《人民调解法》和人民调解制度的基础理论与基本知识，有助于学习者打下扎实的基础，提高分析问题、解决问题的能力。三是实用性与指导性。本教材既注重理论性，也注重实用性，在阐述人民调解法律制度的同时，结合调解实践，每章开头以案例引入，章末再辅以案例分析题，既利于学习者理解、掌握知识点，也适应法律实践的需要，为人民调解员和相关法律工作者提供指导。

本教材自出版以来，由于知识新颖、系统全面、深入浅出、理论联系实际，受到了社会各界的欢迎，并于 2023 年入选首批"十四五"职业教育国家规划教材。2021 年 2 月，习近平总书记在中央全面深化改革委员会第十八次会议上强调，法治建设既要抓末端、治已病，更要抓前端、治未病。党的二十大报告亦指出，健全共建共治共享的社会治理制度，提升社会治理效能。为了深入贯彻落实习近平总书记关于调解工作的重要指示精神和党中央的决策部署，2023 年 9 月 27 日，最高人民法院、司法部联合印发了《关于充分发挥人民调解基础性作用推进诉源治理的意见》，对人民调解工作的开展进一步作出了明确的规定。为保证知识的新颖性，编者对本教材进行了修订，期望对学习者和人民调解工作者进一步了解、掌握和运用人民调解制度有所裨益。

本教材在编写中参考了相关的图书、期刊，以及法院、司法局、人民政府等的网络资料，并借鉴了人民调解精品案例专题、蒲城县人民调解优秀案例、北京海淀审结全国首例人民调解员调解民事案、万德镇人民调解典型案例、2013 年度十佳人民调解案例等典型案例，在此向这些资料的作者和提供者一并表示感谢！

本教材不仅可以作为高等院校法学类专业学生学习的教材，也可以作为全国各地人民调解员从事调解工作的实践指南，以及相关法律工作者的参考文献。

由于编者水平有限，书中难免会出现错误和疏漏之处，恳请各位读者批评指正！

编者

目　录

第一章　人民调解概述

【本章引例】

> 黄某（男，67岁）与徐某（男，72岁）系邻居，居住在某市某小区。一日，黄某与徐某在小区锻炼时，为争抢锻炼器材发生争执，开始互相吵骂，进而发展为厮打，结果黄某将徐某打伤。徐某到医院诊治，医生诊断其为右臂骨折，共花费医药费10 000余元。出院后，徐某找到黄某，要求黄某赔偿自己支付的医药费10 000余元，黄某不予赔偿。

请问：

1. 本纠纷的解决方式有哪些？

2. 采用哪种方式解决本纠纷更快捷、方便？

【本章学习目标】

通过本章的学习，你应该能够：

1. 掌握人民调解的概念和特征。

2. 了解民间纠纷与纠纷解决机制。

3. 了解人民调解制度的历史沿革。

4. 理解人民调解存在的基础和作用。

5. 掌握人民调解与其他调解的区别。

第一节　人民调解的概念和特征

一、人民调解的概念

人民调解，是指在人民调解委员会的主持下，以国家法律、法规、规章、政策和社会公德为依据，通过摆事实、讲道理，对民间纠纷双方当事人进行斡旋、劝说，促使当事人互谅互让，平等协商，自愿达成调解协议，消除纷争的活动。人民调解是一项具有中国特色的法律制度，它根植于"息诉止讼"的中国传统文化，是我国人民独创的一种化解矛盾、消除纠纷的非诉讼纠纷解决方式。

与人民调解相类似的一个概念是民间调解，亦称民间纠纷调解。对于民间调解的含义，学界存在不同的观点。有学者认为，民间调解实际上就是人民调解委员会的调解，即人民调解①。亦有学者认为，民间调解是指官方调解之外的调解民间纠纷的各种方式，传统社会的民间调解有宗族调解、亲友调解、乡里调解和行会调解等类型；当代民间调解的种类比传统社会民间调解的种类要多，主要有人民调解委员会的调解（简称人民调解）、乡镇法律服务所调解、律师事务所律师调解、家族调解、亲友调解和邻里调解等②。还有学者认为，民间调解是人民群众自发地解决纠纷的一种活动③，本书赞同这种观点。人民调解与民间调解都与传统的民间调解具有历史渊源，两者存在诸多相同点，例如调解都是通过摆事实、讲道理的方法进行，都以平息纷争、稳定社会秩序为目的等。但两者也存在较多不同之处：从调解主体看，人民调解的调解主体是人民调解委员会的调解员；民间调解的调解主体呈现出多元化的特点，包括具有较高威望的长辈、亲友、邻居等。从案件调解范围看，根据法律规定，人民调解的案件范围是民间纠纷；民间调解没有法定的范围，只要不违反法律强制性规定，且纠纷双方当事人同意，都可以进行调解。从调解人的产生机制看，人民调解委员会的调解员由群众推选产生，要载入人民调解员名册；民间调解的调解人是纠纷发生后自愿担当的。从调解规则看，人民调解需要遵循法定的规则进行；民间调解没有法定的规则，调解人主要根据情理进行调解④。经过上述比较分析可以看出，民间调解的外延比人民调解广泛。近年来，为了适应多元化纠纷解决的需要，我国亦大力发展行业调解、乡镇法律服务所调解、律师事务所律师调解等，并将其纳入人民调解之列，人民调解的范围也随之越来越广泛。

人民调解意在解决民间纠纷，与民间纠纷关系密切。根据《现代汉语词典》的解释，纠纷是指争执的事情⑤。根据社会学理论，人生活在社会互动中。所谓社会互动，是指人们对他人采取某种行动，或者对他人的行动作出某种反应。社会互动的形式通常表现为合作、交换、竞争、冲突等。其中，冲突就包含纠纷。因此，对于人类社会而言，在社会主体的交往过程中，产生纠纷是不可避免的，纠纷是社会生活中自然产生的一种现象。

对于社会发展而言，纠纷的产生和存在具有负面、消极的作用，具体表现为：纠纷制造者对社会秩序、社会伦理道德提出了挑战、进行了破坏，导致纠纷涉事者为了消除纠纷，不得不耗费大量的情感、时间、金钱和精力，甚至要遭受精神痛苦。因此，应当尽量避免纠纷的产生。但是，从相对的角度来看，纠纷的解决也具有正面、积极的作用。因为已经产生的纠纷的解决，彰显了纠纷所处背景下的伦理道德标准、价值尺度、制度规范等，以此对其作出评判，能够发现问题，及时调整伦理道德标准、价值尺度、制度规范，以达到推动社会向前发展的目的⑥。

---

① 何兵. 论民间调解组织之重构. 中国司法，2004（2）：24 - 25.
② 李存捧，刘广安. 民间调解与权利保护//夏勇. 走向权利的时代：中国公民权利发展研究. 修订版. 北京：中国政法大学出版社，2000：250.
③ 常怡. 中国调解制度. 重庆：重庆出版社，1990：64.
④ 邱星美，王秋兰. 调解法学. 3 版. 厦门：厦门大学出版社，2022：152 - 153.
⑤ 中国社会科学院语言研究所词典编辑室. 现代汉语词典. 7 版. 北京：商务印书馆，2016：696.
⑥ 邱星美，王秋兰. 调解法学. 厦门：厦门大学出版社，2008：1 - 2.

民间纠纷，又称民事纠纷、民事冲突、民事争议，是指平等主体之间发生的，以民事权利义务为内容的社会纠纷，大体可以分为两类，即财产关系纠纷和人身关系纠纷[1]。产生纠纷不及时解决，会影响社会的安定。因此，为妥善解决纠纷，维护社会秩序，人类社会构建了一套民间纠纷解决机制。所谓民间纠纷解决机制，是指在一定社会中实行的，解决和消除民间纠纷的一整套制度和方式。诉讼法学者一般认为，民间纠纷解决机制分为私力救济、社会救济和公力救济三种[2]。私力救济，也称为自力救济，是指通过个体自身的力量而不凭借国家、社会的力量来解决纠纷的方式，包括自决和和解。自决，是指通过个体自身能采用的直接暴力或冷暴力手段，迫使对方屈服，从而解决纠纷的方式。和解，是指纠纷双方当事人在没有中立第三方介入的情况下，通过赔礼道歉、利益上的让步、情感沟通、利害关系分析等活动自行化解纠纷的方式。社会救济，是指基于纠纷主体的合意，依靠社会力量解决民事纠纷的机制，包括调解（诉讼外调解）和仲裁。公力救济，是指国家设置的，通过国家公权力强制性解决纠纷的机制。公力救济包括行政救济和司法救济[3]。其中，司法救济指的是民事诉讼制度。

在现代文明社会，国家将纠纷解决方式纳入法律规制中，自行暴力解决纠纷的方式在一定程度上会产生社会危害性，因此，一般禁止以"自决"的私力救济方式解决纠纷。同时，在一定范围内也允许私力救济的存在。例如，和解制度与我国"和为贵、礼为上、忍为先"的社会传统文化高度契合，在纠纷解决中仍然具有普遍的适用性。诉讼外调解属于社会救济的范畴，是指由中立的第三方居间调处，促使民事纠纷主体相互妥协、让步，达成纠纷解决合意。根据纠纷解决组织的类型，诉讼外调解主要分为两类：第一类是群众性自治组织的调解，如人民调解委员会的调解；第二类是其他社会组织的调解，如中国国际贸易促进委员会下设的调解中心、律师协会下设的调解中心的调解[4]。

在多元化的纠纷解决机制中，人民调解居于核心地位，起着承上启下的作用，人民调解之前有和解，即当事人直接协商，人民调解之后有民事诉讼制度。人民调解根植于人民群众之中，人民调解员来源于民、服务于民，他们身在基层、贴近群众，在调解工作中循循善诱、和风细雨，容易与纠纷当事人进行交流和沟通，能够最大限度地化解当事人的矛盾纠纷，消除当事人之间的隔阂，促进社会成员之间的诚信友爱，避免当事人对簿公堂。因此，人民调解在解决纠纷、构建社会主义和谐社会的过程中具有独特的优势。

二、人民调解的特征

人民调解作为一种纠纷解决方式，在国际上享有"东方经验"之美誉。与其他的纠纷解决方式相比较，人民调解主要具有以下特征。

（一）民间性和自治性

民间，是指人民中间[5]。人民调解的民间性，也称为群众性。自治，是指自己管理自

---

[1] 《民事诉讼法学》编写组. 民事诉讼法学. 2版. 北京：高等教育出版社，2018：1.

[2] 江伟. 民事诉讼法. 北京：高等教育出版社，2000：2-3；张卫平. 民事诉讼法教程. 北京：法律出版社，2008：1-2.

[3] 毕玉谦. 民事诉讼法学. 北京：中国政法大学出版社，2019：8-9.

[4] 宋朝武. 民事诉讼法学. 4版. 北京：中国政法大学出版社，2015：2-3.

[5] 中国社会科学院语言研究所词典编辑室. 现代汉语词典. 7版. 北京：商务印书馆，2016：908.

己，自己的问题自己处理。社会自治是与国家管理相对而言的，是国家管理之外的部分或者说是国家放权的领域。自治包含以下含义：一是不受外来权力的干预，主要是拒绝官方权力的介入，不受官方思维的影响，以自己的方式解决问题。二是自治的过程中伴随着主体的自觉思考、自我反省和自我调适。在自治过程中各方主体的地位平等，解决问题必须建立在自愿、协商的基础之上。三是自治是对一种理想状态、制度和价值的综合体的追求。通过社会自治，国家既节约了大量的人力、财力支出，又在一定程度上体现了对民间风俗礼仪的尊重，这是一种非常理想的和谐社会图景①。

人民调解民间性和自治性的特点主要体现在以下几个方面：

（1）根据人民调解法的规定，人民调解委员会是群众性自治组织。人民调解化解矛盾、解决纠纷，是群众自我教育、自我管理、自我服务的过程，即人民调解委员会和人民调解员不代表任何政府部门，是与当事人无利益关系的第三方。

（2）人民调解员由人民群众选举产生，来自群众，服务群众，无论是专职还是兼职人民调解员，都是受群众之托为群众化解矛盾纠纷。人民调解是在依法产生的人民调解委员会的调解员的主持下，由当事人平等协商，解决自己矛盾纠纷的自治行为。

（3）人民群众可以对人民调解员进行监督，对于不称职的人民调解员，还可以进行撤换。

（二）自愿性和司法性

人民调解必须以当事人自愿为前提，不得强制进行调解。因此，人民调解自愿性的特征比较明显，主要体现在以下几个方面：

（1）运用人民调解的方式解决纠纷，必须出于双方当事人的自愿。主要存在两种情形：一种是纠纷发生后，双方当事人向人民调解委员会申请调解；另一种是当事人没有提出申请，人民调解委员会主动介入调解。无论是哪一种情形，人民调解都必须在双方当事人自愿的基础上进行，当事人任何一方不同意调解，都不能强行调解。

（2）调解是否达成协议，以及调解协议的内容由双方当事人自愿决定。

（3）如果调解不成，任何人都不能妨碍纠纷当事人行使诉讼的权利。

人民调解的司法性主要体现在以下几个方面：

（1）人民调解是在人民调解委员会主持下进行的，不是群众自发的活动，属于法律规范范畴的诉讼外民间纠纷解决机制。

（2）人民调解法对人民调解委员会和人民调解员的选任、构成等相关制度都作出了明确的规定。

（3）人民调解委员会在司法行政部门和人民法院的指导下工作。

（4）人民调解委员会主要依据法律、法规、规章和政策等调解民间纠纷。

第二节　人民调解制度的历史沿革

一、中华人民共和国成立前的人民调解

人民调解是一项具有中国特色的法律制度，源远流长，久盛不衰，具有深厚的历史渊

---

① 王俊娥．论人民调解的自治性．甘肃政法学院学报，2012（3）：30-31.

源。人民调解属于民间调解的范畴，其源头可追溯至我国原始社会。当时，对于人们相互之间以及各氏族、部落之间发生的纠纷，通常在当事者所在氏族或部落首领的主持下，通过协商加以解决。当时的调解制度是一项社会制度，解决纠纷的依据一般是社会长期形成的习惯、舆论和原始的道德规范，解决纠纷的方法主要是调停、劝导。这就是最古老的调解制度的表现形式①。虽然民间调解是人民调解的渊源，但是后者并非前者的重复，而是经过了对其去粗取精、弃旧和改造的过程，创造性地发展了历史上的民间调解，经过多年的实践，最终形成了崭新的人民调解制度。

我国人民调解制度萌芽于第一次国内革命战争时期。当时，在共产党领导下的反封建的农民组织和一些地区建立的局部政权组织中设立了调解组织，调解农民之间的纠纷。例如，1922 年彭湃同志领导广东海丰农民成立了"赤山约农会"，农会下设"仲裁部"，就地调解处理婚姻、钱债、业佃以及产业争夺问题。1926 年 10 月，《中国共产党湖南区第六次代表大会宣言》中的"农民的最低限度之政治经济要求"第 7 项规定："由乡民大会选举人员组织乡村公断处，评判乡村中之争执。"

第二次国内革命战争时期，1931 年 11 月，中华苏维埃共和国中央执行委员会第一次全体会议通过的《地方苏维埃政府的暂行组织条例》第 17 条规定："乡苏维埃有权解决未涉犯罪行为的各种争议问题②。"当时的调解制度具有以下两个特点：一是调解的内容以不涉及犯罪的民间纠纷为限；二是具有广泛的群众性。

从抗日战争、解放战争时期，直至中华人民共和国成立之前的这一阶段，是具有中国特色的人民调解制度的形成阶段。各抗日根据地民主政府广泛推行调解工作，积累了丰富的经验，为调解的制度化和法律化创造了条件。自 1941 年开始，各抗日根据地和解放区人民政府，相继颁布了适应本地区有关调解工作的条例、指示、决定、办法等。例如，1941 年 4 月 18 日山东抗日民主政府发布的《山东省调解委员会暂行组织条例》、1942 年 3 月 1 日晋西北行政公署发布的《晋西北村调解暂行办法》、1943 年 6 月 11 日陕甘宁边区政府发布的《陕甘宁边区民刑事件调解条例》，以及 1944 年晋察冀边区行政委员会颁布的《关于加强村调解工作与建立区调处工作的指示》等。这些条例、指示、决定、办法等的颁布和施行，提高了人民调解工作在社会生活中的地位，使调解工作有了遵循的依据，进一步促进了调解工作的发展③。

二、中华人民共和国成立后的人民调解

中华人民共和国成立后，人民调解制度的发展大体上经过了确立和发展完善两个阶段。

（一）确立阶段

中华人民共和国成立后，人民调解工作继承和发扬了老解放区调解工作的优良传统，并使人民调解制度最终得到确立。据不完全统计，从中华人民共和国成立到 1954 年，先后发布过人民调解条例、指示、决定、办法的地区包括苏北、松江、河北、甘肃、山东、

① 江伟，杨荣新. 人民调解学概论. 北京：法律出版社，1990：22.
② 韩延龙，常兆儒. 中国新民主主义革命根据地法制文献选编：第 2 卷. 北京：中国社会科学出版社，1981：9.
③ 同①27－28.

云南、江西、新疆、内蒙古、武汉、天津等。1953 年，第二届全国司法会议通过决议，决定在全国范围内有领导、有计划地建立和健全基层群众性调解组织。截至 1953 年底，华东区已有调解委员会约 46 000 个，占全部乡数的 80%；华北区的山西和河北，约有三分之一至二分之一的县建立了区、村调解委员会或联村调解站；中南、西南的绝大部分地区处于典型试验阶段①。1954 年 3 月 22 日，政务院颁布了《人民调解委员会暂行组织通则》，全面系统地规定了人民调解委员会的性质、任务、组织领导、职权范围、工作原则、工作方法和纪律等，标志着人民调解制度作为一项法律制度在我国正式确立，成为全国各地开展人民调解工作的法律依据。

（二）发展完善阶段

1957 年以后，随着阶级斗争扩大化，调解组织和调解工作逐渐为调处组织和调处工作所代替。1966 年爆发"文化大革命"，人民调解制度被当作"阶级调和"的"修正主义"而被取消。

党的十一届三中全会以后，人民调解制度进入一个新的发展阶段。1980 年，全国人民代表大会常务委员会重新公布了《人民调解委员会暂行组织通则》，人民调解组织的建立被重新纳入法治化的轨道。1981 年，司法部召开了第一次全国人民调解工作会议。1982 年 3 月，《中华人民共和国民事诉讼法（试行）》颁布，明确地规定了人民调解制度。同年颁布的《中华人民共和国宪法》也对人民调解制度作出了规定。根据该法第 111 条的规定，城市和农村按居民居住地区设立的居民委员会或者村民委员会是基层群众性自治组织。居民委员会、村民委员会的主任、副主任和委员由居民选举。居民委员会、村民委员会同基层政权的相互关系由法律规定。居民委员会、村民委员会设人民调解、治安保卫、公共卫生等委员会，办理本居住地区的公共事务和公益事业，调解民间纠纷，协助维护社会治安，并且向人民政府反映群众的意见、要求和提出建议。以上法律规定，重新确定了人民调解制度的地位。

1989 年，国务院颁布了《人民调解委员会组织条例》。该条例对人民调解委员会的设置、任务作出了符合我国实际的科学规定，加强了人民调解委员会的组织建设和业务建设，把我国的人民调解工作推进到新的历史发展阶段。

2002 年 9 月 24 日，中共中央办公厅、国务院办公厅转发了《最高人民法院、司法部关于进一步加强新时期人民调解工作的意见》，要求各级党委、政府切实加强对人民调解工作的领导和指导，促进人民调解工作的改革和发展。2002 年 11 月 1 日，《最高人民法院关于审理涉及人民调解协议的民事案件的若干规定》和司法部《人民调解工作若干规定》同时施行。最高人民法院的司法解释明确了人民调解协议具有的法律约束力，把人民调解协议认定为"具有民事合同性质"。司法部的规定则进一步明确了人民调解委员会的设置、组成和运行机制，调解民间纠纷的范围、方式和分工，调解民间纠纷的程序和要求，以及人民调解协议的订立和履行，同时要求乡镇、街道司法所、司法助理员应当加强对人民调解工作的指导和监督。最高人民法院和司法部的这些规定，实现了人民调解制度和诉讼制度的对接。2004 年 2 月 13 日，最高人民法院、司法部下发了《最高人民法院、司法部关于进一步加强人民调解工作切实维护社会稳定的意见》，要求各级人民法院、司法行政机

---

① 韩延龙. 我国人民调解工作的三十年. 法学研究，2018（1）.

关以"三个代表"重要思想为指导，坚持立党为公、执政为民，进一步加强新时期人民调解工作，切实维护社会稳定。

2010 年 8 月 28 日，第十一届全国人大常委会第十六次会议审议通过了《中华人民共和国人民调解法》（以下简称《人民调解法》），该法于 2011 年 1 月 1 日起开始施行。《人民调解法》的颁布实施，是人民调解工作发展史上的一件大事，是人民调解制度发展的一座里程碑。《人民调解法》在总结几十年来人民调解工作实践经验的基础上，完整地规定了人民调解的性质、任务和工作原则，人民调解委员会，人民调解员，调解程序以及调解协议等内容，全面确立了我国的人民调解制度，为人民调解工作的发展指明了方向。《人民调解法》的颁布，对于加强人民调解工作，化解社会矛盾，维护社会稳定，构建社会主义和谐社会，都具有较为重大的意义①。2018 年 3 月 28 日，中央全面深化改革委员会第一次会议审议通过了《关于加强人民调解员队伍建设的意见》（以下简称《人民调解员意见》）。4 月 27 日，该意见由中央政法委、最高人民法院、司法部、民政部、财政部、人力资源和社会保障部联合印发。《人民调解员意见》强调人民调解员队伍建设要坚持党的领导、依法推动、择优选聘、专兼结合、分类指导，优化队伍结构，着力提高素质，完善管理制度，强化工作保障，努力建设一支政治合格、熟悉业务、热心公益、公道正派、秉持中立的人民调解员队伍。这对于提高人民调解工作质量，充分发挥人民调解维护社会和谐稳定"第一道防线"的作用，推进平安中国、法治中国建设，实现国家治理体系与治理能力现代化具有重要意义。

2019 年 10 月，党的十九届四中全会提出，要"建设人人有责、人人尽责、人人享有的社会治理共同体"。2020 年 11 月，中央全面依法治国工作会议在北京召开，在会上习近平总书记强调，法治建设既要抓末端、治已病，更要抓前端、治未病。我国国情决定了我们不能成为"诉讼大国"。要推动更多法治力量向引导和疏导端用力，完善预防性法律制度，坚持和发展新时代"枫桥经验"②，完善社会矛盾纠纷多元预防调处化解综合机制，更加重视基层基础工作，充分发挥共建共治共享在基层的作用，推进市域社会治理现代化，促进社会和谐稳定。为了规范全国司法行政信息化建设，加强对全国司法行政业务工作的指导，2020 年 12 月，司法部发布实施了《全国人民调解工作规范》。2021 年，中央全面深化改革委员会第十八次会议审议通过了《关于加强诉源治理推动矛盾纠纷源头化解的意见》，要求坚持和发展新时代"枫桥经验"，把非诉讼纠纷解决机制挺在前面，推动更多法治力量向引导和疏导端用力，加强矛盾纠纷源头预防、前端化解、关口把控，完善预防性法律制度，从源头上减少诉讼增量。2022 年 10 月，党的二十大报告进一步指出，要健全共建共治共享的社会治理制度，提升社会治理效能。为了深入贯彻落实习近平总书记

---

① 深入学习贯彻《人民调解法》推进人民调解工作新发展：司法部副部长郝赤勇答记者问．中国司法，2010（12）：70-72.

② "枫桥经验"的内涵是：小事不出村，大事不出镇，矛盾不上交，就地化解。"枫桥经验"，是指 20 世纪 60 年代初，浙江省绍兴市诸暨县枫桥镇干部群众创造的"发动和依靠群众，坚持矛盾不上交，就地解决，实现捕人少，治安好"的工作经验。为此，1963 年毛泽东同志曾亲笔批示："要各地仿效，经过试点，推广去做。"之后，"枫桥经验"得到不断发展，形成了具有鲜明时代特色的"党政动手，依靠群众，预防纠纷，化解矛盾，维护稳定，促进发展"的新枫桥经验，成为新时期党的群众路线坚持好、贯彻好的典范。新时代"枫桥经验"的主要内容是，在开展社会治理的过程中实行"五个坚持"，即坚持党建引领，坚持人民主体，坚持"三治融合"，坚持"四防并举"，坚持共建共享。参见廖永安，等．中国调解的理念创新与机制重塑．北京：中国人民大学出版社，2019：122-131.

关于调解工作的重要指示精神和党中央决策部署，2023 年 9 月 27 日，最高人民法院、司法部联合印发了《关于充分发挥人民调解基础性作用推进诉源治理的意见》（以下简称《意见》），对人民调解工作的指导思想、工作原则等进一步作出了明确规定。人民调解将大量矛盾纠纷解决在基层、化解在诉前，在基层矛盾纠纷化解中发挥了主渠道、主力军作用，不仅有效减轻了当事人的诉累和人民法院的办案压力，而且有力维护了社会和谐稳定。《意见》的发布，为进一步发挥人民调解在矛盾纠纷预防化解中的基础性作用，深入推进诉源治理，从源头上减少诉讼增量具有较为重要的意义。

第三节　人民调解存在的基础和作用

一、人民调解存在的基础

习近平总书记在党的二十大报告中指出："中华优秀传统文化源远流长、博大精深，是中华文明的智慧结晶，其中蕴含的天下为公、民为邦本、为政以德、革故鼎新、任人唯贤、天人合一、自强不息、厚德载物、讲信修睦、亲仁善邻等，是中国人民在长期生产生活中积累的宇宙观、天下观、社会观、道德观的重要体现，同科学社会主义价值观主张具有高度契合性。"以上论述的精神实质，既是对我国传统文化的总结，也是人民调解制度赖以存在的基础。人民调解是当代中国影响最广泛的民主法律制度之一，在有效解决社会纠纷、实现基层民主自治、促进经济发展、保持社会稳定等方面起到了很好的作用，受到政府和民众的高度重视。人民调解之所以具有较强的生命力，是因为它具有赖以生存的土壤和基础，具体体现在以下几个方面。

（一）人民调解符合中华民族的传统观念

通过诉讼的方式解决争议，是以当事人双方相互对立、法官居中裁判的方式进行的。裁判依据的是当事人提供的证据，法官根据证据对争议事实适用法律作出裁判，情理之类的因素一般不是法官裁判的依据。这种不讲情面的方式不太符合中华民族的传统观念和传统文化，人们更喜欢在不伤和气的情况下，根据法律规范、道德规范和情理来解决纠纷，只有在不得已的情况下，才选择运用诉讼的方式解决纠纷。运用调解的方式解决纠纷比较符合中华民族的传统观念，因为调解时法律、道德、情理都是可以考虑的因素。调解解决纠纷，当事人之间的关系不会受到太大伤害，纠纷不是以简单的孰胜孰负的结果告终，而是经过协商、互相让步得到解决，这样的纠纷解决方式有利于人们和谐相处。

（二）人民调解具有自身的优越性

人民调解具有的优越性，主要是与诉讼制度相比较而言的，具体体现在以下几个方面。

1. 自愿性

自愿性包括调解利用上的自愿和调解协议达成的自愿。前者反映了当事人的选择权，后者体现了对当事人民事实体权利处分权的尊重。判决则具有强制性。

2. 协商性

调解的目的是通过协商而非对抗解决纠纷，在协商过程中，纠纷当事人的主体性得到了充分的体现，当事人的意愿受到了充分的尊重，解决纠纷的方案经过双方的一致同意，有利于调解协议的自动履行。

3. 保密性

调解不必公开进行，在调解过程中，当事人告知调解人的信息，调解人会严加保密，从而满足了当事人不希望将纠纷公之于众的心理。

4. 灵活性

调解的方式灵活多样，可以不必拘泥于严肃的法律规范、规则，在调解的过程中除了可以考虑情、理、法诸方面的因素外，还可以协调和平衡各方面的关系及各方面的利益，这是诉讼所不可比拟的。

总之，法官依法裁判可以借助法律的权威了断争议，从而结案，但是不一定能够从根源上解决争议，而调解却有这种可能，调解从根源上解决纠纷的可能性最大，因为调解的结果是当事人协商的结果，或者是当事人对调解人或调解机构提出的调解方案肯定的结果，调解的结果体现的是当事人的意愿。此外，需要注意的是，人民调解是不收取费用的。这也是以人民调解方式解决纠纷的一大优势。

（三）人民调解蕴含着和谐的价值

社会和谐是国家繁荣富强、民族团结进步、人民生活幸福的重要保障，和谐社会的理想，体现了全国各族人民的共同愿望。和谐社会的基本特征是民主法治、公平正义、诚信友爱、充满活力、安定有序、人与自然和谐相处等。人民调解通过调解的方式解决纠纷，其中就蕴含着和谐的价值。通过诉讼的方式解决纠纷，当事人不仅要耗费大量的精力和金钱，而且风险也比较大，未必能实现预期的目的。有时轻率选择诉讼手段会使当事人因事与愿违而蒙受心灵和物质的更大损失。在此情况下，不但不能实现和谐，反而又出现新的纠纷。如果这种矛盾积累过多，就会影响整个社会的和谐。

二、人民调解的作用

在当代社会，最常见、最频繁的冲突就是民事纠纷。一旦发生民事纠纷，就应当及时、妥当地予以解决。因为如果不能及时、妥当地解决纠纷，轻则损害个体利益，重则降低人民的生活质量、减少企业的经济效益，甚至影响社会稳定。人民调解的作用主要体现在以下几个方面。

（一）预防纠纷的作用

人民调解作为预防和减少民间纠纷、化解社会矛盾的重要手段，是我国纠纷解决机制的重要组成部分，是维护社会稳定的"第一道防线"，是增进社会团结和谐的"润滑剂"。人民调解预防纠纷的作用主要体现在以下几个方面。

1. 人民调解员以自己的思想和实际行动影响与带动周围的群众

在我国，人民调解员大多是为人公正、具有高尚品德和情操的人，是通过群众选举产生的，具有人熟、地熟、情况熟的特点，与周围群众有深厚的感情。调解员自身的言行，对周围群众有较大的影响，以言带教，可以避免矛盾和纠纷的产生。

2. 及时发现矛盾纠纷的端倪，及早预防和解决

在人民调解工作的开展过程中，人民调解员深入基层，能够了解和掌握周围群众的有关信息，及时地发现矛盾纠纷的苗头，了解事情发展的动态，针对民间纠纷的成因和特点，积极有效地开展工作，起到预防纠纷、防止矛盾纠纷激化的作用。

3. 广大人民群众的积极支持与参与有助于预防纠纷的发生和防止纠纷的激化

广大人民群众的积极支持与参与，拓宽了人民调解的信息来源，使人民调解员能够第一时间获得纠纷信息，掌握工作的主动权，做到矛盾纠纷早发现、早调解、早解决，把矛盾纠纷化解在初期，解决在萌芽状态和初始阶段，防止纠纷的激化和转化。同时，也可以充分发挥群众自治的优势，将出发点和落脚点放在预防矛盾纠纷的发生上，科学地把握民间纠纷产生和发展的规律，积极主动地探索预防、调解、处理矛盾纠纷的新方法，及时发现引起矛盾纠纷的潜在因素，消除当事人之间的矛盾隔阂。

（二）解决纠纷的作用

党的二十大报告指出，要健全共建共治共享的社会治理制度，提升社会治理效能。在社会基层坚持和发展新时代"枫桥经验"，完善正确处理新形势下人民内部矛盾机制，加强和改进人民信访工作，畅通和规范群众诉求表达、利益协调、权益保障通道，完善网格化管理、精细化服务、信息化支撑的基层治理平台，健全城乡社区治理体系，及时把矛盾纠纷化解在基层、化解在萌芽状态。上述内容对加强和完善人民调解工作提出了新的要求，指明了方向。人民调解有自己独特的组织形式，完整的工作原则、制度、程序，以及严格的工作纪律，工作方法方便灵活、形式多样。人民调解工作与千家万户的切身利益息息相关，直接影响着社会的安定团结。新时代的人民调解，具有便民、快捷、灵活、经济等优势，能够将纠纷解决在当地、解决在基层，对我国法治建设的发展发挥了不可替代的作用。一方面，人民调解可以有效地减轻法院"案多人少，诉讼'爆炸'"的负担，提高审判质量和司法效率；另一方面，人民调解作为自治、法治、德治相融合的社会治理机制，也让人民群众在矛盾纠纷的解决中拥有了更为充分的获得感、幸福感，安全感也不断提升。认真开展人民调解工作，能够缓解社会矛盾，促进社会安定团结，起到预防犯罪、减少犯罪的作用。同时，人民调解可以配合社会综合治理，积极推动社会经济的发展，为人民创造良好的生活环境和社会秩序。

（三）法治宣传教育的作用

人民调解除了具有预防纠纷和解决纠纷的作用外，还具有法治宣传教育的作用。人民调解员来自基层，在调解过程中可以充分发挥亲情、友情、乡情的优势，把个案调解与法治宣传紧密结合，通过具体案例，在基层群众中开展直观生动的法治宣传教育。这样不仅能够增强人们的法治观念，还能够引导广大人民群众积极学法、知法、用法、守法，从源头上预防和减少矛盾纠纷的产生，这就是人民调解法治宣传教育作用的直接体现。

其实，调解纠纷就是"以事论事""以案释法"，通过调解具体的案件，可以为群众上一堂生动的法治课。以往单纯的法治宣传，主要通过展板、标语、发放普法资料等方式进行，效果十分有限，既不利于群众接受，也容易造成普法"夹生饭"。将人民调解与法治宣传教育有机地融合起来，可以让法律条文生动、直接地得以展现和诠释，让人民群众更加容易理解和接受，能够起到事半功倍的良好效果。

三、充分发挥人民调解基础性作用的规定

习近平总书记高度重视人民调解工作，多次对人民调解工作作出重要指示。为了深入贯彻落实习近平总书记关于调解工作的重要指示精神和党中央决策部署，坚持把非诉讼纠

纷解决机制挺在前面，抓前端、治未病，充分发挥人民调解在矛盾纠纷预防化解中的基础性作用，深入推进诉源治理，从源头上减少诉讼增量，2023 年 9 月 27 日，最高人民法院、司法部联合印发了《关于充分发挥人民调解基础性作用推进诉源治理的意见》，具体内容如下。

（一）总体要求

1. 指导思想

坚持以习近平新时代中国特色社会主义思想为指导，全面贯彻落实党的二十大精神，深入学习贯彻习近平法治思想，认真贯彻落实习近平总书记关于调解工作的重要指示精神，坚持党的领导，坚持以人民为中心，坚持和发展新时代"枫桥经验"，进一步加强人民调解工作，健全完善诉调对接工作机制，强化工作保障，推动源头预防、就地实质化解纠纷，为建设更高水平的平安中国、法治中国作出积极贡献。

2. 工作原则

（1）坚持党的领导。坚持党对人民调解工作的全面领导，牢牢把握人民调解工作正确政治方向，确保党中央决策部署得到全面贯彻落实。

（2）坚持人民至上。坚持人民调解为了人民、依靠人民，以维护人民群众合法权益为出发点和落脚点，为人民群众提供更加优质高效智能的调解服务。

（3）坚持预防为主。坚持抓早抓小抓苗头，引导基层群众优先选择人民调解等非诉讼方式，夯实诉源治理，切实把矛盾纠纷解决在基层、化解在诉前。

（4）坚持协调联动。加强资源统筹，广泛引导和发动社会各方面力量参与矛盾纠纷化解，促进矛盾纠纷有效分流、及时调处、形成合力。

（5）坚持实质化解。不断提升调解能力，提高调解协议自动履行率，保证调解协议效力，依法维护人民调解权威，促进矛盾纠纷就地实质化解。

（6）坚持创新发展。总结有益经验，从实际出发，不断推进工作理念、平台载体、制度机制、方式方法创新，丰富和完善人民调解制度，提高诉源治理水平。

（二）夯实人民调解"第一道防线"

1. 加强矛盾纠纷排查预防

切实把矛盾纠纷排查作为一项基础性、日常性工作，采取普遍排查与重点排查、日常排查与集中排查相结合等方式，不断提高矛盾纠纷排查的针对性、有效性。加强与网格员、平安志愿者等群防群治力量和派出所、综治中心等基层维稳单位的信息共享、联排联动，做到排查全覆盖、无盲区。聚焦矛盾纠纷易发多发的重点地区、重点领域、重点人群、重点时段，开展有针对性的重点排查。围绕服务乡村振兴等国家重大战略，围绕开展重大活动、应对重大事件等，组织开展形式多样的矛盾纠纷专项排查。对排查出的矛盾纠纷风险隐患，建立工作台账，分类梳理，采取相应的防范处置措施，努力做到早发现、早报告、早控制、早解决。

2. 加强基层矛盾纠纷化解

加强乡镇（街道）、村（社区）人民调解组织规范化建设，做到依法普遍设立、人员充实、制度健全、工作规范、保障有力。完善覆盖县乡村组的人民调解组织网络，推进形式多样的个人、特色调解工作室建设，探索创设更多契合需要的新型人民调解组织。加大对婚姻家事、邻里、房屋宅基地、山林土地等基层常见多发的矛盾纠纷调解力度，坚持抓早抓小、应调尽调、法理情相结合，防止因调解不及时、不到位引发"民转刑""刑转命"等恶性案件。对可能激化的矛盾纠纷，要在稳定事态的基础上及时报告，协助党委、政府和有关部门化解。

3. 加强重点领域矛盾纠纷化解

以社会需求为导向，对矛盾纠纷易发多发的重点领域，鼓励社会团体或其他组织依法设立行业性专业性人民调解组织。已经设立行业性专业性人民调解组织的，要在司法行政机关的指导下，全面加强规范化建设，确保中立性、公正性，防止商业化、行政化。进一步加强医疗、道路交通、劳动争议、物业等领域人民调解工作，积极向消费、旅游、金融、保险、知识产权等领域拓展。加强新业态领域矛盾纠纷化解，切实维护灵活就业和新就业形态劳动者合法权益。针对重点领域矛盾纠纷特点规律，建立完善人民调解咨询专家库，注重运用专业知识、借助专业力量化解矛盾纠纷，提高调解工作的权威性和公信力。

4. 加强重大疑难复杂矛盾纠纷化解

依托现有的公共法律服务中心，整合人民调解、律师调解、商事调解、行业调解、行政调解等力量，设立市、县两级"一站式"非诉讼纠纷化解中心（或矛盾纠纷调解中心），统筹律师、基层法律服务、公证、法律援助、司法鉴定等法律服务资源，联动仲裁、行政复议等非诉讼纠纷化解方式，合力化解市、县域范围内重大疑难复杂矛盾纠纷。

（三）加强诉调对接工作

1. 加强诉前引导

在诉讼服务、法治宣传等工作中提供非诉讼纠纷解决方式指引，增强当事人及律师等法律服务工作者非诉讼纠纷解决意识。人民法院加强诉前引导，对诉至人民法院的案件，适宜通过人民调解解决的，向当事人释明人民调解的特点优势，引导当事人向属地或相关人民调解组织申请调解。经释明后当事人仍不同意调解的，及时登记立案。

2. 及时分流案件

人民法院对适宜通过人民调解方式解决的案件，在征得双方当事人同意后，可以先行在立案前委派或诉中委托人民调解。委派委托的人民调解组织，可以由当事人在司法行政机关公布的人民调解组织名册中选定，也可以由人民法院在特邀调解组织名册中指定。对基层矛盾纠纷，充分发挥村（社区）、乡镇（街道）人民调解委员会作用，及时就地予以化解。对行业专业领域矛盾纠纷，注重发挥相关行业性专业性人民调解组织优势，提升专业化解水平。鼓励非诉讼纠纷化解中心（或矛盾纠纷调解中心）与人民法院诉讼服务中心实行直接对接，统一接收人民法院委派委托调解的案件，组织、协调、督促辖区内人民调解组织开展调解。

3. 依法受理调解

人民调解组织收到委派委托调解的案件后，应当按照《中华人民共和国人民调解法》和《全国人民调解工作规范》的要求及时受理调解。经调解达成协议的，人民调解组织可以制作调解协议书，督促双方当事人按约履行，并向人民法院反馈调解结果。双方当事人认为有必要的，可以共同向有管辖权的人民法院申请司法确认。经调解不能达成调解协议的，人民调解组织应当及时办理调解终结手续，将案件材料退回委派委托的人民法院。人民法院接收案件材料后，应当及时登记立案或者恢复审理。对各方当事人同意用书面形式

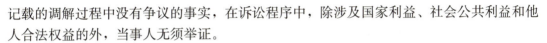

记载的调解过程中没有争议的事实，在诉讼程序中，除涉及国家利益、社会公共利益和他人合法权益的外，当事人无须举证。

（四）强化调解工作保障

1. 加强人民调解员队伍建设

注重吸纳律师、公证员、仲裁员、基层法律服务工作者、心理咨询师、医生、教师、专家学者等社会专业人士和退休政法干警以及信访、工会、妇联等部门群众工作经验丰富的退休人员担任人民调解员，不断壮大人民调解员队伍，优化人员结构。大力加强专职人民调解员队伍建设，行业性专业性人民调解委员会应当配备3名以上专职人民调解员，乡镇（街道）人民调解委员会和派驻有关单位和部门的人民调解工作室应当配备2名以上专职人民调解员，有条件的村（社区）和企（事）业单位人民调解委员会可以配备1名以上专职人民调解员。建立青年律师参与人民调解机制，组织青年律师特别是新入职律师到司法所、公共法律服务中心等机构锻炼，充分发挥律师精通法律的专业优势，广泛参与矛盾纠纷排查预防、基层矛盾纠纷化解、行业专业领域矛盾纠纷化解等工作，提升矛盾纠纷化解专业化水平。落实以县级司法行政机关为主的培训制度，采取集中授课、交流研讨、案例评析、现场观摩、旁听庭审、实训演练等灵活多样、生动有效的形式，加强对人民调解员的培训，不断提高人民调解员化解新形势下矛盾纠纷的能力和水平。

2. 加强经费保障

推动落实将人民调解工作指导经费、人民调解委员会补助经费、人民调解员补贴经费、专职人民调解员聘用经费、人民调解办案补贴和专家咨询费等列入同级财政预算足额保障。加强与财政部门沟通协调，建立人民调解工作经费动态增长机制，加大政府购买人民调解服务力度，用足用好中央和省级转移支付资金，补充人民调解工作经费不足。人民调解组织的设立单位和相关行业主管部门应当提供场所、设施等办公条件和必要的工作经费。探索建立相关基金会，鼓励为人民调解组织提供捐赠资助等，多渠道保障人民调解工作有效开展。

3. 强化信息化平台对接

最高人民法院与司法部建立"总对总"对接机制，司法部加快推进矛盾纠纷非诉化解平台建设，实现与最高人民法院的业务协同和数据共享，确保纠纷案件网上流转顺畅，信息数据互通共享。人民调解信息化平台依托司法部矛盾纠纷非诉化解平台，实现与最高人民法院相关系统平台的对接，开展矛盾纠纷在线咨询、在线分流、在线调解、在线反馈、在线司法确认。积极运用大数据、云计算、人工智能等信息化手段，通过信息化平台对接汇聚纠纷数据，实现对矛盾风险的动态感知、精准分析，提高预测预警预防风险的能力，为党委、政府科学研判社会矛盾纠纷形势提供参考依据。

（五）加强组织领导

1. 加强协作配合

各级人民法院和司法行政机关要积极争取党委、政府对人民调解工作的重视和支持，推进诉源治理，提高人民调解工作在平安建设考核中的比重。建立民间纠纷成诉情况通报机制和重大矛盾纠纷预警双向通报机制，定期分析辖区矛盾纠纷特点，共同做好纠纷预防化解工作。加强调查研究，共同研究解决工作中遇到的困难和问题。强化工作督导，确保各项工作落实到位。

2. 加强工作指导

司法行政机关要加强对人民调解工作的全面指导，提升人民调解工作规范化水平，建立健全人民调解组织和人民调解员名册，做好依法设立的人民调解组织备案工作，完善人民调解工作考核评价标准，并将考核情况与调解员等级评定、办案补贴挂钩。人民法院要加强对人民调解委员会调解民间纠纷的业务指导，会同司法行政机关做好人民调解宣传推广和业务培训等工作，完善委派委托人民调解和人民调解协议司法确认机制，优化工作流程。

3. 加强宣传表彰

要充分运用传统媒体和网络、微信、微博等新媒体，加大对人民调解工作的宣传力度，不断扩大人民群众对人民调解的知晓度和首选率。广泛宣传人民调解组织和人民调解员的先进事迹，联合发布相关典型案例，讲好"人民调解故事"，为人民调解工作开展营造良好社会环境。采取多种形式，加大对人民调解组织和人民调解员的表彰表扬力度，增强其职业荣誉感和自豪感，激发人民调解员的工作热情。

第四节　人民调解与其他调解的区别

化解矛盾，解决纠纷，构建和谐社会，需要建立多元化纠纷解决机制。从我国目前情况看，多元化纠纷解决机制已经初步确立，包括调解、仲裁、诉讼等。调解主要包括人民调解、行政调解、诉讼调解等。近年来，按照《信访工作条例》的要求，在信访工作中也引入了调解机制，建立了信访调解制度。可见，我国涉及调解的内容十分丰富，需要厘清人民调解与其他调解的关系。

一、人民调解与行政调解的区别

行政调解，是国家行政机关处理平等主体之间民事争议的一种方法，是指国家行政机关根据法律、行政法规的相关规定，对属于本机关职权管辖范围内的平等主体之间的民事纠纷，通过耐心的说服教育，使纠纷双方当事人互谅互让，在平等协商的基础上达成协议，合理、彻底地解决矛盾纠纷的活动。人民调解与行政调解的区别主要体现在以下几个方面。

（一）调解机构的性质不同

人民调解委员会是依法设立的专门调解民间纠纷的基层群众性自治组织。行政调解机构一般是国家行政机构，具有行政管理职能。

（二）调解本身的性质不同

人民调解是人民群众行使民主自治权的一种自治活动。行政调解通常是行政机构为履行行政职责进行的活动，具有准司法性质。

（三）调解权的来源不同

人民调解权的来源是一定范围群众授予的民主自治权。行政调解权的来源是国家赋予的行政权。

（四）调解范围与对象不同

人民调解的调解范围一般是民事纠纷，调解的对象通常是人民调解委员会区域范围内的群众。行政调解的调解范围是与行政管理工作相关的特定经济、民事纠纷，调解的对象一般是与行政机关具有行政隶属关系的人。

（五）聘任的调解人员不同

人民调解的调解人员由人民调解委员会委员和人民调解委员会聘任的人员担任。行政调解的调解人员一般是行政机构的工作人员。

（六）调解协议的效力不同

人民调解达成的调解协议虽然具有法律约束力，但是不能直接作为强制执行的依据，主要依靠当事人自觉履行。行政调解达成的协议一般也不具有法律效力，但是，在法律有明文规定的情况下，某些行政调解达成的协议可能生效后即具有法律效力，权利人可以将其作为申请人民法院依法强制执行的根据①。

二、人民调解与诉讼调解的区别

诉讼调解，又称法院调解，是指在法院审判人员的主持下，双方当事人就他们之间发生的民事权益争议，通过自愿、平等的协商，互谅互让，达成协议，解决纠纷的诉讼活动和结案方式。人民调解与诉讼调解的区别主要体现在以下几个方面。

（一）调解的性质不同

人民调解不具有诉讼的性质，属于诉讼外民间调解，是一种群众性自治行为。诉讼调解是一种诉讼活动，是结束诉讼程序的一种方式。

（二）调解权的来源不同

人民调解委员会主持调解的权力来源，是基层人民群众直接授予的民主自治权。人民法院主持调解的权力来源，是国家赋予人民法院的审判权。

（三）主持调解的主体不同

行使人民调解职能的是人民调解委员会，人民调解是在人民调解委员会的主持下进行的。诉讼调解是在国家审判机关，即人民法院的主持下进行的。

（四）调解人员的地位不同

人民调解委员会主持调解，调解人员代表的是人民调解委员会，其与被调解人员之间是群众自治组织与群众之间的民主平等关系。人民法院主持调解，调解人员代表的是人民法院，其依法与被调解人员发生诉讼法律关系。

（五）调解协议的效力不同

在人民调解委员会的主持调解下双方当事人达成的有关民事权利义务内容的协议，由双方当事人签字或者盖章后，具有法律约束力，当事人应当按照约定履行义务，不得擅自变更或者解除调解协议。如果义务人不履行调解协议规定的义务，权利人可以向人民法院提起诉讼，请求对方当事人履行调解协议规定的义务。经人民法院主持调解达成的调解协

---

① 本书编写组．人民调解工作的方法与技巧．北京：中国法制出版社，2003：3-4.

议，经双方当事人签收后，即具有与法院生效判决同等的法律效力。

三、人民调解与信访调解的区别

信访，是指公民、法人或者其他组织采用书信、电话、传真、网络、走访等形式，向各级人民政府和有关单位反映情况、提出意见建议或者提出投诉请求以解决问题，有关人民政府和单位依法依规予以处理的制度。信访事项可以分为两类，即意见建议类和诉求类。其中，诉求类信访事项通常都是涉及人民群众切身利益的矛盾和纠纷事项，有些甚至久拖不决。为了贯彻落实《信访工作条例》第 37 条提出的坚持社会矛盾纠纷多元化预防调处化解的要求，各地的信访工作引入了调解机制，实行访调对接，通过调解来解决诉求类信访的矛盾和纠纷，实现息诉罢访，维护社会稳定。

信访调解与人民调解既有联系，也有区别。有些地方将信访调解与人民调解相结合，人民调解组织在工作过程中发现信访案件，及时通知信访部门；信访部门在工作中遇到适宜人民调解的案件，可以通知人民调解组织介入处理，有些地方则直接将一部分信访事项交给人民调解组织调解处理。

信访调解的实践在不断发展，相关制度在逐步完善。从信访调解的实践看，人民调解与信访调解的区别主要体现在以下几个方面。

（一）调解的主体不同

人民调解的主体是人民调解委员会。根据《信访工作条例》的规定，依法接受信访的是各级党的机关、人大机关、行政机关、政协机关、监察机关、审判机关、检察机关以及群团组织、国有企事业单位等设立的信访部门，这些机关、单位在处理信访事项的过程中都可以采用信访调解的方式解决问题。实践中，信访调解的主体主要是地方人民政府信访工作部门和公安、民政、土地管理、市场监管等行政管理部门，调解的主体比较广泛。

（二）调解的人员不同

人民调解主要由人民调解员具体从事调解工作，一般没有其他人员参与调解。信访调解的主体是政府机关、单位，具体从事信访调解活动的人员主要是政府机关、单位的工作人员，也有些地方根据情况请人大代表、政协委员、律师和法律工作者、社会工作者等参与信访调解工作。

（三）调解的对象不同

根据《人民调解法》的规定，人民调解的对象主要是民间纠纷。根据《信访工作条例》的规定，信访调解的对象主要是人民群众反映的涉及群众利益的各种诉求或者争议，涉及面比较广泛。

（四）调解协议的效力不同

根据《人民调解法》的有关规定，人民调解达成的协议具有法律效力，可以申请司法确认，经司法确认后，具有强制执行的效力。根据《信访工作条例》的规定，各级机关、单位在处理申诉求决类事项的过程中，可以在不违反法律法规和政策的强制性规定的情况下，在裁量权范围内，经争议双方当事人同意进行调解；也可以引导争议双方当事人自愿和解。经调解、和解达成一致意见的，应当制作调解协议书或者和解协议书，解决矛盾或争议。但是，《信访工作条例》并未进一步明确调解协议书、和解协议书的效力。

【引例评析】

1. 民间纠纷解决机制包括私力救济、社会救济和公力救济三种。私力救济包括自决和和解。社会救济包括诉讼外调解和仲裁。公力救济主要指司法救济，即民事诉讼。在现代文明社会，国家将纠纷解决方式纳入法律规制中，通过"自决"的私力救济方式解决纠纷，具有暴力性质，容易激化矛盾，在一定程度上会产生社会危害性，一般予以禁止。因此，对于黄某与徐某之间的纠纷，首先，双方当事人可以通过和解，即直接协商的方式解决；其次，如果直接协商不成，双方当事人可以向人民调解委员会提出申请，通过人民调解的方式解决纠纷；最后，如果通过人民调解委员会的调解，双方当事人没能达成调解协议，即调解失败，双方当事人可以向人民法院提起诉讼，通过诉讼的方式解决纠纷。

2. 人民调解委员会设在基层，人民调解员来源于民、服务于民，他们贴近群众，在调解工作中循循善诱、和风细雨，容易与纠纷当事人进行交流和沟通，能够最大限度地化解当事人的矛盾纠纷，消除当事人之间的隔阂，促进社会成员之间的诚信友爱，避免当事人对簿公堂。因此，黄某与徐某之间的纠纷采用人民调解的方式解决最为方便、快捷。

【本章小结】

1. 人民调解，是指在人民调解委员会的主持下，以国家法律、法规、规章、政策和社会公德为依据，通过摆事实、讲道理，对民间纠纷双方当事人进行斡旋、劝说，促使当事人互谅互让，平等协商，自愿达成调解协议，消除纷争的活动。目前，在我国存在多元化的纠纷解决机制，包括和解、诉讼外调解、仲裁和民事诉讼。在多元化的纠纷解决机制中，由于人民调解具有民间性和自治性、自愿性和司法性的特征，人民调解委员会设在基层，人民调解员来源于民、服务于民，他们贴近群众，在调解工作中循循善诱，能够最大限度地化解民间矛盾纠纷，避免当事人对簿公堂，因此，通过人民调解的方式解决民间纠纷方便、快捷，在诸多纠纷解决方式中占有优势地位。

2. 人民调解的历史源远流长，中华人民共和国成立后的人民调解，经过了确立和发展完善两个阶段。目前，规范和指导人民调解工作的法律规范主要是 2010 年 8 月 28 日第十一届全国人大常委会第十六次会议审议通过的《人民调解法》，该法于 2011 年 1 月 1 日起开始施行。

3. 人民调解作为"东方经验"，之所以具有较强的生命力，是因为有赖以生存的基础。它根植于"息诉止讼"的中国传统文化，符合中华民族的传统观念，具有自身的优越性，蕴含着和谐的价值。人民调解不仅可以预防纠纷、解决纠纷，并且可以"以案说法"，对社会公众进行法治宣传教育。人民调解制度在实现基层民主自治、促进经济发展、保持社会稳定等方面起到了很好的作用，因此受到政府和民众的高度重视。为了发挥人民调解制度的基础性作用，2023 年 9 月 27 日，最高人民法院和司法部联合印发了《关于充分发挥人民调解基础性作用推进诉源治理的意见》。该意见的发布施行，对推进人民调解制度的发展具有重要意义。

4. 人民调解与其他调解存在较大的区别。行政调解，是国家行政机关处理平等主体之间民事争议的一种方法。诉讼调解，是法院调解和解决民间纠纷的一种方法。人民调解与行政调解、诉讼调解既有联系，又有区别，三者是目前民间纠纷调解的"三驾马车"，共同对民间纠纷的解决发挥作用。信访工作与人民调解关系密切，信访工作中也涉及调解的适用，信访调解与人民调解在调解主体、调解人员、调解对象和调解协议的效力上都存在较大的区别。

◆ 【练习题】

一、名词解释

民间纠纷　人民调解　纠纷解决机制　行政调解　诉讼调解

二、简答题

1. 简述人民调解的概念和特征。

2. 人民调解的作用有哪些？

3. 简述人民调解存在的基础。

4. 简述人民调解与行政调解的区别。

5. 简述人民调解与诉讼调解的区别。

6. 简述人民调解与信访调解的区别。

三、案例分析题

1. 一日，王某在某家居店购买了某品牌的一个透明玻璃杯，该产品在该家居店官网上标示货号为50×××12。20××年5月20日凌晨，王某起床喝水，向该玻璃杯中倒入凉白开水后，举到嘴边时该玻璃杯突然发生爆炸，王某被炸晕倒地，失去知觉。就医后，王某被医院诊断为面部裂伤、牙外伤、口腔黏膜损伤、下唇损伤以及右膝软组织损伤。后经纠纷双方当事人协商，未达成一致意见。

王某回忆说，当时自己被炸晕了，醒来以后，杯子柄还在手中。之后，她发现嘴下面有一道大概三四厘米长的口子，门牙少了半颗。她赶紧给朋友打电话，让朋友陪她去医院。

王某提供了一份口腔医院的诊断记录，这份记录显示，王某就医时意识清晰，但右下唇肿大，唇内可见2.0×1.5厘米的创伤面，一颗门牙的牙冠折断露髓。由于唇内伤口较深，医生做缝合4针处理，受损门牙有待后续治疗。

王某介绍，就医前她曾联系过家居店客服，希望家居店能介入调查，查清楚水杯炸裂的原因，但当时家居店客服表示，要向上级部门反馈。王某就医回到家后，又再次联系家居店客服，希望家居店能查清楚水杯炸裂原因及赔偿医药费等费用。当天下午，家居店工作人员到现场查看情况。王某介绍，对方来了以后只是提到杯子是钢化的，摔不碎但是有自爆率，现场没有再答复其他问题。

事发5天后，20××年5月25日，该家居店在官方微博回应说，顾客王某使用该家居店某品牌玻璃杯时，因产品自爆而受伤。公司对此非常重视，对顾客在使用产品时受伤表示抱歉，对产品质量问题造成的消费者伤害或权益损失，家居店将承担相应的赔偿责任，最大限度保证消费者利益和安全。家居店在声明中指出，钢化玻璃的自爆情况与玻璃的特性有关，当钢化玻璃在运输或使用过程中受到外力的影响时，会有一定概率发生自爆。

王某介绍，后续她又和家居店进行了多次沟通，最终家居店答复，出于社会道义和企业责任的考虑会对王某进行赔偿。对于这样的答复，王某表示实在无法接受，因此选择了向人民法院提起诉讼的方式解决纠纷。本案件经过两审，最终法院判决家居店赔偿王某各种费用共计 4 万余元。

问题：

（1）本纠纷的解决方式有哪些？

（2）本纠纷可否采用人民调解的方式解决？

分析要点提示：

（1）本纠纷的解决方式包括和解、诉讼外调解、仲裁、民事诉讼，具体采用哪种方式解决纠纷，当事人有选择权。从纠纷的具体解决过程来看，王某受伤后，率先与家居店客服取得联系，实际上就是试图通过直接协商，即和解的方式解决纠纷，使自身受到损害的合法权益得到维护。但是，从协商的结果来看，纠纷双方当事人就纠纷的解决没能达成一致意见。实际上，王某还可以选择向人民调解委员会申请调解的方式解决纠纷。如果纠纷双方当事人就纠纷解决达成仲裁协议，王某还可以选择向仲裁机构申请仲裁的方式解决纠纷。当然，王某亦可以选择向人民法院提起诉讼的方式解决纠纷。对于本纠纷，具体采用何种纠纷解决方式，完全取决于纠纷当事人的选择。

（2）本纠纷是发生在平等主体之间的民事权利义务争议，属于民事纠纷，可以采用人民调解的方式解决。从具体的纠纷解决方式来看，通过人民调解的方式解决纠纷，方便、快捷、不伤和气，在纠纷解决过程中，当事人也享有较多的自主权。而且，根据我国法律的规定，人民调解委员会调解解决民间纠纷不收费。因此，只要属于人民调解范围，通过人民调解的方式来解决纠纷是一种较好的选择。

2.20××年6月21日14时许，杨某带领冯某、儿子杨某某（二人已另案处理）等人在某小区铺设花砖。冯某去小区五号楼附近喝水时，将所推的灰浆车停在路边。刘某乘车回家，发现通道被灰浆车阻挡无法通行，便下车将灰浆车推倒致灰浆洒落后，指挥司机张某驾驶车辆通过并离开。冯某叫人帮忙将洒落的灰浆装车时，刘某返回现场并辱骂冯某等人，杨某上前劝阻，刘某在杨某胸口推了一下，杨某某见状上前扶杨某时，刘某捏住杨某某的脖子与其撕扯致双方倒地，刘某压在杨某某身上并手掐杨某某的脖子，后杨某某将刘某推开，杨某某遂翻身骑在刘某身上并殴打刘某头面部，杨某在刘某身后踢打刘某腰部，致刘某腰部受伤。后双方被他人劝开，张某拨打电话报警，杨某等人在现场等候警察出警。经区公安司法鉴定中心鉴定：刘某腰椎左侧三处以上横突骨折已构成轻伤一级；左顶部头皮软组织损伤、右眼钝挫伤均已构成轻微伤。

问题：

上述案件能否采用人民调解的方式解决？

分析要点提示：

上述案件属于刑事案件，不属于民事纠纷，不能采用人民调解的方式解决。

通过人民调解的方式解决矛盾和纠纷虽然有诸多优势，但并不适用于所有情形，而是有具体的纠纷解决范围。根据我国《人民调解法》的规定，人民调解主要适用于解决民事纠纷。所谓民事纠纷，是指平等主体之间发生的，以民事权利义务为内容的社会纠纷。刑事案件，是指犯罪嫌疑人或者被告人被控涉嫌侵犯了《刑法》所保护的社会关系，国家为了追究犯罪嫌疑人或者被告人的刑事责任而进行立案侦查、审判并给予刑事制裁的案件。民事纠纷的解决，纠纷当事人对民事权利和民事诉讼权利享有处分权。刑事案件的解决，除刑事自诉案件和司法机关主动介入外，一旦受害人或者群众举报、报案，公安机关、检察机关即介入侦查，然后由检察机关代表国家对被告人提起公诉，由人民法院代表国家对案件进行裁决。

　　上述案件属于刑事案件，被告人的行为涉嫌故意伤害罪。我国《刑法》第234条规定："故意伤害他人身体的，处三年以下有期徒刑、拘役或者管制。犯前款罪，致人重伤的，处三年以上十年以下有期徒刑；致人死亡或者以特别残忍手段致人重伤造成严重残疾的，处十年以上有期徒刑、无期徒刑或者死刑。本法另有规定的，依照规定。"本案中，区人民法院经审理后认为，被告人杨某与他人发生纠纷后不能冷静处理，故意伤害他人身体致人轻伤，其行为构成故意伤害罪，公诉机关指控的犯罪成立。鉴于被害人刘某在事情的起因上有过错，且被告人杨某明知他人报警而在现场等候，到案后如实供述主要犯罪事实，应认定为自首。被告人杨某在案件审理中自愿认罪，并赔偿了被害人的经济损失，取得了被害人的谅解，确有悔罪表现，故可从轻处罚并适用缓刑。依据我国《刑法》《刑事诉讼法》等相关规定，判处杨某有期徒刑六个月，缓刑一年。

◆ **在线测试**

第二章 人民调解组织机构

【本章引例】

　　王某和李某都是个体商贩，以在大街上摆摊为业，认识久了，两个人慢慢地成了好朋友。由于没有营业执照，王某和李某二人便时时关注城管人员的动向，以逃避城管人员的检查。一天，王某和李某正在街上摆摊做生意，城管人员突然出现，进行突击检查。王某看到城管人员后，慌忙拿起自己的货物向一条胡同里奔跑，同时大声呼叫李某"快跑"。李某听到王某的呼喊后，同王某一起向胡同里奔跑，慌乱中，王某和李某二人将在树下乘凉的张老太太撞倒，造成张老太太左胳膊骨折。张老太太住院治疗，花费医疗费6 000多元，要求王某和李某赔偿。王某和李某因医疗费用赔偿问题产生争议，协商不成，向人民调解委员会申请调解。

请问：

1. 人民调解委员会的性质是什么？

2. 本案应当怎样调解？

【本章学习目标】

通过本章的学习，你应该能够：

1. 了解人民调解组织的含义、性质和特点。

2. 掌握人民调解组织的设立和人员组成。

3. 掌握人民调解组织的职责和工作制度。

第一节　人民调解组织的含义、性质和特点

一、人民调解组织的含义

　　调解组织，是指根据法律规定或者合法成立，经过双方当事人申请，可以对当事人之间的纠纷进行调解，说服、劝导纠纷当事人相互协商，达成协议，解决争议的各种机构。

从严格意义上讲，调解组织有广义、狭义之分。广义的调解组织既包括法院、仲裁机构，也包括专门的调解组织。狭义的调解组织仅指专门的调解组织，比如人民调解委员会、中国国际贸易促进委员会调解中心，还有设在各种行政机关内调解民商事纠纷的行政调解机构等。从各机构、组织的职能来看，法院、仲裁机构应当称为有权调解纠纷的机构，因为它们的主要职能不是调解，而是审理案件并作出裁决。本教材中的调解组织专指人民调解委员会。

人民调解委员会，是指村民委员会、居民委员会和企事业单位等下设的调解民间纠纷的群众性组织，它们在基层人民政府和人民法院指导下进行工作。我国的人民调解委员会，是根据我国《村民委员会组织法》和《城市居民委员会组织法》的规定设置的调解民间纠纷的群众性自治组织。《村民委员会组织法》第 2 条第 1、2 款规定："村民委员会是村民自我管理、自我教育、自我服务的基层群众性自治组织，实行民主选举、民主决策、民主管理、民主监督。村民委员会办理本村的公共事务和公益事业，调解民间纠纷，协助维护社会治安，向人民政府反映村民的意见、要求和提出建议。"第 7 条规定："村民委员会根据需要设人民调解、治安保卫、公共卫生与计划生育等委员会。村民委员会成员可以兼任下属委员会的成员。人口少的村的村民委员会可以不设下属委员会，由村民委员会成员分工负责人民调解、治安保卫、公共卫生与计划生育等工作。"《城市居民委员会组织法》第 3 条规定："居民委员会的任务：（一）宣传宪法、法律、法规和国家的政策，维护居民的合法权益，教育居民履行依法应尽的义务，爱护公共财产，开展多种形式的社会主义精神文明建设活动；（二）办理本居住地区居民的公共事务和公益事业；（三）调解民间纠纷；（四）协助维护社会治安；（五）协助人民政府或者它的派出机关做好与居民利益有关的公共卫生、计划生育、优抚救济、青少年教育等项工作；（六）向人民政府或者它的派出机关反映居民的意见、要求和提出建议。"第 13 条规定："居民委员会根据需要设人民调解、治安保卫、公共卫生等委员会。居民委员会成员可以兼任下属的委员会的成员。居民较少的居民委员会可以不设下属的委员会，由居民委员会的成员分工负责有关工作。"《人民调解委员会组织条例》第 2 条规定："人民调解委员会是村民委员会和居民委员会下设的调解民间纠纷的群众性组织，在基层人民政府和基层人民法院指导下进行工作。基层人民政府及其派出机关指导人民调解委员会的日常工作由司法助理员负责。"第 5 条第 1 款规定："人民调解委员会的任务为调解民间纠纷，并通过调解工作宣传法律、法规、规章和政策，教育公民遵纪守法，尊重社会公德。"《人民调解法》第 7 条规定："人民调解委员会是依法设立的调解民间纠纷的群众性组织。"由此可见，我国的人民调解委员会是专门调解民间纠纷的调解组织。

二、人民调解组织的性质和特点

所谓性质，是指一事物区别于其他事物的根本属性。人民调解委员会的性质是由我国的社会性质决定的，是由法律规定的。根据法律规定，我国人民调解委员会是依法设立的调解民间纠纷的群众性组织。作为群众性组织，人民调解委员会的本质是让人民群众组织起来，自己管理自己的事情。因此，人民调解委员会是人民群众自我管理、自我教育、自我服务的组织形式。人民调解委员会的特点主要体现在以下几个方面。

（一）法定性

人民调解委员会虽然属于调解民间纠纷的群众性组织，但是也需要依法设立，我国的《宪法》《人民调解法》《村民委员会组织法》《城市居民委员会组织法》等，都对人民调解作出了相应的规定。人民调解委员会依法设立，主要包含以下几层含义：

（1）设立主体合法。根据法律规定，人民调解委员会的设立主体主要包括村民委员会、居民委员会、企业事业单位、乡镇、街道、社会团体或者其他组织等。

（2）工作制度合法。例如，人民调解委员会的产生方式、调解员的条件、调解不收费等，应当符合法律规定。

（3）工作范围合法。根据法律规定，人民调解委员会主要是调解民间纠纷，不能调解涉及重大公共利益的案件，亦不能调解应当由专责机关管辖处理的纠纷案件。

（二）群众性

人民调解委员会是调解民间纠纷的群众性自治组织，其群众性主要体现在以下几个方面：

（1）人民调解委员会遍布全国各地。目前，除村民委员会、居民委员会设置了人民调解委员会外，企业事业单位也根据需要设置了人民调解委员会，法律亦允许设立区域性、行业性的人民调解委员会。人民调解委员会遍布全国各地，形成了立体的人民调解网。

（2）人民调解委员会中的调解员都来自群众。人民调解委员会的委员由群众推选产生，无论是兼职从事调解工作还是专职从事调解工作的人民调解员，都有一种共同的身份，就是群众代表。

（3）人民调解委员会是化解群众内部矛盾纠纷的组织。基层人民政府及有关部门对人民调解工作进行指导和保障，不直接介入人民调解活动，更不干涉人民调解活动。

（三）调解的纠纷大多属于民事纠纷

民事纠纷，主要是指公民之间、公民与法人或者其他组织之间发生的涉及人身、财产权益的纠纷。在当代社会，对民事行为主体的基本假设是：每一个民事主体都是对其行为后果有合理预期的理性人，各方平等是家庭生活、市场交易、日常活动中的基本要求，平等是民事关系的基本关系形态，也是民事纠纷主体关系的基本预设。因此，民事纠纷的特点是，纠纷主体为民事权利义务关系的主体，在民事活动中法律地位平等，彼此之间不存在服从与隶属关系，民事纠纷所涉及的权利义务关系，除涉及社会公共利益的之外，大都是法律允许当事人自行处分的。

（四）不具有行政或司法等国家强制力的属性

根据法律规定，经人民调解委员会调解达成的调解协议具有法律约束力，当事人应当履行。但是，人民调解协议主要依靠人民调解的公信力，道德、舆论的约束力，以及当事人的诚信意识，由当事人自觉履行。当事人之间针对已经达成的调解协议发生争议，可以向人民法院提起诉讼。因为人民调解委员会是群众性自治组织，不拥有国家强制力，所以经过调解双方当事人达成的人民调解协议，在未经司法确认之前，不具有法定强制执行的效力。

需要注意的是，目前许多地方在一些特定的区域、特定的行业也设置了人民调解组织，就近化解矛盾，解决纠纷，如集贸市场、旅游区、开发区、大型商场、医疗单位等。另外，一些相邻地区也开始建立和发展人民调解组织，解决复杂、疑难的纠纷，如城乡接合部、行政边界等。上述人民调解虽然体现了行业特点和专业要求，但在性质上仍属于人民群众自我管理的范畴。

第二节　人民调解组织的设立和人员组成

一、人民调解组织的设立

习近平总书记在党的二十大报告中指出，应当"弘扬社会主义法治精神，传承中华优秀传统法律文化，引导全体人民做社会主义法治的忠实崇拜者、自觉遵守者、坚定捍卫者。建设覆盖城乡的现代公共法律服务体系，深入开展法治宣传教育，增强全民法治观念。推进多层次多领域依法治理，提升社会治理法治化水平"。党的领导是人民调解制度发展和完善的根本保证，党的二十大报告为人民调解制度的未来发展指明了方向。为规范人民调解组织的设置，我国人民调解法对人民调解组织的设立形式和设立的具体要求作出了详细规定。据此，人民调解组织应当依法设立。

（一）人民调解组织的设立形式

《人民调解法》第8条第1款规定："村民委员会、居民委员会设立人民调解委员会。企业事业单位根据需要设立人民调解委员会。"第34条规定："乡镇、街道以及社会团体或者其他组织根据需要可以参照本法有关规定设立人民调解委员会，调解民间纠纷。"人民调解委员会的组织形式决定了人民调解工作的范围和领域。根据上述法律规定，人民调解组织的设立形式主要有以下几种。

1. 村民委员会、居民委员会设立人民调解委员会

根据法律规定，村民委员会、居民委员会应当设立人民调解委员会，这也是《宪法》的要求。我国《宪法》第111条规定："城市和农村按居民居住地区设立的居民委员会或者村民委员会是基层群众性自治组织。居民委员会、村民委员会的主任、副主任和委员由居民选举。居民委员会、村民委员会同基层政权的相互关系由法律规定。居民委员会、村民委员会设人民调解、治安保卫、公共卫生等委员会，办理本居住地区的公共事务和公益事业，调解民间纠纷，协助维护社会治安，并且向人民政府反映群众的意见、要求和提出建议。"

目前在我国，村民委员会、居民委员会设立的人民调解委员会，是人民调解组织的基本形式，是人民调解工作的主要组织基础。村民委员会、居民委员会是基层群众性自治组织，它们深深扎根在基层，扎根在群众生活的村落、社区，离群众最近，是发挥群众自治的最好形式。群众之间发生纠纷后，最容易找到的就是村民委员会和居民委员会。由于贴近群众，村民委员会、居民委员会的人民调解员能够比较早地发现群众之间发生的纠纷，并主动进行调解，发挥人民调解及时、主动、便捷的特点和优势，从而将矛盾纠纷解决在萌芽状态，有效防止矛盾纠纷激化，维护本村落、社区的和谐稳定，进而维护全社会的和谐稳定。

2. 企业事业单位根据需要设立人民调解委员会

村民委员会、居民委员会设立的人民调解委员会，覆盖了人民群众的生活空间，企业事业单位设立的人民调解委员会则主要解决群众在工作中发生的矛盾纠纷。因此，村民委

员会、居民委员会和企业事业单位人民调解委员会的设立，使人民调解覆盖了群众生活和生产两个最主要的活动空间。

需要注意的是，根据法律规定，并不要求企业事业单位必须设立人民调解委员会，而是"根据需要设立"，是否设立人民调解委员会，由企业事业单位根据需要灵活掌握。在具体实践中，如果企业事业单位的生产规模较大、职工较多、发生的纠纷也较多，通常需要设立人民调解委员会。如果企业事业单位生产规模较小、人数较少、发生的纠纷也不多，并且当纠纷发生后，能够及时通过其他合法途径，使矛盾纠纷有效化解和解决的，可以不设立人民调解委员会。

3. 新型的人民调解委员会形式

在调解实践中，有些纠纷当事人属于不同的村落、社区、单位，还有些纠纷专业性比较强，村民委员会、居民委员会、企业事业单位的调解组织进行调解存在一定的困难。为了解决上述问题，《人民调解法》规定，乡镇、街道以及社会团体或者其他组织根据需要，可以参照《人民调解法》有关规定设立人民调解委员会。上述法律规定，弥补了村民委员会、居民委员会设立的人民调解委员会和企业事业单位设立的人民调解委员会在地域性和专业性方面的不足，拓展了人民调解的空间和领域，对人民调解制度的发展具有较为重要的作用。

乡镇、街道设立人民调解委员会，主要负责调解村民委员会、居民委员会、企业事业单位的调解组织难以调解的疑难、复杂民间纠纷，以及跨地区、跨单位的民间纠纷。需要注意的是，乡镇、街道设立的人民调解委员会与村民委员会、居民委员会、企业事业单位的调解组织不是上下级之间的关系，对村民委员会、居民委员会、企业事业单位调解组织的调解工作也不负有监督、指导的职责。对于一些跨区域的纠纷，当事人可以选择由乡镇、街道设立的人民调解委员会进行调解，也可以选择由多个村民委员会、居民委员会、企业事业单位的调解组织共同调解。

有些纠纷具有较强的专业性、区域性，而有些社会团体和专业组织具有相关的专业知识和资源，为了有效地解决矛盾纠纷，《人民调解法》允许社会团体或者其他组织根据需要设立人民调解委员会。社会团体或者其他组织设立的人民调解委员会，主要包括以下几种类型：

（1）为了解决区域性、专业性的纠纷设立的人民调解委员会，包括妇联、残联、消费者协会、行业协会等社会团体依法设立的人民调解委员会。

（2）为了解决特定类型纠纷设立的人民调解委员会，包括为解决医疗纠纷、交通事故纠纷、劳动纠纷等设立的人民调解委员会。

（3）在外来务工人口居住区、集贸市场、经济开发区等特定地区设立的区域性人民调解委员会。

需要注意的是，社会团体或者其他组织设立的人民调解委员会与其他类型的人民调解委员会没有隶属关系。

2020年12月司法部发布实施的《全国人民调解工作规范》进一步规定，人民调解组织包括人民调解委员会、人民调解小组、人民调解工作室和人民调解中心等。村（社区）人民调解委员会和企（事）业单位人民调解委员会根据需要，可在自然村、小区、楼院和车间等设立人民调解小组。人民调解委员会根据人民调解员的申请，并由县级以上司法行政机关命名，可以人民调解员姓名或特有名称设立个人调解工作室。人民调解委员会根据需要，可在法院、公安、信访等单位和特定场所设立派驻调解工作室。县级以上司法行政机关根据需要，可依托公共法律服务中心等，设立综合性、一站式的人民调解中心。人民调解中心可以开展以下工作：

（1）统筹区域内人民调解资源，联动调解辖区内的重大疑难复杂民间纠纷以及跨乡镇、街道和跨行业、专业领域的民间纠纷。

（2）作为区域内人民调解、行政调解、司法调解联动工作平台，统一受理并组织调解党委、政府和人民法院等有关部门移送委托调解的民间纠纷。

（3）汇聚区域内各类行业性、专业性人民调解组织，实现资源整合，人员共享。

（4）开展区域内人民调解员的业务培训。

（5）办理本级司法行政机关委托的事项。

（二）人民调解组织设立的具体要求

根据《全国人民调解工作规范》的规定，人民调解组织设立的具体要求如下。

1. 情况报送

人民调解委员会及其所属人民调解工作室设立、变更和撤销情况报送要求如下：

（1）村（社区）人民调解委员会、乡镇（街道）人民调解委员会和企（事）业单位人民调解委员会及其所属人民调解工作室应自设立之日起 30 日内，将组织名称、人员组成、工作地址和联系方式等情况提交所在地司法所报县级司法行政机关。

（2）行业性、专业性人民调解委员会和其他类型的人民调解委员会及其所属人民调解工作室应自设立之日起 30 日内，将组织名称、人员组成、工作地址和联系方式等情况报所在地县级以上司法行政机关。

（3）人民调解委员会及其所属人民调解工作室组织名称、人员组成、工作地址和联系方式等情况发生变更或者撤销的，应自变更、撤销之日起 30 日内报相应的司法行政机关。

2. 名称

（1）人民调解委员会的名称。

人民调解委员会的名称要求如下：

1）村（居）民委员会设立的人民调解委员会名称一般应由"所在村或社区名称"和"人民调解委员会"两部分内容顺序组合而成。

2）乡镇（街道）设立的人民调解委员会名称一般应由"所在乡镇或街道行政区划名称"和"人民调解委员会"两部分内容顺序组合而成。

3）企（事）业单位设立的人民调解委员会名称一般应由"所在企业事业单位名称"和"人民调解委员会"两部分内容顺序组合而成。

4）社会团体或者其他组织设立的人民调解委员会名称一般应由"社会团体或者其他组织名称"和"人民调解委员会"两部分内容顺序组合而成。

5）行业性、专业性和区域性人民调解委员会名称一般应由"所在行政区划名称""行业、专业纠纷类型或特定区域名称""人民调解委员会"三部分内容顺序组合而成。

（2）人民调解工作室的名称。

人民调解工作室的名称要求如下：

1）个人调解工作室名称的全称一般应由"所属人民调解委员会名称""个人姓名或特

有名称""调解工作室"三部分内容顺序组合而成；简称由"个人姓名或特有名称"和"调解工作室"两部分内容顺序组合而成。

2）派驻调解工作室名称的全称一般应由"所属人民调解委员会名称""驻""派驻单位或特定场所名称""调解工作室"四部分内容顺序组合而成；简称由"驻""派驻单位或特定场所名称""调解工作室"三部分内容顺序组合而成。

（3）人民调解中心的名称。

人民调解中心名称一般应由"所在行政区划名称"和"人民调解中心"两部分内容顺序组合而成。

3. 标牌和印章

（1）人民调解组织的标牌。

人民调解组织的标牌要求如下：

1）有独立工作场所的，应在工作场所外悬挂人民调解委员会、人民调解工作室和人民调解中心标牌。标牌一般应为竖式外挂标牌，悬挂于正门一侧合适位置。

2）无独立工作场所的，一般应在调解室门一侧或上侧合适位置悬挂人民调解委员会、人民调解工作室和人民调解中心方形标牌。

（2）人民调解委员会的印章。

人民调解委员会的印章实行全国统一规格和式样。要求如下：

1）印章应为圆形，直径 $D=4.2\text{cm}$，中央刊五角星。

2）五角星外刊人民调解委员会所在地行政区划名称或者所属群众自治组织、企业事业单位和社团组织的法定名称，自左至右环形。

3）五角星下刊"人民调解委员会"字样，自左至右直形。

4. 标识和徽章

（1）样式。

人民调解标识和徽章图案应由握手、红心、橄榄叶和汉字、拼音组成，图案主体部分由象征友好的握手、象征奉献的红心和代表和平与希望的绿色橄榄枝构成。

（2）使用。

人民调解标识和徽章的使用要求如下：

1）人民调解组织应在调解场所醒目位置悬挂全国统一的、符合要求的人民调解标识。

2）人民调解员开展调解工作应佩带全国统一的、符合要求的人民调解徽章。

5. 场所设置

人民调解组织场所设置要求如下：

（1）人民调解组织应以方便群众和方便调解为目的选择办公地点，可与村（居）民委员会、司法所、公共法律服务中心（站、室）等合用办公场所，具备条件的也可单独设置办公场所。

（2）办公场所一般应设置办公室、接待室、调解室和档案室等（可一室多用），配备办公桌椅、资料柜、电话、电脑和复印机等必要的办公设施。

（3）调解室内应上墙公示人民调解工作原则、工作任务、调解流程、人民调解委员会组成人员、调解工作纪律和当事人权利义务等内容。

二、人民调解组织的人员组成

我国《人民调解法》第 8 条规定："村民委员会、居民委员会设立人民调解委员会。企业事业单位根据需要设立人民调解委员会。人民调解委员会由委员三至九人组成，设主任一人，必要时，可以设副主任若干人。人民调解委员会应当有妇女成员，多民族居住的地区应当有人数较少民族的成员。"根据上述法律规定，关于人民调解委员会的人员组成需要注意以下几个问题。

（一）人数

根据法律规定，人民调解委员会由委员三至九人组成。人民调解委员会委员的具体人数可以根据需要由设立主体自行确定，但不能少于三人，不能多于九人。由此可见，为了有利于在民主决策时采用少数服从多数的原则，人民调解委员会的组成人数应是单数。

（二）领导设置

关于人民调解委员会的领导设置，法律规定，人民调解委员会设主任一人，必要时，可以设副主任若干人。需要注意的是，无论人民调解委员会组成人员有多少，均应当设且只设一名主任。是否设副主任以及设几名副主任，则由设立主体根据需要确定。通常情况下，至少应当设一名副主任，以备在主任缺位时可以代行主任的职责。

（三）人员构成

根据法律规定，涉及人民调解委员会的人员构成，需要注意以下两点。

1. 应当有妇女成员

所谓有妇女成员，是指无论人民调解委员会由几名委员组成，其中必须有至少一名委员为女性。法律之所以作出这样的规定，主要是因为：一方面，我国倡导男女平等原则，要求人民调解委员会中有妇女成员，是为了使妇女有更多的机会参与社会事务；另一方面，在人民调解中，涉及婚姻、家庭、邻里等纠纷的调解，妇女具有一定的优势。

2. 在多民族居住的地区应当有人数较少民族的成员

法律之所以这样规定，主要是出于民族平等和有利于纠纷解决的考虑。同一民族的群众在生活习惯、思想观念等方面较为接近，更能够互相理解和体谅，由本民族的群众担任调解员，能够较好地抓住纠纷的症结所在，把握纠纷当事人的心态，有利于矛盾纠纷的化解。需要注意的是，人数较少的民族不一定是少数民族，在一个特定的行政区域或组织内，哪个民族的人数较少哪个就是人数较少的民族。

三、个人调解工作室

为了深入贯彻落实《人民调解员意见》，充分发挥人民调解维护社会和谐稳定"第一道防线"的作用，完善人民调解组织网络，创新人民调解组织形式，及时就地化解矛盾纠纷，2018 年 11 月 13 日，司法部发布了《关于推进个人调解工作室建设的指导意见》（以下简称《个人调解工作室意见》），努力实现矛盾不上交。

（一）个人调解工作室的含义和意义

个人调解工作室，是指以人民调解员姓名或特有名称命名设立的调解组织。近年来，各地充分发挥调解能手的引领示范作用，推动建立以个人命名的人民调解工作室，有效化解了大量矛盾纠纷。实践证明，个人调解工作室是传统调解组织形式的创新发展，是基层调解组织触角的有效延伸，对于增强人民调解员的积极性、主动性，扩大人民调解工作的权威性、影响力，提升人民调解工作质量和水平具有重要意义。

当前，中国特色社会主义进入新时代。随着我国社会主要矛盾的变化，矛盾纠纷呈现出一些新情况和新特点，人民群众对调解工作也提出了新的、更高的要求。《个人调解工作室意见》指出，各级司法行政机关要切实提高政治站位，充分认识推进个人调解工作室建设的重要意义，采取有效措施，努力打造一批"做得好、信得过、叫得响"的调解工作品牌，不断推动新时代人民调解工作创新发展，实现矛盾就地化解，不上交、不激化，保障人民群众合法权益，促进社会公平正义，维护国家安全和社会和谐稳定。

（二）指导思想

坚持以习近平新时代中国特色社会主义思想为指导，全面贯彻落实党的二十大精神，深入贯彻实施《人民调解法》，坚持发展"枫桥经验"，以组织形式创新和队伍素质提升为着力点，积极推进个人调解工作室建设，依法规范个人调解工作室的设立、命名、管理、保障，充分发挥个人调解工作室在排查化解矛盾纠纷中的重要作用，切实维护人民群众合法权益和社会和谐稳定，为平安中国、法治中国建设作出积极贡献。

（三）基本原则

根据《个人调解工作室意见》的规定，个人调解工作室的设立，应当遵循以下原则。

1. 坚持党的领导

认真贯彻落实中央关于加强人民调解工作的决策部署，把党的领导贯彻到人民调解工作的全过程、各方面，确保个人调解工作室建设的正确方向。

2. 坚持以人民为中心

坚持人民调解为人民，把群众满意作为衡量人民调解工作的根本标准，努力为当事人提供优质高效的调解服务，维护双方当事人合法权益。

3. 坚持依法设立，规范管理

遵守《人民调解法》的基本规定，完善个人调解工作室设立程序，健全管理制度，规范工作流程，不断提高调解工作质量和水平。

4. 坚持因地制宜，突出特色

立足本地矛盾纠纷实际状况和调解员擅长领域、专业特长，从实际出发，"成熟一个、发展一个"，积极打造各具特色的调解工作品牌，确保个人调解工作室的权威性和公信力。

（四）主要任务

根据《个人调解工作室意见》的规定，个人调解工作室建设的主要任务体现在以下四个方面。

1. 加强组织建设

加强组织建设，主要包括以下两项内容：

（1）申请设立个人调解工作室的条件。人民调解员具备以下条件的，可以申请设立个人调解工作室：一是具有较高的政治素质，为人公道正派，在群众中有较高威信；二是热心人民调解工作，有较为丰富的调解工作经验，调解成功率较高；三是具有一定的文化水平、政策水平和法律知识，形成有特点、有成效的调解方式方法；四是获得过县级以上党委政府、有关部门或司法行政机关的表彰奖励。

（2）规范个人调解工作室的命名。个人调解工作室全称由"所属人民调解委员会名称"、"个人姓名或特有名称"和"调解工作室"三部分内容依次组成，简称由"个人姓名或特有名称"和"调解工作室"两部分内容依次组成，由县级以上司法行政机关负责命名。

2. 加强队伍建设

加强队伍建设，主要体现在以下两个方面：

（1）个人调解工作室组成。个人调解工作室可以由一名调解员组成，也可以由多名调解员组成。鼓励专职人民调解员和退休政法干警、律师等社会专业人士、基层德高望重的人士等建立个人调解工作室，推动形成一支结构合理、优势互补的调解工作团队。

（2）加强对调解员的业务培训。各级司法行政机关要采取开设调解大讲堂、集中授课、交流研讨、案例评析、现场观摩、旁听庭审等形式，加强对个人调解工作室调解员的培训，不断增强调解员的法律素养、政策水平、专业知识和调解技能。

3. 加强业务建设

加强业务建设，主要体现在以下三个方面：

（1）个人调解工作室职责。个人调解工作室的职责包括以下五个方面：一是开展辖区内一般矛盾纠纷排查调解，参与当地重大疑难复杂矛盾纠纷调解；二是开展法治宣传教育；三是参与承担人民调解员培训授课任务；四是主动向所属人民调解委员会报告工作情况，做好调解统计和文书档案管理等工作；五是自觉接受司法行政机关指导和基层人民法院业务指导，认真完成司法行政机关和所属人民调解委员会交办的其他工作任务。

（2）依法开展调解工作。个人调解工作室应当遵守《人民调解法》的规定，坚持人民调解的基本原则，不得收取任何费用。个人调解工作室开展调解活动应接受所属人民调解委员会的指导，制作的调解协议书加盖所属人民调解委员会的印章。

（3）加强信息化建设。个人调解工作室要充分利用中国法律服务网和人民调解信息系统，开展人民调解在线咨询、受理、调解等工作。积极利用人民调解移动终端、手机App、微信群等开展调解工作，创新在线调解、视频调解等方式方法。

4. 加强制度建设

加强制度建设，主要体现在以下两个方面：

（1）建立健全工作制度。个人调解工作室应当依法建立健全岗位责任、学习培训、纠纷登记、排查调解、回访、信息反馈、考核奖惩、统计报送、文书档案等制度。县级以上司法行政机关要建立名册制度，定期向社会公布个人调解工作室情况；完善绩效评价制度，加强对个人调解工作室的动态管理。

（2）建立退出机制。被命名的人民调解员具有下列情形之一的，由命名的司法行政机关撤销其个人调解工作室命名，并定期向社会公告：一是弄虚作假，虚报申请资料获得个人调解工作室命名的；二是因身体、工作变动等个人原因申请不再担任人民调解员的；三是因严重违法违纪不适合继续从事调解工作的；四是因调解工作不力导致矛盾纠纷激化，造成恶劣社会影响的；五是其他应予以撤销命名的情形。

（五）组织保障

组织保障主要体现在以下三个方面。

1. 组织领导

各级司法行政机关要高度重视个人调解工作室建设，加强指导，督促落实。要主动汇报个人调解工作室建设情况和工作成效，积极争取党委、政府和有关部门的政策支持和工作保障。要加强调查研究，及时协调解决个人调解工作室建设中遇到的新情况、新问题。要认真总结个人调解工作室建设经验，推动形成一批可复制、可借鉴、可推广的做法。

2. 工作保障

个人调解工作室的调解员在补贴、培训、表彰等方面享受与所属人民调解委员会的调解员同等的待遇。个人调解工作室应有相对独立的办公场所和必要的办公设备，不具备条件的，可以与所属人民调解委员会共用办公场所，但应有固定的调解场所。支持个人调解工作室登记为民办非企业组织，或通过当地人民调解员协会承接政府购买服务项目，促进工作有效开展。

3. 宣传表彰

要充分利用传统媒体和网络、微信、微博等新媒体，大力宣传个人调解工作室的优势特点、工作成效和典型案例，不断扩大个人调解工作室的社会影响力。要加大对个人调解工作室及其调解员的表彰奖励力度，为个人调解工作室开展工作营造良好社会氛围。

第三节 人民调解组织的职责和工作制度

一、人民调解组织的职责

人民调解委员会是调解民间纠纷的群众性组织，明确人民调解委员会的职责，对于发挥人民调解委员会的作用具有重要意义。总体来看，人民调解委员会的职责主要体现在以下几个方面。

（一）及时解决民间纠纷，维护社会和谐稳定

根据我国《人民调解法》第1条的规定，制定《人民调解法》的目的，是完善人民调解制度，规范人民调解活动，及时解决民间纠纷，维护社会和谐稳定。作为法定的调解民间纠纷的组织，人民调解委员会的主要职责应当是完成法定任务。因此，人民调解委员会的首要职责应当是及时解决民间纠纷，维护社会和谐稳定。

《全国人民调解工作规范》规定，人民调解委员会应当调解民间纠纷，防止民间纠纷激化。要求如下：

（1）对婚姻家庭、邻里、房屋宅基地等常见多发的矛盾纠纷，村（社区）、乡镇（街道）人民调解委员会应采取法理情相结合等方法，及时就地进行化解，努力实现小事不出村（社区）、大事不出乡镇（街道）。

（2）对医疗、道路交通、劳动争议、物业管理等行业和专业领域矛盾纠纷，相关行业性、专业性人民调解组织应运用专业知识，借助专业力量开展调解，同时拓展在消费、旅游、环保、金融、保险、互联网和知识产权等领域开展人民调解工作。

（3）对涉及当事人多、案情复杂或社会影响大的矛盾纠纷，以及可能引发群体性事件、越级上访或民转刑等矛盾纠纷，应统筹律师、基层法律服务、公证、司法鉴定、法律援助和法治宣传等法律服务资源，加强与行政调解、行业性专业性调解、仲裁、行政裁

决、行政复议和诉讼等衔接联动，形成矛盾纠纷化解工作合力。

（二）进行法治宣传，做好纠纷预防工作

人民调解委员会不仅负有解决纠纷的职责，而且具有预防纠纷的职责，应当积极努力地进行工作，大力宣传国家的法律、法规和政策，教育公民遵纪守法，尊重社会公德，使广大社会公民学法、懂法、知法、守法，依据法律和社会公德办事，正确对待将要发生和已经发生的纠纷，化干戈为玉帛，预防纠纷的发生和激化。因此可以说，及时解决民间纠纷，维护社会和谐稳定，是人民调解委员会的首要职责；进行法治宣传，做好纠纷预防工作，是人民调解委员会的根本职责。

《全国人民调解工作规范》规定，人民调解委员会应通过调解工作宣传法律、法规、规章和政策，弘扬社会主义法治精神和社会主义核心价值观，教育公民遵纪守法，尊重社会公德，预防民间纠纷发生。应向人民调解委员会设立单位、基层人民政府、相关行业主管部门和司法行政机关反映民间纠纷和调解工作的情况。

（三）做好纠纷预警工作，发挥"纽带"作用

人民调解委员会是基层的人民调解组织，在基层人民政府的指导下进行工作，扎根基层，深入群众，是人民调解组织的重大特点和优势。做好纠纷预警工作，及时排查各类矛盾和纠纷，掌握辖区内的各种不安定因素，做好教育疏导工作，防止纠纷激化，是人民调解委员会的重要职责。同时，人民调解委员会还应当发挥"纽带"作用，一方面听取群众的意见、要求和建议，另一方面向村民委员会、居民委员会、基层人民政府等反映民间纠纷情况和人民调解工作的情况，以便于基层人民政府等职能部门指导人民调解委员会的工作，推动人民调解工作的完成，形成良性运行机制。

《全国人民调解工作规范》规定，人民调解委员会应当开展矛盾纠纷排查，及时发现矛盾纠纷风险隐患。要求如下：

（1）普遍排查。在农村以村为单位，在城市以小区或网格为单位，一般应每周开展一次矛盾纠纷排查；乡镇（街道）每月开展一次矛盾纠纷排查，县（市、区）每季度开展一次矛盾纠纷排查。

（2）重点排查。应聚焦矛盾纠纷易发多发的重点地区、重点领域、重点人群和重要时段，有针对性开展矛盾纠纷排查。

（3）对排查出的矛盾纠纷苗头隐患应分类梳理，建立台账，做到底数清、情况明。

二、人民调解组织的工作制度

我国《人民调解法》第 11 条规定："人民调解委员会应当建立健全各项调解工作制度，听取群众意见，接受群众监督。"人民调解是一种纠纷解决机制，为了保障纠纷解决的规范性，需要建立行之有效的工作制度，具体体现在以下几个方面。

（一）岗位责任制度

岗位责任制度是人民调解委员会各项工作制度中的核心内容。岗位责任明确，权利、义务、责任清晰，考核、奖惩制度完备，才有利于人民调解员各尽其职、各负其责，更好地完成调解任务。

（二）纠纷登记制度

纠纷登记制度，是指人民调解委员会对于受理的案件逐件予以文字记载的制度。实行

纠纷登记制度主要有以下益处：

（1）便于对纠纷进行统计，了解纠纷发生、发展、变化的情况。

（2）便于在纠纷调解失败后，当事人向法院起诉时有据可查。

（3）便于人民调解委员会总结经验，改进工作方法。

（4）便于基层人民政府和基层人民法院对调解工作进行指导。

人民调解委员会进行纠纷登记，主要包括以下内容：

（1）记明当事人的基本情况，包括双方当事人的姓名、性别、年龄、民族、职业、工作单位和职务等。

（2）记明纠纷发生的情况，包括时间、地点、起因、经过、结果、争执焦点和当事人的请求等。

（三）文书档案管理制度

我国《人民调解法》第 27 条规定："人民调解员应当记录调解情况。人民调解委员会应当建立调解工作档案，将调解登记、调解工作记录、调解协议书等材料立卷归档。"建立文书档案管理制度，有利于留存调解材料，便于回查纠纷情况和监督管理。

调解工作记录主要包括以下内容：

（1）记明是当事人主动申请调解还是人民调解委员会主动介入调解；如果是当事人申请调解，申请方式是书面申请还是口头申请；登记的日期等。由记录人签名和盖章。

（2）记明纠纷调解的过程和结果。对于调解的过程，应当记明主持调解的人员和参加调解的人员的情况，调解的时间、地点、方式和次数，调解人员做的工作，以及调解人员对纠纷的看法和处理意见等。对于调解结果，如果双方当事人经过调解达成协议，应当记明调解协议的内容；如果双方当事人没有达成调解协议，应当记明调解不成功的原因。

为了加强对人民调解工作文书档案的管理，根据人民调解实际工作情况，各地方对调解工作文书档案已经形成了一套较为规范的做法，即矛盾纠纷调处结束后，形成卷宗，做到一案一卷。调解卷宗一般包括以下内容：

（1）卷宗封面。

（2）卷宗目录。

（3）调解申请书或者口头申请记录。

（4）与当事人谈话的记录。

（5）调查材料和证据材料。

（6）调查记录。

（7）调解协议书及底稿。调解简易矛盾纠纷未制作书面调解协议书的，人民调解委员会应填写《人民调解口头协议登记表》。

（8）回访情况和办结报告记录。

（9）附卷材料。由各调解组织装订成册，建立统计档案，妥善保管备查①。

（四）统计制度

设置统计制度是为了全面反映人民调解工作的成效，检查人民调解工作任务完成的情

---

①　扈纪华，陈俊生．中华人民共和国人民调解法解读．北京：中国法制出版社，2010：111．

况，分析纠纷发生的新情况、新特点，力争做到早期介入、积极预防。在具体适用统计制度时，需要注意以下两点：

（1）人民调解委员会应当设置专门的统计人员，按照司法行政机关发放的统计报表填写，以利于做好统计工作。

（2）统计报表应当及时上报。

（五）回访制度

通过人民调解达成的调解协议，依靠当事人自觉履行，为了巩固调解成果，防止已经达成的调解协议出现反复情形，调解人员需要进行回访。回访时需要注意以下几个问题：

（1）了解调解协议的执行情况，以及影响调解协议履行的隐患。

（2）重点了解当事人的思想状况、行为有无反常，以及对调解协议的态度等。

（3）对于通过调解已经达成调解协议的案件，如果案情复杂，涉及的当事人人数较多，调解周期较长，应当重点回访。

（4）在回访时，应当征求双方当事人对调解人员的意见。

（六）纠纷信息传递与反馈制度

为了预防、化解民间纠纷，在基层人民政府、相关部门和社会组织之间，需要建立畅通的渠道，将民事纠纷的信息传递给人民调解委员会，以利于人民调解委员会对纠纷信息进行分析、研究，及早处理和解决矛盾纠纷。人民调解委员会收到相关信息后，应当按照纠纷的性质、轻重缓急、处理的难易程度，及时提出处理意见。对于人民调解委员会可以调解的案件，应当提出解决意见，反馈给相关单位。对于复杂、疑难、群体性纠纷，或者易于激化的纠纷，应当先稳定事态，并且及时向相关部门进行汇报，请求相关部门予以处理。

◆ 【引例分析】

1. 我国人民调解委员会是依法设立的调解民间纠纷的群众性组织。作为群众性组织，人民调解委员会的本质是让人民群众组织起来，自己管理自己的事情。因此，人民调解委员会是人民群众自我管理、自我教育、自我服务的组织形式。

2. 人民调解具有群众性、自治性的特征，在纠纷解决过程中，人民调解员应当耐心、细致，通过摆事实、讲道理，依法进行调解。此案属于共同侵权，对于张老太太所受的经济损失，王某和李某应当共同承担赔偿责任。因为根据我国法律规定，二人以上共同实施侵权行为，造成他人损害的，应当承担连带责任。针对本案，所谓连带责任，是指既可以由王某和李某共同赔偿，也可以由二人中一人先赔偿后，再向另外一人追偿，关键看张老太太的赔偿请求。本案中，张老太太要求王某和李某共同赔偿。人民调解员对纠纷进行调解后，王某和李某达成协议，二人对张老太太的医疗费各承担一半。

◆ 【本章小结】

1. 根据我国《人民调解法》的规定，人民调解委员会是依法设立的调解民间纠纷的群众性组织，具有以下特点：法定性、群众性、调解的纠纷大多属于民事纠纷、不具有行政或司法等国家强制力的属性。

2. 根据我国《人民调解法》的规定，村民委员会、居民委员会设立人民调解委员会；企业事业单位根据需要设立人民调解委员会；乡镇、街道以及社会团体或者其他组织根据需要可以参照《人民调解法》有关规定设立人民调解委员会，调解民间纠纷。人民调解委员会由委员三至九人组成，设主任一人，必要时，可以设副主任若干人。人民调解委员会应当有妇女成员，多民族居住的地区应当有人数较少民族的成员。另外，需要注意的是，为了充分发挥人民调解维护社会和谐稳定"第一道防线"的作用，完善人民调解组织网络，创新人民调解组织形式，及时就地化解矛盾纠纷，2018 年 11 月 13 日，司法部发布了《关于推进个人调解工作室建设的指导意见》，推动建立个人调解工作室。个人调解工作室，即以人民调解员姓名或特有名称命名设立的调解组织。2020 年 12 月司法部发布实施的《全国人民调解工作规范》，对人民调解委员会的设立形式、情况报送、名称、标牌、印章、标识、徽章、场所设置等作出了具体的规定。

3. 人民调解组织的职责主要是：及时解决民间纠纷，维护社会和谐稳定；进行法治宣传，做好纠纷预防工作；做好纠纷预警工作，发挥"纽带"作用。人民调解组织的工作制度包括岗位责任制度、纠纷登记制度、文书档案管理制度、统计制度、回访制度、纠纷信息传递与反馈制度。

◆ 【练习题】

一、名词解释

调解组织　人民调解委员会

二、简答题

1. 简述人民调解组织的性质。

2. 简述人民调解组织的特点。

3. 人民调解组织的设立形式有哪些？

4. 人民调解委员会的人员组成有哪些要求？

5. 简述人民调解组织的职责。

6. 简述人民调解组织的工作制度。

三、案例分析题

1. 20××年底，规模庞大的金线莲企业——某集团要租用某村两百亩土地种植金线莲，沿附近山脉打造养生文化观光园。除土地租用收益外，该项目的引进还将为广大村民创造诸多就业岗位。协议签订时，集团委托村委会将租赁土地上现有的养殖场拆迁和清理完毕。拆迁、清理过程中，村委会与养殖户陈某因拆迁补偿款问题发生了纠纷。

早在十几年前，陈某就与村委会签订了土地租赁协议，租赁合同期限为十年。合同虽早已到期，但因村委会一直未要求陈某归还土地，甚至默许陈某继续在该土地上养殖生猪，所以该合同也未终止。在拆迁补偿过程中，陈某要求村委会根据之前村委会在拆迁过程中制定的针对民居拆迁补偿的标准，按每平方米 120 元予以补偿，但村委会认为陈某的养殖场为临时搭盖，不能按照 120 元的民居标准予以补偿，在参考市场价后，只同意将陈某的补偿标准提高至最多 5 万元。双方为此僵持不下。

村人民调解委员会在获悉此消息后，主动介入调解。调解主任黄某在向村委会了解相关补偿标准后认为，村委会的补偿标准面向的是广大被拆迁村民，且已经在市场价的基础上提高至 5 万元，再做工作的空间不大，如果只单纯针对陈某一家再提高补偿标准，势必引起其他村民的抵触，不利于整体拆迁工作的进行。本起纠纷的关键节点在于陈某一方。

随后，黄某找到陈某，进一步了解陈某提出 15 万元赔偿标准的理由。在陈某看来，自己的养殖场在这十几年来为自家带来的收益是十分可观的，一旦村委会征用了土地，自家就断了生活来源。另外，按照村委会此前在拆迁过程中制定的补偿标准，当时建成的房屋补偿标准为每平方米 120 元，没理由别人家拿了 120 元，自己就得打折再打折，就拿 5 万元。再者，现在是村委会要拆迁，自己作为拆迁户，当然有提要求的资本。

面对这一情况，调解员黄某从情、理、法入手试图做通陈某的思想工作。村里此前制定的拆迁补偿标准针对的是一般民居，而陈某家的则是养猪场，两者功能不同，在成本上也存在较大差距。在目前的拆迁工作中，村里制定的拆迁补偿标准面向的是全体被拆迁的养殖户，如果只对陈某一人提高补偿标准，势必会造成其他被拆迁养殖户的不满。本次拆迁不是将集体所有的土地予以征收，而是单纯地将集体原本发包或租赁给个人的土地使用权收回集体经济组织，然后再出租，让广大村民享受收益的行为。陈某的养殖场土地系租用，且合同已经到期，又未再签订续租合同，村委会一方随时可以提出终止合同的要求，一旦终止，双方必须按照此前的约定来履行，地上物就不再属于陈某所有，如此一来，恐怕陈某一分补偿款都没法得到。村委会在拆迁补偿过程中也是想最大化地保障全体村民的利益，因此，希望陈某能认真考虑。但陈某在将补偿款降低至 10 万元后，就不再松口，纠纷调解陷入僵局。

针对这一情况，调解主任黄某在权衡利弊后，决定采取冷处理的方式，也不再追着陈某跑了。拆迁工作已进行大半，各拆迁户已纷纷拿到补偿款。一个月、两个月后，换作陈某着急了。这么久了，村里都没人再上门，这是什么情况？不拆了？如果是这样，到时村委会真的通知自己合同终止，那岂不是更惨？按捺不住内心焦急的陈某最终还是自己找上了门，她告诉黄某，自己同意 5 万元的补偿标准，希望黄某能帮忙把这个想法向村里传达一下。冷处理方式取得了预期的效果，黄某第一时间把陈某的要求向村委会进行了传达。却不料因为陈某此前的强硬态度，加上久拖未决，村委会现在不同意按原来提出的补偿标准来赔偿了，一下子将补偿款降至 2 万元。陈某听说后一下子蔫儿了，她再次找到黄某，希望黄某能再帮自己争取一下。本着保护弱势方利益的原则，黄某多次找到村委会，希望村委会能把补偿标准再提高一下。只是村委会也无奈地表示，自己作为受委托方，对此无能为力。最后，黄某从整体拆迁工作的开展和保护弱势村民利益的角度入手，提出了一个相对可行的调解方案，降低养殖户的损失，双方最终达成调解协议：村委会支付陈某 3 万元的搬迁费，陈某在约定时限内自行将养殖场的地上物搬走。

问题：

我国人民调解委员会的设立形式有哪些？

分析要点提示：

征地拆迁是工业化、城镇化进程中不可回避的一项重要的基础性工作，意义十分重大。需要注意的是，征地拆迁工作通常涉及国计民生，情况错综复杂，难度大、困难多。在上述案例中，纠纷发生后，为了不影响拆迁工作的进行，村人民调解委员会主动介入纠纷调解工作，人民调解员首先了解了纠纷情况，然后耐心细致地做拆迁户的思想工作。在摆事实、讲道理、讲法律都行不通的情况下，适时采取冷处理的方式，变被动为主动。在后续调解过程中，人民调解员又从维护纠纷当事人的角度出发，以最大化地保护被拆迁方利益为原则，提出了财产搬迁加补偿的调解方案，最终使该纠纷得以顺利化解，取得了很好的纠纷解决效果。

从人民调解委员会的设立形式来看，根据我国《人民调解法》的规定，村民委员会、居民委员会设立人民调解委员会，企业事业单位根据需要设立人民调解委员会，乡镇、街道以及社会团体或者其他组织根据需要可以参照《人民调解法》的有关规定设立人民调解委员会，调解民间纠纷。由此可见，村人民调解委员会是依法设立的调解民间纠纷的群众性组织，人民调解员是由村民会议或者村民代表会议推选产生的。在本起纠纷解决过程中，人民调解员运用自己的聪明智慧和组织协调能力，灵活应变，很好地完成了调解任务，使矛盾纠纷得到了圆满的解决。另外，需要注意的是，目前我国增加了个人调解工作室、人民调解小组、人民调解中心等新型人民调解组织的设立与运作模式。

2.20××年7月，房某等268人（149户）分别与某物业公司签订房屋租赁合同，约定将上述业主从某置业公司购买的151套全装修商品房，作为酒店式公寓长期出租给某物业公司管理，租期为10年。其中，前3年租金回报为房屋总价款的6％，之后7年租金回报按照当年酒店式公寓税后利润浮动计算，税后利润总额以物业公司委托有资质的会计师事务所出具的专项审计报告作为依据。

过了4年，房某等268名业主以物业公司恶意缩减经营收益、夸大成本支出、侵占出租人权益为由与物业公司多次交涉，并提起解约诉讼。法院对解约诉讼和其中1户的返还租金诉讼请求分别作出了生效判决，确定双方之间的合同于当年10月10日解除，其余业主遂集体撤诉。物业公司将全部租赁房屋返还业主。

又过了3年，148户业主共同向园区调解委员会申请调解，要求物业公司返还前期租金差额、支付后期房屋占用费。物业公司则坚持认为，上述业主提前解除合同，造成公司包括开业损失、82名长租客的解约赔偿金、员工的经济补偿金、某劳务派遣服务有限公司的解约补偿金等在内的损失共计10 474 600.89元，要求业主分摊。

园区人民调解委员会受理纠纷后，高度重视，当即指派3名人民调解员组成临时调解组，并邀请当时案件审理法院的法官共同参与调处，商定调解方案。调解组经逐一核对，确定涉案业主267名（共148户，涉及150套房屋），组织双方确认委托代理人。经认真听取双方陈述辩解，调解组认为双方主要有以下两个争议焦点：（1）业主主张的前期租金差额、合同解除后至实际交房日的房屋占用费能否得到支持？（2）物业公司主张分摊的开业损失、82名长租客的解约赔偿金、员工的经济补偿金、某劳务派遣服务有限公司的解约补偿金如何认定？

在第1个争议焦点中，关于业主主张的前期租金差额，调解组认为，房某等众多业主与物业公司签订同类型的10年期租赁合同，将房屋长期出租给物业公司管理、经营，据此收取租金收益，双方对采用此经营模式产生的法律后果均存在信赖利益，对于在该经营模式下签订的租赁合同的稳定、有效履行应予以维护。双方约定的作为浮动租金回报主要依据的税后利润总额，以物业公司委托有资质的会计师事务所出具的专项审计报告作为依据。现业主方怀疑物业公司串通会计师事务所对账务弄虚作假，却未能提供任何证据，且园区人民法院（20××）×0591民初203号生效民事判决书已驳回了业主朱某的前期租金差额的诉讼请求，故调解组认为房某等人的该项请求不能得到支持。

关于合同解除后至实际交房日的房屋占用费，调解组认为，双方租赁合同解除后，物业公司实际占用、使用涉案房屋，应支付房屋占用、使用费。在朱某的案件审理过程中，法院已启动司法鉴定程序，对房屋占用、使用期间的租金回报价格进行鉴定，建议双方参照此租金回报价格及业主各自房屋面积系数折算房屋占用费。

关于第2个争议焦点，即物业公司主张摊销的开业损失、82名长租客的解约赔偿金、员工的经济补偿金、某劳务派遣服务有限公司的解约补偿金，调解组认为，房某等业主主张提前解除租赁合同、返还房屋，属于违约行为，理应对给物业公司造成的损失进行赔偿。参照（20××）×0591民初203号生效民事判决书，法院认定物业公司前期开业费用12 866 807.73元，并按照朱某等主张返还房屋时间计算尚未摊销返还的开业费用共计5 575 616.68元，法院还认定因为房某等提前解约给物业公司造成的82名长租客的解约赔偿金、员工的经济补偿金、某劳务派遣服务有限公司的解约补偿金等损失共计10 474 600.89元。建议双方参照该生效判决认定金额，结合各自房屋面积系数计算各自赔偿责任。

在人民调解委员会的调解下，双方达成一致意见，结束了僵持两年的群体性租赁纠纷。双方签订人民调解协议如下：（1）物业公司在扣除相关开业费用和违约损失后，在当年11月底前按照房屋面积和租金回报系数，支付房某等267人共150套房屋的房屋占用费合计1 347 195元。（2）上述款项履行后，双方再无其他经济纠葛。

同日，园区人民调解委员会组织双方当事人及时向园区人民法院申请了司法确认，该案款项已全部按时履行到位。

问题：
人民调解委员会的职责是什么？
分析要点提示：

这是一起比较成功的人民调解典型案例。近年来，随着经济的发展，人们的经济意识普遍提高，有些买受人长期集体出租商品房，交由相关公司统一管理、经营，收取租金收益，这种情形已经成为社会普遍现象。但是，由于受房屋价格波动等因素的影响，产生的矛盾和纠纷也逐渐增多。此类纠纷，通常纠纷当事人人数比较多，标的额比较大，产生的社会影响也比较广泛。人民调解委员会及时介入解决纠纷，能够有效地化解群体性矛盾，维护社会和谐与稳定，同时也是依法履行人民调解委员会职责的表现。

人民调解委员会的职责是多方面的，包括及时解决民间纠纷，维护社会和谐稳定；进行法治宣传，做好纠纷预防工作；做好纠纷预警工作，发挥"纽带"作用。其中，及时解决民间纠纷是人民调解委员会一项很重要的职责。从上述纠纷解决的过程和结果来看，由于纠纷涉及人数比较多，又经历过民事诉讼，相对比较复杂，因此，人民调解委员会调解纠纷时，指派了3名人民调解员组成调解组进行调解。调解组在对纠纷进行调解时，首先核实当事人主体身份、所购房屋套数及面积，厘清涉案当事人与购房明细。然后，利用法院作出的生效判决，邀请办案法官参加调解，确定市场评估租金价格、业主租金回报系数及物业公司损失分摊明细，计算物业公司应支付的房屋占用费，促成当事人达成调解协议。最后，为了保证调解协议的履行，做到"案结事了"，调解协议达成后，人民调解员引导纠纷当事人及时到园区人民法院申请了司法确认，赋予人民调解协议强制执行的效力，使上述群体性房屋租赁纠纷得到了圆满、彻底的解决，很好地履行了人民调解委员会的职责。同时，纠纷的圆满解决也使纠纷当事人的生产和生活恢复到常态，促进了社会的和谐发展。

3. 有一天，南京某调解委员会的主任李二妈正在家里做饭，该调解委员会的另一名成员跑来告诉她，两天内王某家就吵了三次架。第二天早饭后，李二妈去了王某的邻居家。从他们那里了解到，王某的母亲、小妹和王某夫妻住在一起。王某的妻子想让他妹妹多做些家务，王某的母亲和妹妹对此产生了反感。随后，李二妈又到了王某家（王某的母亲住在王某的隔壁房间），发现只有王某的母亲正在照顾王某的小孩。王某的母亲承认与儿媳关系不好。李二妈就说："我和你一样，我也当婆婆了，过去我也有一些旧思想，总是觉得女儿和儿媳就是不一样。现在社会发展了，我们的思想也该变一变了，应当将儿媳与女儿同样看待。"这时候，王某的妻子回家了，李二妈一面帮她择菜，一面称她有婆婆帮忙。王某的妻子说："她们只是过来吃饭，还整天挑剔，什么都不做。"李二妈说："带小孩本来应该是你们做父母的责任，不是老人的义务，年轻人和老人应当互相尊重。"后来，王某回家了，李二妈趁机帮他们开了一个"家庭团结和睦会"，每个家庭成员都作了自我检讨。

几天过去了，李二妈还惦记着王某家，在街上碰到王某时还问他家里人关系处得怎么样，但王某只是吞吞吐吐地回答一切都还好。于是李二妈又去王某家开了一个会，直到大家的意见完全一致。10天以后，她又去王某家时，王某说："李二妈如此关心我们家的团结和睦，真是用心良苦。从现在起，我们再也不吵了。"

问题：
请结合本案分析人民调解组织人员组成的特点。
分析要点提示：
本案中，人民调解委员会主任李二妈主动介入王某的家庭纠纷进行调解，是人民群众自我管理、自我教育、自我服务的具体体现。为了解决王某家的纠纷，李二妈多次到王某家，做王某家人的思想工作。先是单独做王某的母亲和王某的妻子的思想工作，然后进行回访，最后帮助王家人召开家庭会议，以理服人、以情感人，最终使王家人深受感动，和好如初。因此，在民间纠纷的解决中，人民调解组织的作用不容忽视。

我国《人民调解法》规定，人民调解委员会由委员三至九人组成，设主任一人，必要时，可以设副主任若干人。人民调解委员会应当有妇女成员，多民族居住的地区应当有人数较少民族的成员。根据上述法律规定，人民调解委员会应当有妇女成员，即无论人民调解委员会由几名委员组成，其中必须有至少一名委员为女性。法律之所以作此要求，一是为了倡导男女平等原则，使妇女有机会参与更多的社会事务；二是考虑到妇女在调解婚姻、家庭、邻里纠纷方面具有一定的优势。

从本纠纷的解决来看，李二妈作为人民调解委员会主任，主动介入调解，在调解过程中，充分发挥了女性调解员的优势，不厌其烦，耐心、细致、周到地进行调解，使纠纷获得了圆满的解决，王家家庭成员和好如初，促进了家庭的和谐发展。

◆ **在线测试**

第三章　人民调解员

◆ 【本章引例】

　　某村村民张某的母亲去世，张某为母亲打石头围坟时，意外砸死了路过的女孩刘某。经当地公安机关认定，该事件属于意外事件。但是，根据刘某家属的要求，张家需要为刘某办丧事。女孩出殡之日，张家人抬着刘某的尸体准备下葬，此时来了几个来迟的刘家亲戚，要求将死者抬回去再见一面。按照当地的规矩，这样的要求显然违背了葬俗。张家人认为，刘家人提出了非分要求，是心中有气，想找碴儿。为此，双方当事人陷入僵持状态。这时，村人民调解委员会调解员罗某赶到现场，召集双方当事人的代表，召开了一个协商会议。人民调解员提出了一个解决的办法，告诉刘家人，将亡人抬回去会犯了葬俗的大忌，不如由张家人出些钱，补偿给刘家未赶上吊唁的亲戚。刘家人一商量，觉得这个办法可行，既不违反葬俗，又能照顾到刘家亲戚的情绪。至于张家，既然摊上了这件事，也希望顺利地解决，多出些钱也不计较。于是，双方立下字据，纠纷得以解决，避免了一场纷争。

请问：
人民调解员是怎么产生的？

◆ 【本章学习目标】

通过本章的学习，你应该能够：

1. 了解人民调解员的产生方式。
2. 掌握人民调解员的任职资格。
3. 了解人民调解员的任期。
4. 掌握人民调解员的任务和行为规范。
5. 了解人民调解员的待遇保障。

第一节　人民调解员的产生

一、人民调解员的产生方式

人民调解员的产生方式，是指人民调解员的产生办法。我国《人民调解法》第9条规定："村民委员会、居民委员会的人民调解委员会委员由村民会议或者村民代表会议、居民会议推选产生；企业事业单位设立的人民调解委员会委员由职工大会、职工代表大会或者工会组织推选产生。人民调解委员会委员每届任期三年，可以连选连任。"第34条规定："乡镇、街道以及社会团体或者其他组织根据需要可以参照本法有关规定设立人民调解委员会，调解民间纠纷。"根据上述法律规定，人民调解委员会委员的产生应当充分发扬民主，采用民主的方法，体现群众的意见。这样做的目的是确保人民调解委员会委员来自群众，代表群众，使人民调解委员会委员具有广泛的代表性。人民调解委员会委员的产生方式具体如下。

（一）村民委员会的人民调解委员会委员的产生方式

根据法律规定，村民委员会的人民调解委员会委员由村民会议或者村民代表会议推选产生。推选工作应当遵守《村民委员会组织法》的有关规定。我国《村民委员会组织法》第21条规定："村民会议由本村十八周岁以上的村民组成。村民会议由村民委员会召集。有十分之一以上的村民或者三分之一以上的村民代表提议，应当召集村民会议。召集村民会议，应当提前十天通知村民。"第22条规定："召开村民会议，应当有本村十八周岁以上村民的过半数，或者本村三分之二以上的户的代表参加，村民会议所作决定应当经到会人员的过半数通过。法律对召开村民会议及作出决定另有规定的，依照其规定。召开村民会议，根据需要可以邀请驻本村的企业、事业单位和群众组织派代表列席。"第25条规定："人数较多或者居住分散的村，可以设立村民代表会议，讨论决定村民会议授权的事项。村民代表会议由村民委员会成员和村民代表组成，村民代表应当占村民代表会议组成人员的五分之四以上，妇女村民代表应当占村民代表会议组成人员的三分之一以上。村民代表由村民按每五户至十五户推选一人，或者由各村民小组推选若干人。村民代表的任期与村民委员会的任期相同。村民代表可以连选连任。村民代表应当向其推选户或者村民小组负责，接受村民监督。"第26条规定："村民代表会议由村民委员会召集。村民代表会议每季度召开一次。有五分之一以上的村民代表提议，应当召集村民代表会议。村民代表会议有三分之二以上的组成人员参加方可召开，所作决定应当经到会人员的过半数同意。"

（二）居民委员会的人民调解委员会委员的产生方式

根据法律规定，居民委员会的人民调解委员会委员由居民会议推选产生。推选工作应当遵守《城市居民委员会组织法》的有关规定。《城市居民委员会组织法》第9条规定："居民会议由十八周岁以上的居民组成。居民会议可以由全体十八周岁以上的居民或者每户派代表参加，也可以由每个居民小组选举代表二至三人参加。居民会议必须有全体十八周岁以上的居民、户的代表或者居民小组选举的代表的过半数出席，才能举行。会议的决定，由出席人的过半数通过。"第10条规定："居民委员会向居民会议负责并报告工作。居民会议由居民委员会召集和主持。有五分之一以上的十八周岁以上的居民、五分之一以上的户或者三分之一以上的居民小组提议，应当召集居民会议。涉及全体居民利益的重要问题，居民委员会必须提请居民会议讨论决定。居民会议有权撤换和补选居民委员会成员。"

（三）企业事业单位的人民调解委员会委员的产生方式

根据法律规定，企业事业单位的人民调解委员会委员由职工大会、职工代表大会或者工会组织推选产生，具体内容如下。

1. 由职工大会推选产生

职工大会一般是由全体职工召开的会议。召开职工大会推选人民调解委员会委员适用于规模较小、人数较少的企业事业单位。

2. 由职工代表大会推选产生

对于企业而言，职工代表大会是其民主管理的基本形式，是由职工代表组成的行使民主管理权力的机构。职工代表一般按照全体职工总数的一定比例，由职工民主选举产生。在选举职工代表时，一般应当充分考虑代表的广泛性。职工代表大会推选人民调解委员会委员时，既可以推选职工代表，也可以推选职工代表以外的其他人。

3. 由工会组织推选产生

工会是职工自愿结合的群众组织，是职工行使民主管理权力的机构。工会组织代表职工的利益，依法维护职工的合法权益。工会依照法律规定通过职工代表大会或者其他形式，组织职工参与本单位的民主决策、民主管理和民主监督。通过工会组织推选产生，也是人民调解委员会委员的一种重要的产生方式。

此外，根据《全国人民调解工作规范》的规定，乡镇（街道）人民调解委员会委员可由行政区域内村（居）民委员会、有关单位、社会团体和其他组织推选产生，乡镇（街道）司法所工作人员可兼任委员。社会团体或者其他组织人民调解委员会和行业性、专业性人民调解委员会委员可由有关单位、社会团体或者其他组织推选产生。

二、人民调解员的构成和任职资格

我国《人民调解法》第13条规定："人民调解员由人民调解委员会委员和人民调解委员会聘任的人员担任。"第14条规定："人民调解员应当由公道正派、热心人民调解工作，并具有一定文化水平、政策水平和法律知识的成年公民担任。县级人民政府司法行政部门应当定期对人民调解员进行业务培训。"

（一）人民调解员的构成

关于人民调解员，有狭义和广义两种理解。狭义的人民调解员，仅指人民调解委员会的成员。广义的人民调解员，既包括人民调解委员会的成员，即人民调解委员会委员，也包括人民调解委员会聘任的调解员。目前，在调解实践中，根据调解民间纠纷的需要，除专职的人民调解员外，人民调解委员会还聘任了大量的兼职调解员，这些调解员在人民调解中也发挥了较大的作用。因此，基于人民调解工作的发展和人民调解员队伍的现状，人民调解员应当采用广义的理解，即包括专职的人民调解员和兼职的人民调解员。

根据《人民调解法》的规定，人民调解委员会中的人民调解员包括两类：人民调解委员会委员和人民调解委员会聘任的人员。其中，人民调解委员会委员是人民调解委员会的组成人员，是当然的人民调解员。除人民调解委员会委员担任的人民调解员外，人民调解委员会还可以根据调解民间纠纷的需要，聘任部分具有专业知识、专业技能，并符合法定条件的人员担任人民调解员。这类聘任人员既可以是专职调解员，也可以是兼职调解员。需要注意的是，为了使人民调解委员会委员更具代表性，以聘任的方式确定人民调解员属于特殊情形。

《人民调解员意见》规定："人民调解委员会根据需要可以聘任一定数量的专兼职人民调解员，并颁发聘书。要注重从德高望重的人士中选聘基层人民调解员。要注重选聘律师、公证员、仲裁员、基层法律服务工作者、医生、教师、专家学者等社会专业人士和退休法官、检察官、民警、司法行政干警以及相关行业主管部门退休人员担任人民调解员，不断提高人民调解员的专业化水平。要积极发展专职人民调解员队伍，行业性、专业性人民调解委员会应有 3 名以上专职人民调解员，乡镇（街道）人民调解委员会应有 2 名以上专职人民调解员，有条件的村（居）和企事业单位人民调解委员会应有 1 名以上专职人民调解员，派驻有关单位和部门的人民调解工作室应有 2 名以上专职人民调解员。"

在人员聘任范围上，《全国人民调解工作规范》也作出了扩充性、列举性的规定，即人民调解委员会应不断优化人民调解员队伍结构，注重吸纳律师、公证员、仲裁员、基层法律服务工作者、心理咨询师、医生、教师或专家学者等社会专业人士和退休法官、检察官、民警、司法行政干警以及信访、工会、妇联等部门退休人员担任人民调解员。

（二）人民调解员的任职资格

人民调解员的任职资格，是指担任人民调解员应当具备的条件。人民调解员的职责是调解民间纠纷，维护社会和谐。随着社会经济的不断发展和变化，民间纠纷日益复杂化，对人民调解员素质和能力的要求也越来越高。为了适应形势发展的需要，使人民调解员在调解过程中充分发挥应有的作用，法律对人民调解员的任职资格作出了明确的规定。我国《人民调解法》第 14 条规定："人民调解员应当由公道正派、热心人民调解工作，并具有一定文化水平、政策水平和法律知识的成年公民担任。县级人民政府司法行政部门应当定期对人民调解员进行业务培训。"根据上述法律规定，人民调解员的任职资格如下。

1. 公道正派

公道正派，是对人民调解员道德品质的要求，是人民调解员首先应当具备的条件。公道，是指为人处事公平公正，不偏不倚，不为人情所累，能够客观地进行分析判断，分清是非和责任。正派，是指作风正派，敢于坚持原则、弘扬正气、主持正义，不为金钱所惑，不为权势所屈。只有公道正派的人担任人民调解员，对纠纷作出公正的评判，才能为当事人信服和接受。在具体纠纷的解决中，人民调解员作为中立的第三方，当事人基于对人民调解员的信任，希望人民调解员能够为其"主持公道"。如果人民调解员能够公正地对待纠纷双方当事人，公正地提出调解方案，往往比较容易被纠纷双方当事人接受，从而能够合理、有效地化解纠纷，并做到"案结事了"。人民调解员公正地调解纠纷，才能使人民调解在人民群众中树立威信，才能使人民调解保持旺盛的生命力。

2. 热心人民调解工作

热心人民调解工作，是对人民调解员工作积极性的要求。民间纠纷的特点是事小、量多、面广、复杂，并且容易反复多变，这就需要有热爱人民调解工作的人民调解员积极、主动、耐心、细致地从事人民调解工作。从人民调解工作的特点来看，人民调解没有什么经济利益可图，经常需要人民调解员牺牲个人的休息时间去做工作，有时甚至还要自己支付一些费用。并且，在调解过程中，面对情绪激动的纠纷双方当事人，一句话不入耳，便会招致当事人的指责。因此，担任人民调解员的一个重要条件，就是热心人民调解工作，对人民调解工作充满热情，为当事人办事不在乎个人得失，乐于奉献。

3. 具有一定文化水平、政策水平和法律知识

具有一定文化水平、政策水平和法律知识，是对人民调解员业务能力的要求。人民调解员应当具有一定文化水平、政策水平和法律知识，否则难以胜任日益复杂的调解工作。因此，应当严格要求人民调解员的选任条件。为了保证人民调解员的质量，《人民调解员意见》进一步规定，人民调解员由人民调解委员会委员和人民调解委员会聘任的人员担任，既可以兼职，也可以专职。人民调解员应由公道正派、廉洁自律、热心人民调解工作，并具有一定文化水平、政策水平和法律知识的成年公民担任。乡镇（街道）人民调解委员会的调解员一般应具有高中以上学历，行业性、专业性人民调解委员会的调解员一般应具有大专以上学历，并具有相关行业、专业知识或工作经验。

4. 成年公民

人民调解员应当由成年公民担任，是对人民调解员年龄的要求。我国《民法典》第17条规定："十八周岁以上的自然人为成年人。不满十八周岁的自然人为未成年人。"第18条规定："成年人为完全民事行为能力人，可以独立实施民事法律行为。十六周岁以上的未成年人，以自己的劳动收入为主要生活来源的，视为完全民事行为能力人。"由此可见，成年人具有完全的民事行为能力，人民调解员调解民间纠纷需要具有完全的民事行为能力，否则就不能胜任比处理一般事务更为复杂、技巧性更强的人民调解工作。需要注意的是，这里的公民是指具有中华人民共和国国籍的人。

三、人民调解员的任期

我国《人民调解法》第9条第2款规定："人民调解委员会委员每届任期三年，可以连选连任。"《人民调解法》将人民调解委员会委员的任期规定为三年，与当时村民委员会、居民委员会的任期是一致的。之所以这样规定，具体理由如下：

（1）便于人民调解委员会与村民委员会、居民委员会同时产生、同时进行换届选举，避免为推选人民调解委员会委员而单独召开村民会议、居民会议或者村民代表会议。

（2）根据《工会法》的规定，基层工会委员会每届任期三年或者五年。因此，将人民调解委员会委员的任期规定为三年比较合适，有利于与相关工作制度的衔接。

（3）人民调解委员会是基层群众性自治组织，人民调解委员会委员并不拥有特别的权力，而且从事人民调解工作时间越长，经验会越丰富。因此，法律规定人民调解委员会委员可以连选连任，没有连任次数的限制。

需要注意的是，现行的《村民委员会组织法》和《城市居民委员会组织法》已经将村民委员会和居民委员会由每届任期三年，修改为每届任期五年。我国《村民委员会组织法》第11条规定："村民委员会主任、副主任和委员，由村民直接选举产生。任何组织或者个人不得指定、委派或者撤换村民委员会成员。村民委员会每届任期五年，届满应当及时举行换届选举。村民委员会成员可以连选连任。"《城市居民委员会组织法》第8条第1款规定："居民委员会主任、副主任和委员，由本居住地区全体有选举权的居民或者由每户派代表选举产生；根据居民意见，也可以由每个居民小组选举代表二至三人选举产生。居民委员会每届任期五年，其成员可以连选连任。"由此可见，未来需要修订完善《人民

调解法》的内容，使之与村民委员会和居民委员会任期相适应。

第二节　人民调解员的任务和行为规范

一、人民调解员的任务

根据《人民调解员意见》的规定，人民调解员的任务主要包括以下几个方面：

（1）积极参与矛盾纠纷排查，对排查发现的矛盾纠纷线索，采取有针对性的措施，预防和减少矛盾纠纷的发生。

（2）认真开展矛盾纠纷调解，在充分听取当事人陈述和调查了解有关情况的基础上，通过说服、教育、规劝、疏导等方式方法，促进当事人平等协商、自愿达成调解协议，督促当事人及时履行协议约定的义务，人民调解员对当事人主动申请调解的，无正当理由不得推诿不受理。

（3）做好法治宣传教育工作，注重通过调解工作宣传法律、法规、规章和政策，教育公民遵纪守法，弘扬社会公德、职业道德和家庭美德。

（4）发现违法犯罪以及影响社会稳定和治安秩序的苗头隐患，及时报告辖区公安机关。

（5）主动向所在的人民调解委员会报告矛盾纠纷排查和调解情况，认真做好纠纷登记、调解统计、案例选报和文书档案管理等工作。

（6）自觉接受司法行政部门指导和基层人民法院业务指导，严格遵守人民调解委员会的制度规定，积极参加各项政治学习和业务培训。

（7）认真完成司法行政部门和人民调解委员会交办的其他工作任务。

二、人民调解员的行为规范

人民调解员的行为规范，是指人民调解员在调解工作中依法应当遵循的行为准则的总称。我国《人民调解法》第15条规定："人民调解员在调解工作中有下列行为之一的，由其所在的人民调解委员会给予批评教育、责令改正，情节严重的，由推选或者聘任单位予以罢免或者解聘：（一）偏袒一方当事人的；（二）侮辱当事人的；（三）索取、收受财物或者牟取其他不正当利益的；（四）泄露当事人的个人隐私、商业秘密的。"根据上述法律规定，人民调解员在调解民间纠纷时，应当遵守以下行为规范。

（一）不得偏袒一方当事人

民间纠纷的特点是双方当事人地位平等，即每个民事主体在民事活动中都具有平等的参与资格，每一方民事主体都应该在民事纠纷解决过程中获得平等的对待，每一方民事主体都应当平等地享有权利、平等地履行义务与承担责任。人民调解员来自群众，为群众所信赖，人民调解员调解民间纠纷，必须坚持平等原则，只有做到平等地对待双方当事人，才能建立起化解民间纠纷的平台，调解才能被当事人自愿接受，调解结束后才能做到"案结事了"。在调解过程中，人民调解员应当主持公道，平等地对待双方当事人，使双方当事人能够作为平等的民事主体参与调解。人民调解员不得故意偏袒一方当事人，使调解结果有利于一方当事人，而损害另一方当事人的合法权益。对当事人不一视同仁、庇护亲戚朋友、因怕得罪权势而放弃原则是绝对不可取的。如果人民调解员不能做到平等地对待双方当事人，违背平等原则进行调解，会导致人民调解在群众中逐渐失去信誉，从而丧失公信力。因此，人民调解员调解民间纠纷必须站在公正的立场上，坚持平等原则，不偏袒任何一方当事人，这是对人民调解员的基本要求，也是人民调解赖以存在的前提和基础。

（二）不得侮辱当事人

要想调解工作得到群众的拥护，调解结果必须令纠纷双方当事人心悦诚服。人民调解员要想获得群众的尊重，必须做到公平公正，以理服人。人民调解应当通过文明的方式进行，首先，人民调解员应当以身作则，将解决纠纷、化解矛盾作为工作目标，无论纠纷当事人的情绪如何激动、态度如何恶劣，人民调解员都应当保持清醒的头脑，理性、耐心地做好疏导工作，为当事人作出表率。其次，在人民调解过程中，人民调解员应当通过摆事实、讲道理、换位思考等调解方式，感化当事人，既不能用语言羞辱当事人，也不能以行为羞辱当事人，任何不文明的行为都应当予以禁止，应当尊重当事人的人格，维护当事人的名誉。人民调解员只能通过说服教育的方式，帮助当事人提高认识，增强法治观念，使双方当事人自愿接受调解结果，这样才能取得较好的调解效果。采用简单粗暴的方式进行调解，辱骂当事人，甚至体罚当事人，不但不能达到解决矛盾、化解纠纷的目的，相反，还会严重影响人民调解员在群众中的声誉和威信，不利于调解工作的顺利进行。

（三）不得索取、收受财物或者牟取其他不正当利益

人民调解是人民调解委员会居中解决当事人民事权利义务争议的活动。在调解过程中，人民调解员除应当做到公平公正、坚持原则、廉洁自律、文明调解外，还应当做到不索取、收受财物或者牟取其他不正当利益，这是人民调解员公平、公正调解的保障。

关于"不得索取、收受财物"，需要注意以下几点：（1）人民调解员不得向当事人索要财物；（2）人民调解员也不得接受当事人主动给予的财物；（3）人民调解员的家属或者其他人替人民调解员接受当事人给予的财物，并且人民调解员知晓后表示接受，或者未主动返还的情形，也属于人民调解员"收受财物"的行为，是为法律所禁止的。

"牟取其他不正当利益"包括两种情形：（1）向当事人牟取不正当利益；（2）借助在人民调解工作中知晓的信息牟取不正当利益。

总之，人民调解员从事调解工作应当公正廉洁，面对财物的诱惑，要严格自律，不辜负群众的信任。在调解过程中，只要人民调解员有索取、收受财物或者牟取其他不正当利益的行为，无论其在调解过程中是否偏袒一方当事人，均构成违法。

（四）不得泄露当事人的个人隐私、商业秘密

个人隐私，是指公民个人生活中不愿向他人（一定范围以外的人）公开或为他人知悉的秘密，且这一秘密与其他人及社会利益无关。判断某信息是否属于个人隐私的关键就在于公民本人是否愿意他人知晓，以及该信息是否与他人及社会利益相关。例如，个人的私生活、日记、照片、生活习惯、通信秘密、身体缺陷等，就属于个人隐私。

根据法律规定，公民享有隐私权，即对个人的、与公共利益无关的私人信息、私人活动和私有领域进行支配的一种人格权。当事人愿意接受调解的前提是对人民调解员的信任。人民调解员在调解民间纠纷的过程中，尤其是涉及婚姻、家庭、邻里等纠纷的调解时，往往会接触到当事人的个人隐私，为了维护当事人的合法权益，人民调解员无论是在调解过程中还是在调解结束后，均不能向外泄露，否则，即属于对人民调解员行为规范的违反。

商业秘密，是指不为公众所知悉，具有商业价值，能为权利人带来经济利益，并经权

利人采取相应保密措施的技术信息和经营信息，具体包括非专利技术和经营信息两部分。例如，生产配方、工艺流程、技术诀窍、设计图纸等技术信息；管理方法、产销策略、客户名单、货源情报等经营信息。商业秘密是企业的财产权利，关乎企业的命脉和竞争力，与企业的发展息息相关。在我国，商业秘密是受法律保护的。近年来，我国人民调解的范围不断扩大，由自然人的纠纷逐渐拓展到法人和其他组织的纠纷，因此，人民调解员在调解纠纷的过程中，往往会接触到一些企业的商业秘密。根据我国《人民调解法》的规定，人民调解员不得泄露当事人的商业秘密，否则，其所在的人民调解委员会可以给予批评教育、责令改正，情节严重的，还可以由推选或者聘任单位予以罢免或者解聘。

三、人民调解员违反行为规范的法律后果

法律后果，是指法律规范所规定的人们的行为在法律上可能引起的结果。法律后果是法律规范的一个组成部分，包括肯定式的法律后果和否定式的法律后果。前者表现为法律上的权利或奖励，即法律承认这种行为合法、有效并加以保护；后者表现为法律上的责任或制裁，即法律对这种行为不予承认、加以撤销或制裁。

我国《人民调解法》第15条规定了人民调解员的行为规范，同时也规定了人民调解员违反行为规范应当承担的法律后果，具体需要注意以下两点：（1）人民调解员有《人民调解法》规定的四项行为之一，情节轻微的，人民调解委员会应当对人民调解员进行批评教育，责令其改正。（2）人民调解员有《人民调解法》规定的四项行为之一，情节严重，不适宜继续从事人民调解工作的，应当由推选或者聘任单位予以罢免或者解聘。

此外，《全国人民调解工作规范》规定，具有下列情形之一的人民调解员，司法行政机关应及时督促推选或者聘任单位予以罢免或者解聘：（1）因违法违纪不适合继续从事调解工作；（2）严重违反管理制度、怠于履行职责造成恶劣社会影响；（3）不能胜任调解工作；（4）因身体原因无法正常履职；（5）自愿申请辞职。

习近平总书记在党的二十大报告中指出，"要坚持全心全意为人民服务的根本宗旨，树牢群众观点，贯彻群众路线，尊重人民首创精神，坚持一切为了人民、一切依靠人民，从群众中来、到群众中去，始终保持同人民群众的血肉联系，始终接受人民批评和监督"。人民调解员来源于民、服务于民，依法开展调解工作，为人民群众排忧解难，意义重大，亦应接受当事人和社会各界的监督。因此，人民调解员有违反行为规范行为的，当事人、当事人以外的任何人，均可以向人民调解委员会反映情况，人民调解委员会也可以不定期地主动向群众了解人民调解员遵守行为规范的情况。人民调解委员会收到群众的反映或者发现人民调解员违反行为规范的，应当进行认真的调查核实。如果人民调解员确实存在违反行为规范的行为，应当承担违反行为规范的法律后果。如果经过调查核实，发现当事人有过错的，亦应当对当事人进行批评教育。

第三节　人民调解员的待遇保障

一、保障人民调解员待遇的原因

人民调解员是民间纠纷调解工作的主持者，长期以来，诸多人民调解员坚持全心全意

为人民服务的宗旨，忠于职守，无私奉献，默默无闻地坚守在人民调解的第一线，为人民调解工作作出了较大的贡献。

为了促进民间纠纷的解决，方便人民群众使用人民调解制度，我国《人民调解法》规定，人民调解委员会调解民间纠纷，不收取任何费用。在以往的调解实践中，人民调解员从事调解工作，化解矛盾，解决纠纷，大多是无偿的和义务的。为了做好人民调解工作，圆满地解决纠纷，诸多人民调解员不仅牺牲自己的时间，耽误自己的工作，受累、受气，遭人误解，还要自己承担交通费、通信费等，甚至搭钱搭物，给自身造成了一定程度的经济损失。因此，在调解工作的进行中，人民调解员的经济压力较大。

同时，随着各种矛盾和纠纷的不断复杂化、多样化，在调解过程中，人民调解员在直接面对纠纷当事人，处理群体性纠纷、重大复杂纠纷或者矛盾容易激化的纠纷时，也面临着越来越多的风险。人民调解员在调解纠纷、说服劝导的过程中，言语稍有不慎，当事人就会将矛头指向人民调解员，有时甚至会危及人民调解员的人身安全。近年来，每年都有一些人民调解员在调解过程中受到伤害，有的甚至献出了宝贵的生命。但是，由于一些政策、措施未能完善、配套，人民调解员在调解工作中经济受损失、人身受伤害甚至致残或者牺牲的，往往很难获得补贴、救助和抚恤[①]。

二、保障人民调解员待遇的方法

《人民调解员意见》明确了人民调解员队伍建设的总体要求，即加强人民调解员队伍建设，要坚持党的领导、依法推动、择优选聘、专兼结合、分类指导，优化队伍结构，着力提高素质，完善管理制度，强化工作保障，努力建设一支政治合格、熟悉业务、热心公益、公道正派、秉持中立的人民调解员队伍，为平安中国、法治中国建设作出积极贡献。人民调解员工作艰苦、琐碎，因从事调解工作受到经济损失、人身伤害，国家应当给予补贴和救助，这是政府和有关部门应尽的职责。对此，我国《人民调解法》第16条规定："人民调解员从事调解工作，应当给予适当的误工补贴；因从事调解工作致伤致残，生活发生困难的，当地人民政府应当提供必要的医疗、生活救助；在人民调解工作岗位上牺牲的人民调解员，其配偶、子女按照国家规定享受抚恤和优待。"上述法律规定，以立法的形式确定了人民调解员待遇保障制度。

（一）人民调解员误工补贴的保障

在调解工作中，人民调解员不仅付出了大量的时间、精力，也支出了相应的费用，遭受了一定的经济损失。为了保障调解工作的顺利进行，调动人民调解员参加人民调解工作的积极性，应当给予人民调解员一定的误工补贴。

为了保证人民调解员误工补贴发放的具体落实，我国《人民调解法》第6条规定："国家鼓励和支持人民调解工作。县级以上地方人民政府对人民调解工作所需经费应当给予必要的支持和保障，对有突出贡献的人民调解委员会和人民调解员按照国家规定给予表彰奖励。"根据上述法律规定，人民调解员误工补贴的保障主体，应当是县级以上地方人民政府。县级以上地方人民政府应当以县级以上地方人民政府的财政为人民调解制度的发展提供经费保障。补贴的标准应当是人民调解员从事调解工作直接遭受的经济损失，以及

---

① 匡纪华，陈俊生.中华人民共和国人民调解法解读.北京：中国法制出版社，2010：62.

人民调解员在工作中的必要经济开支。

对此，《人民调解员意见》进一步规定："地方财政根据当地经济社会发展水平和财力状况，适当安排人民调解员补贴经费。人民调解员补贴经费的安排和发放应考虑调解员调解纠纷的数量、质量、难易程度、社会影响大小以及调解的规范化程度。补贴标准由县级以上司法行政部门商同级财政部门确定，明令禁止兼职取酬的人员，不得领取人民调解员补贴。对财政困难地区，省级要统筹现有资金渠道，加强人民调解工作经费保障。"

（二）人民调解员救助的保障

根据《人民调解法》的规定，人民调解员因从事调解工作致伤致残，生活发生困难的，当地人民政府应当提供必要的医疗、生活救助。具体需要注意以下几点：（1）救助对象。根据法律规定，救助适用的对象是因从事调解工作致伤致残，且生活发生困难的人民调解员。（2）救助情形。救助并不局限于人民调解员在开展调解工作的过程中致伤致残，也包括在前往调解现场的途中遭遇交通事故、调解结束后被当事人打击报复等情形。（3）救助实施主体。救助实施的主体是当地人民政府，主要是县、市两级人民政府。（4）救助内容。救助的内容是必要的医疗、生活救助。需要注意的是，这种救助是在人民调解员无法通过其他合理渠道得到救助时政府承担的责任，是一种补充性的最低救助，而非赔偿或者补偿责任。

《人民调解员意见》进一步规定："司法行政部门应及时了解掌握人民调解员需要救助的情况，协调落实相关政策待遇。符合条件的人民调解员因从事调解工作致伤致残，生活发生困难的，当地人民政府应当按照有关规定提供必要的医疗、生活救助。"

（三）人民调解员牺牲后的抚恤和优待的保障

根据《人民调解法》的规定，在人民调解工作岗位上牺牲的人民调解员，其配偶、子女按照国家规定享受抚恤和优待。具体需要注意以下几点：（1）实施主体。实施抚恤和优待的主体是民政部门。（2）适用对象。抚恤和优待适用的对象，是在人民调解工作岗位上牺牲的人民调解员，包括在人民调解工作中被当事人故意或过失伤害致死的人民调解员，也包括在人民调解工作岗位上遭遇意外牺牲的人民调解员。（3）抚恤和优待的具体内容。抚恤和优待的具体内容包括，符合烈士标准的，应当追授烈士称号，其配偶、子女享受烈属待遇；符合见义勇为情形的，应当授予见义勇为先进个人荣誉称号，并给予相应的抚恤金等。

《人民调解员意见》进一步规定："在人民调解工作岗位上因工作原因死亡的，其配偶、子女按照国家规定享受相应的抚恤等相关待遇。探索多种资金渠道，为在调解工作中因工作原因死亡、伤残的人民调解员或其亲属提供帮扶。""人民调解员依法调解民间纠纷，受到非法干涉、打击报复或者本人及其亲属人身财产安全受到威胁的，当地司法行政部门和人民调解员协会应当会同有关部门采取措施予以保护，维护其合法权益。探索建立人民调解员人身保障机制，鼓励人民调解委员会设立单位和人民调解员协会等为人民调解员购买人身意外伤害保险等。"

◆ 【引例分析】

从我国目前的法律规定看，人民调解员的产生方式主要是推选，即村民委员会、居民委员会的人民调解委员会委员由村民会议或者村民代表会议、居民会议推选产生；企业事业单位设立的人民调解委员会委员由职工大会、职工代表大会或者工会组织推选产生。由于人民调解员是通过推选产生的，扎根于基层，来源于群众，具有群众基础，深受群众信赖，因此人民调解深受广大人民群众欢迎。

引例中的案件通过调解的方式得到圆满解决，体现了人民调解员来源的优越性。由此也反映出以下两方面的问题：（1）在调解实践中，许多案件的案情并不复杂，但是，相关的法律却很难适用于这些纠纷。因为现代法律制度主要用于调整高度发展的现代工业社会和城市商业中的各种法律关系，而对于地方风俗导致的纠纷，法律则难以顾及。（2）在引例案件中，调解人的身份很微妙。一方面，他有国家权威做后盾，在普通老百姓眼中有合法的国家权力做背景；另一方面，他又是村庄这个小社会中的一员，熟知并与村民分享这里的共同观念和规则。因此，他提出的解决方案更容易得到双方的认可而使纠纷得到解决。对于这种纠纷的解决，应依据当地的风俗习惯，以情为重，以和为贵，力求取得一个当事人各方面都满意的结果。由此可见，人民调解制度在一定程度上弥补了法律的空白，在解决基层纠纷方面发挥了不可替代的作用。

目前，随着市场经济发展的不断深入，各种社会矛盾不断增加，法院受理、审理案件呈现出积重难返的趋势。一方面，案件数量激增与法院人员紧缺之间产生矛盾，加之立法上还存在很多真空地带，对民间习俗和传统亦关注得不够，导致案件审理困难重重。另一方面，多元化纠纷解决机制还不完善，替代性纠纷解决机制近年来呈现出萎缩趋势，没有充分发挥作用。从当前情况来看，完善多元化纠纷解决机制已经成为当务之急，而替代性纠纷解决机制的完善，首要任务就是完善纠纷解决机构，提高人员素质，只有如此，才能使其在司法实践中真正发挥应有的作用。

◆ 【本章小结】

1. 村民委员会、居民委员会的人民调解委员会委员由村民会议或者村民代表会议、居民会议推选产生；企业事业单位设立的人民调解委员会委员由职工大会、职工代表大会或者工会组织推选产生。人民调解委员会委员每届任期三年，可以连选连任。人民调解员应当由公道正派、热心人民调解工作，并具有一定文化水平、政策水平和法律知识的成年公民担任。

2. 人民调解员在调解工作中应当遵守的行为规范主要是不得实施下列行为：（1）偏袒一方当事人；（2）侮辱当事人；（3）索取、收受财物或者牟取其他不正当利益；（4）泄露当事人的个人隐私、商业秘密。如果人民调解员实施了上述行为之一，可以由其所在的人民调解委员会给予批评教育、责令改正，情节严重的，由推选或者聘任单位予以罢免或者解聘。

3. 作为民间纠纷调解工作的主持者，人民调解员坚守在人民调解的第一线，诸多人民调解员奉行全心全意为人民服务的宗旨，忠于职守，无私奉献，默默无闻地工作，为人民调解工作作出了较大的贡献。人民调解员工作辛苦、琐碎，因从事调解工作受到经济损失、人身伤害，国家应当给予补贴和救助，这是政府和有关部门应尽的职责。对此，我国《人民调解法》规定，人民调解员从事调解工作，应当给予适当的误工补贴；因从事调解工作致伤致残，生活发生困难的，当地人民政府应当提供必要的医疗、生活救助；在人民调解工作岗位上牺牲的人民调解员，其配偶、子女按照国家规定享受抚恤和优待。

◆【练习题】

一、简答题

1. 简述人民调解员的产生方式。
2. 担任人民调解员应当具备哪些条件？
3. 人民调解员的任务有哪些？
4. 简述人民调解员应当遵守的行为规范。
5. 简述人民调解员违反行为规范应当承担的法律后果。
6. 简述保障人民调解员待遇的方法。

二、案例分析题

1. 几年前，某村村民余某某经人介绍，与一位柬埔寨姑娘结婚。余某某与柬埔寨姑娘已育有一儿一女，生活稳定。当事人吕某某与余某某是小学同学，年近四十尚未成家。20××年8月20日，吕某某与余某某双方书面约定，由余某某到柬埔寨帮助吕某某介绍柬埔寨新娘，介绍费用人民币15万元整。双方另外约定：柬埔寨新娘介绍来后，吕某某在任何情况下都不能打柬埔寨新娘，若吕某某因打柬埔寨新娘造成柬埔寨新娘出走，余某某不负责任；若吕某某在没有打柬埔寨新娘的情况下，柬埔寨新娘在半年内出走，余某某退还介绍费75 000元整。

9月5日，余某某成功地为吕某某介绍了一名柬埔寨新娘，并帮助他们办理了结婚登记手续。然而，在吕某某与柬埔寨新娘共同生活了五个多月后，在吕某某和柬埔寨新娘没有发生任何争吵的情况下，柬埔寨新娘出走了。后来通过与柬埔寨新娘通电话了解得知，是因为柬埔寨新娘不习惯中国的生活方式和想念亲人，所以私自跑回了柬埔寨。为此，根据双方当事人当时约定的协议条款，吕某某要求余某某退还介绍费75 000元整。针对退还介绍费问题，双方当事人产生了争议。

镇人民调解委员会接到当事人的调解申请后，及时介入调解。首先，人民调解员明确告知双方当事人，双方当事人当时的书面约定是合法有效的，双方当事人必须按照当时约定的协议条款履行义务；其次，对于余某某一方，调解员通过讲解法律、法规的规定，分析人情往来等，耐心细致地做余某某的思想工作，明确地告知余某某应当承担的退赔义务和法律后果，要求余某某积极履行协议约定的义务。经过人民调解员数天耐心细致的调解工作，余某某答应会按照协议要求履行退赔义务。但是，因为钱已经投资做了其他事务，一时难以退赔，所以他要求分期分批退赔。

次年3月13日，经人民调解委员会调解，纠纷双方当事人在进行充分协商后达成了调解协议：（1）余某某在4月15日前，付给吕某某人民币5万元整（含原已付的15 000元）；（2）余款人民币25 000元，在12月31日前付清。

为了切实维护当事人的合法权益，确保人民调解协议的及时履行，维护人民调解协议书的法律严肃性，《人民调解法》第33条第1款、第2款规定："经人民调解委员会调解达成调解协议后，双方当事人认为有必要的，可以自调解协议生效之日起30日内共同向人民法院申请司法确认，人民法院应当及时对调解协议进行审查，依法确认调解协议的效力。人民法院依法确认调解协议有效，一方当事人拒绝履行或者未全部履行的，对方当事人可以向人民法院申请强制执行。"依据上述法律规定，镇人民调解委员会人民调解员提议纠纷双方当事人向人民法院申请司法确认。经双方当事人同意，3月15日，镇人民调解委员会协助双方当事人向县人民法院申请对《人民调解协议书》进行司法确认。

县人民法院于3月15日作出了《民事裁定书》，《民事裁定书》的主要内容包括：(1) 申请人吕某某与余某某于3月15日经镇人民调解委员会调解达成的调解协议有效。(2) 当事人应当按照调解协议的约定自觉履行义务，一方当事人拒绝履行或者未全部履行的，对方当事人可以向本院申请强制执行。

问题：

(1) 担任人民调解员应当具备哪些条件？

(2) 人民调解员的任务有哪些？

分析要点提示：

(1) 担任人民调解员应当具备的条件主要有以下四点：一是公道正派；二是热心人民调解工作；三是具有一定文化水平、政策水平和法律知识；四是成年公民。通过本案的调解可以看出，调解本案的人民调解员热心人民调解工作，在调解过程中，公道正派，不偏不倚，耐心、细致地做双方当事人的思想工作，不仅向纠纷当事人讲解法律、法规的规定，而且分析人情往来，促使纠纷双方当事人达成纠纷调解协议，这样的人民调解员符合法定的人民调解员条件，具备人民调解员的素养，在调解民间纠纷时，具有较大的优势。

(2) 人民调解员的任务主要如下：

1) 积极参与矛盾纠纷排查，对排查发现的矛盾纠纷线索，采取有针对性的措施，预防和减少矛盾纠纷的发生。

2) 认真开展矛盾纠纷调解，在充分听取当事人陈述和调查了解有关情况的基础上，通过说服、教育、规劝、疏导等方式方法，促进当事人平等协商、自愿达成调解协议，督促当事人及时履行协议约定的义务，人民调解员对当事人主动申请调解的，无正当理由不得推诿不受理。

3) 做好法治宣传教育工作，注重通过调解工作宣传法律、法规、规章和政策，教育公民遵纪守法，弘扬社会公德、职业道德和家庭美德。

4) 发现违法犯罪以及影响社会稳定和治安秩序的隐患，及时报告辖区公安机关。

5) 主动向所在的人民调解委员会报告矛盾纠纷排查和调解情况，认真做好纠纷登记、调解统计、案例选报和文书档案管理等工作。

6) 自觉接受司法行政部门指导和基层人民法院业务指导，严格遵守人民调解委员会的制度规定，积极参加各项政治学习和业务培训。

7) 认真完成司法行政部门和人民调解委员会交办的其他工作任务。

通过本案的调解可以看出，一方面，通过人民调解员耐心、细致的调解，纠纷双方当事人达成了调解协议，使纠纷得到圆满解决；另一方面，为了保障调解协议的履行，人民调解员建议纠纷双方当事人向人民法院申请对调解协议进行司法确认，防止了纠纷的再次产生，起到了预防纠纷的作用。同时，纠纷的解决，对周围群众也起到了法治宣传教育的作用。可以说，人民调解员在纠纷解决中圆满地完成了调解任务。

2. 20××年3月5日上午，有三人走进××市××区道路交通事故人民调解委员会（以下简称"人民调解委员会"）。经人民调解员询问得知，这三人是在一次车祸中去世的褚某某的父母与妻子。20××年12月29日，褚某某在下班途中，被某单位的一辆水泥罐车撞伤后经抢救无效死亡，其家属请求人民调解委员会帮助他们尽快拿到赔偿款。由于调解民间纠纷遵循自愿原则，人民调解委员会首先协调肇事方同意调解。人民调解员通过电话联系到肇事单位，告知对方通过调解结案可以节约诉讼成本，尽快化解矛盾。肇事单位负责人表示愿意接受调解。

当日下午1时许，肇事司机与其单位负责人来到人民调解委员会，死者家属看到肇事司机后，不由分说就殴打对方，随后双方当事人厮打在一起，场面陷入混乱，报警后，事态才得以控制。看到肇事司机被打得满脸是血，巡警立即拨打急救电话120，将肇事司机送往医院，并把其他参与斗殴者带到了辖区派出所。肇事司机经医院诊断只是皮肤擦伤。肇事司机谅解了对方的故意伤害行为，表示不追究对方责任。

第二天上午，调解工作继续进行。为防止当事人情绪激动再次引发冲突，人民调解员决定让当事人签署授权委托书，委托他人代为处理调解事宜。调解过程中，对于肇事车辆是否保全的问题，人民调解员向事故双方明确：如果将车辆保全，按照《民事诉讼法》规定，就意味着双方进入诉讼程序，人民调解程序即告终结。这样，死者家属将会耗费大量的时间与金钱。而肇事单位在保全期间因无法正常使用肇事车辆，其经济利益也可能受损，所以人民调解员建议双方不要申请采取诉前财产保全。但是，如果不进入诉前财产保全程序，依照相关法规，肇事车辆三天后就会处于自由状态，这样，死者家属的权益就难以维护。经人民调解员摆明利害关系，双方达成了一致意见：死者家属不申请诉前财产保全措施，肇事单位在交警部门未处理完事故前，继续将车辆存放于交警大队救援中心。在人民调解员的主持下，死者家属书写了一份《不到法院保全车辆的保证书》，肇事方书写了一份《在调解未达成协议前暂不提走肇事车辆的保证书》，这样就为继续调解创造了有利条件。

在调解过程中，人民调解员了解到，在尸检报告生效后，褚某某的尸体一直没有火化。交警部门希望先将尸体妥善处理后，再进行调解。于是，人民调解员向死者家属宣读了尸体处理通知书。但是，死者家属强调，在案件得到圆满解决以前，绝对不火化尸体，甚至要将尸体抬到肇事单位。基于此，人民调解员耐心劝导肇事单位，并告知肇事单位，如果死者家属将尸体抬到单位，影响会极其恶劣，建议肇事单位先拿出部分赔偿金，使死者家属自愿将尸体火化。最终，肇事单位同意了人民调解员的处理意见。

接下来就是先期支付赔偿金的数额问题。死者家属要求先支付50万元赔偿款，而肇事单位只同意按法律规定支付2万元丧葬费，由于纠纷双方当事人提出的赔偿数额差距过大，调解再次陷入僵局。随后，人民调解员分别与各方当事人进行沟通，最终双方以20万元赔偿款达成共识，死者家属同意在收到20万元后自行将尸体火化。

肇事单位准备好20万元后，赔偿款转入哪个银行账户，是调解过程中遇到的又一个问题。死者父母、妻子互不信任，均想将此款打入自己账户，待案件处理完毕后再统一分配款项。此时，人民调解员提出一个方案，因死者妻子怀有身孕，依据《民法典》第

1 155 条的规定，应当保留胎儿的继承份额，这样按照四份份额进行分配，由死者妻子与胎儿分得 10 万元，死者父母分得 10 万元，死者家属均表示同意该分配方案，由肇事单位分别将款项打入指定账户。

死者尸体依法火化后，剩余赔偿金额是调解的关键问题，关系到双方能否达成最终调解协议。死者家属提出赔偿 80 万元，但是肇事单位主张按照法律规定的事故责任赔偿 55 万元。根据法律规定，机动车交通事故责任强制保险（以下简称"交强险"）在责任限额内予以赔偿。但超出交强险限额的，按照交警部门出具的交通事故认定书分担责任。然而，交警部门尚未作出事故责任认定，故当事人可以协商赔偿数额。死者家属认为死者无责任，肇事单位认为死者应负同等责任。在局面僵持不下时，人民调解员邀请办案民警介绍案情，初步分析事故当事人的过错程度。经过分析，民警认为肇事司机应负事故主要责任，但是最终结果还得以交通事故认定书为准。因此，一方面，告知死者家属，如果交警部门认定死者负事故同等责任，那么肇事司机就不会承担刑事责任，可能肇事单位就不同意调解结案。另一方面，告知肇事单位，若交警部门认定肇事司机负主要责任，则会涉及追究其刑事责任的问题。如果死者家属不谅解肇事司机，可能还会被从重处罚。

在人民调解员的调解下，肇事单位同意在扣除交强险后，按照肇事单位承担 80% 的责任比例，赔偿死者家属 59 万元，双方就此达成赔偿协议。扣除肇事单位先期支付的 20 万元后，剩余的 39 万元在达成调解协议之日支付 20 万元，剩余 19 万元待死者家属向肇事单位交付理赔材料时一并支付。经过耐心劝说，死者家属对肇事司机出具了书面谅解书。

问题：

人民调解员应当遵守的行为规范有哪些？

分析要点提示：

人民调解员要想获得纠纷当事人的信任，取得调解的成功，就必须遵守人民调解员行为规范。根据法律规定，人民调解员在调解工作中应当遵守的行为规范主要是不得实施下列行为：偏袒一方当事人；侮辱当事人；索取、收受财物或者牟取其他不正当利益；泄露当事人的个人隐私、商业秘密。

结合本案，从纠纷具体调解过程来看，首先，人民调解员接受一方当事人的调解申请后，征询另一方当事人对通过人民调解解决纠纷的意见，获得纠纷对方当事人同意后，依法启动调解程序，遵循了法定的调解程序规范。其次，在调解过程中，人民调解员为了成功调解纠纷，采用了多种调解方法，依据法律规定，摆事实、讲道理，帮助纠纷当事人解决了诸如尸体火化、车辆提取、费用赔偿等一系列问题。最后，人民调解员借助社会力量，在调解时邀请办案民警参加调解，分析事理，使双方当事人之间的纠纷从最初的矛盾激化、激烈厮打，到纠纷双方当事人态度和缓、冷静。总之，在整个纠纷的调解过程中，人民调解员本着对当事人负责的态度，不放过任何一个纠纷细节，分析纠纷处理利弊，进行耐心的讲解，力争将法律风险最小化，以最大限度地维护纠纷双方当事人的合法权益，使纠纷得到了圆满的解决，获得了调解的成功。

在上述人民调解案例中，人民调解员严格按照调解的程序依法对纠纷进行调解，遵守人民调解的行为规范，不偏不倚，兼顾纠纷双方当事人的利益，取得了很好的调解效果，不失为人民调解成功案例的典范。

3. 4月1日早晨，一名醉汉躲在自家的阁楼上，凶狠地嚷嚷着："一个也不许上来，上来一个打一个！"担任村民小组组长的人民调解员王光跃挺身而上，劝说他下来。醉汉挥舞着铁火筒向王光跃劈头盖脸打来，王光跃躲闪不及，顿时血流如注，倒在地上，醉汉追上去，又是狠狠的几下。随后赶来的村干部赶紧将王光跃送往医院，但由于受伤过重，在去医院的路上，年仅43岁的王光跃永远地闭上了眼睛。

醉汉王某经常酗酒后殴打妻子。3月31日，王某又在夜里发酒疯，并将妻子赶出了家门，妻子吓得躲到娘家屋后的小树林里。岳父刘某来到女婿家劝和，王某仍在边喝酒边拿孩子撒气，见到岳父就冲上来，凶狠地掐住岳父的脖子。不得已，在4月1日的早晨，刘某找到担任村民小组组长的人民调解员王光跃，请求王光跃帮忙劝和，好让女儿回家。此时，王光跃正在给邻居帮工，一听这情况，二话不说，放下手头的活计，便与另一位人民调解员一起赶到王某家耐心地劝说。劝说了十多分钟，王某仍将大门闩住，赖在自家的阁楼上就是不下来。刘某推开了门，王光跃走在前面，边劝说边上楼："××，有什么事情可以下来说嘛！"……可是，惨剧就这样猝不及防地发生了。

事发后，刘某痛哭流涕："光跃兄弟，我对不起你呀，你是为我女儿死的呀，要是我走在前面，死的可就是我呀！"4月4日，村里举行了一个隆重而简朴的葬礼，乡、村的干部来了，四乡八里的乡亲们来了，认识的和不认识的人都来了，四百多人为王光跃送行。村里最年长的肖文秀老人，已经95岁了，也拄着拐杖来了，老人艰难地挪着步子，不断地拭着眼泪："小宝三（王光跃的小名），你怎么这么早就走了呢？你不是答应过要给我送老的吗？"

一对经常吵嘴打架、长期不和的夫妻，也来为王光跃送行。王光跃为他们夫妻调解家庭纠纷，磨破了嘴皮操碎了心，而今夫妻和好如初，让他们再次牵手的"红娘"却离开了人间。为王光跃抬棺的一个青年是闻讯专程从城里赶来的，他曾经游手好闲、酗酒生事，是王光跃苦口婆心地劝诫他，使他浪子回头，洗心革面，成为勤奋踏实的好青年。

王光跃的父母悲痛欲绝，他们都已经年近七旬，王光跃是他们最大的骄傲。王光跃的大哥因伤瘫痪在床，二哥已经去世，王光跃作为老三，成为家里的顶梁柱。

这是一个被大山环绕的小村庄，周围都是石头山坡，连石头缝里都种上了玉米，人均年收入不足千元，青壮年都外出打工，以维持生计。王光跃正当壮年，完全有能力外出打工，但看着家乡父老期待的眼神，他留下来了，当了这个芝麻大的官——村民小组组长、小组调解员。

官虽然只有芝麻大，但责任却不轻，整修道路、宣讲法律、维护治安、护村巡逻、护林防火，还有主持红白喜事，最麻烦的是调解村民纠纷。在他任职的4年里，经他调解有案可查的纠纷就有36起。农村的纠纷看起来都是鸡毛蒜皮的事儿，诸如林地划界、宅基地纠纷、争水争田、家庭矛盾、分家析产等，但如果处理不好，就会埋下隐患，酿成大祸。王光跃凭着公正厚道的人品、丰富的法律知识、深谙人情世故的智慧，把乱麻一点点理顺，将矛盾一件件化解。村支书说，王光跃从没有把纠纷上交到村调委会，他的调解成功率达到 100％，真正做到了"小事不出组，大事不出村"。

一个担任村民小组组长的人民调解员不幸去世，惊动了各级组织。4 月 16 日，省司法厅厅长施××闻讯放下了手头的工作，驱车 700 里路，又在炎炎的烈日下赶了半个小时的山路，来到这个偏僻闭塞的小山村，将慰问金送到王光跃的家人手里。施厅长动情地说："王光跃同志是你们的好儿子、好丈夫、好父亲，也是我们党优秀的基层干部。他不计报酬、不讲名利，为建设家乡，为普及法律知识、调解矛盾纠纷、维护社会稳定、构建和谐社会默默奉献，直至献出了年轻的生命。他是我省 23 万基层人民调解员的优秀代表，正是由于他们的无私奉献，才有我们的稳定、和谐与繁荣。我们每一个政法工作人员、基层干部都应该向他学习，向他致敬！"

问题：

结合本案，分析人民调解员的待遇如何保障。

分析要点提示：

人民调解是维护社会和谐稳定的"第一道防线"，被誉为"东方经验"。在社会矛盾和纠纷的解决中，我国诸多人民调解员默默无闻，无私奉献，走村串巷，为老百姓排忧解难，在平凡的岗位上做出了不平凡的事业。正是由于他们的辛勤付出，百姓的生活才能安乐、幸福、和谐。以往在人民调解中，我们关注更多的是人民调解工作经验的总结，对于人民调解员的优秀、感人事迹，以及人民调解员在调解中的疾苦、面临的风险关注较少。王光跃是一个偏僻山村里的村民小组组长、人民调解员，牺牲在了他挚爱的调解岗位上。我们不能因为他所在岗位的平凡，而忽视他品格上的光辉。毫不夸张地说，正是由于像王光跃这样千千万万活跃在村村寨寨、街巷里弄的人民调解员的平凡工作，老百姓才更加安居乐业、幸福平安。这些人民调解员构成了社会稳定的基石，是我们民族的脊梁。

国家并没有忘记这些工作在基层、无私奉献的人民调解员，2010 年我国制定《人民调解法》时，对人民调解员的待遇保障作出了明确具体的规定，即人民调解员从事调解工作，应当给予适当的误工补贴；因从事调解工作致伤致残，生活发生困难的，当地人民政府应当提供必要的医疗、生活救助；在人民调解工作岗位上牺牲的人民调解员，其配偶、子女按照国家规定享受抚恤和优待。

◆ **在线测试**

第四章 人民调解的监督和指导

◆ 【本章引例】

张某为残疾人，家中有一辆残疾人摩托车，为了取车方便，几年前他与邻居协商，在邻居家的窗外搭建了一个车棚。20××年8月，政府实施惠民工程，为小区的旧楼修保温墙，但由于小车棚的原因未能给小车棚所占的邻居家的位置修保温墙。此后，该邻居将房屋卖出，新住户认为张某的行为侵犯了自家享受政府惠民工程的权利，故向区人民法院起诉，要求张某拆除小车棚并修保温墙。区人民法院负责此案件的法官在审查中发现，该案案情简单，争议标的不大，如果进入诉讼程序，不仅需要花费诉讼费，而且周期长。于是，法官当即找到当事人谈话，向其宣传人民调解的优势，并给他分析了"诉"与"调"的利弊关系，建议他通过调解解决此事，当事人遂同意调解。之后，两名法官来到居委会，简单介绍了案件基本情况，居委会积极配合，带领法官前往现场查看争议标的，并找来双方当事人进行现场调解。居委会还及时找来物业公司，经过努力，物业公司同意提供一个存放摩托车的车位。然后，法官结合有关的法律、法规对张某进行耐心的教育，张某同意拆除车棚。经过一个多小时的调解，原告同意撤诉，并在居委会的协助下及时联系了相关部门，为其修保温墙。最终双方当事人握手言和并签订了书面调解协议书。

请问：
人民法院与人民调解委员会是什么关系？

◆ 【本章学习目标】

通过本章的学习，你应该能够：
1. 了解司法行政机关的设置与职能。
2. 掌握司法行政机关对人民调解工作进行监督和指导的方法与内容。
3. 了解人民法院的设置与职能。
4. 掌握人民法院对人民调解工作进行监督和指导的方法与内容。
5. 了解《中华全国人民调解员协会章程》的规定。
6. 了解人民调解信息平台的管理。

第一节　司法行政机关的监督和指导

一、司法行政机关的设置与职能

司法行政机关是我国国家政权的重要组成部分，是各级人民政府负责司法行政管理的职能部门，在我国司法体系和法治建设中占有重要地位。我国司法行政机关分为四个层次，即司法部，省、自治区、直辖市司法厅（局），地、市、州、盟司法局（处），县（县级市、旗）、区司法局。

（一）司法部的设置与职能

1949年10月30日，根据《中华人民共和国中央人民政府组织法》的规定，我国设立了中央人民政府司法部；1954年《中华人民共和国宪法》颁布后，改称中华人民共和国司法部。之后，历经多次改革。目前，司法部是国务院组成部门，为正部级，中央全面依法治国委员会办公室设在司法部。

根据党的十九届三中全会审议通过的《中共中央关于深化党和国家机构改革的决定》、中共中央印发的《深化党和国家机构改革方案》和第十三届全国人民代表大会第一次会议批准的《国务院机构改革方案》，司法部的机构职能、主要职责如下：

（1）承担全面依法治国重大问题的政策研究，协调有关方面提出全面依法治国中长期规划建议，负责有关重大决策部署督察工作。

（2）承担统筹规划立法工作的责任。负责面向社会征集法律法规制定项目建议。

（3）负责起草或者组织起草有关法律、行政法规草案。负责立法协调。

（4）承办行政法规的解释、立法后评估工作。负责地方性法规、规章的备案审查工作。组织开展规章清理工作。

（5）承担统筹推进法治政府建设的责任。承办申请国务院裁决的行政复议案件工作。指导、监督全国行政复议和行政应诉工作，负责行政复议和应诉案件办理工作。

（6）承担统筹规划法治社会建设的责任。负责拟订法治宣传教育规划，组织实施普法宣传工作，组织对外法治宣传。推动人民参与和促进法治建设。指导依法治理和法治创建工作。指导调解工作和人民陪审员、人民监督员选任管理工作，推进司法所建设。

（7）负责全国监狱管理工作，监督管理刑罚执行、罪犯改造的工作。指导、管理社区矫正工作。指导刑满释放人员帮教安置工作。

（8）负责司法行政戒毒场所管理工作。

（9）负责拟订公共法律服务体系建设规划并指导实施，统筹和布局城乡、区域法律服务资源。指导、监督律师、法律援助、司法鉴定、公证、仲裁和基层法律服务管理工作。负责香港、澳门的律师担任委托公证人的委托和管理工作。

（10）负责国家统一法律职业资格考试的组织实施工作。

（11）负责国家法治对外合作工作。履行国际司法协助条约确定的对外联系机关（中央机关）职责，参与有关国际司法协助条约谈判。承担报送国务院审核的我国缔结或者参加的国际条约法律审查工作。组织开展法治对外合作交流。承办涉港、澳、台的法律事务。

（12）负责本系统枪支、弹药、服装和警车管理工作，指导、监督本系统财务、装备、设施、场所等保障工作。

（13）规划、协调、指导法治人才队伍建设相关工作，指导、监督本系统队伍建设。负责本系统警务管理和警务督察工作。协助省、自治区、直辖市管理司法厅（局）领导干部。

（14）完成党中央、国务院交办的其他任务。

（二）司法局的设置与职责

除司法部外，我国设有省、自治区、直辖市司法厅（局），地、市、州、盟司法局（处），县（县级市、旗）、区司法局。司法局是司法行政机关，各级司法局隶属于上级司法行政机构，司法局的职能一般由区县级司法局实现。司法局的职责如下：

（1）研究起草司法行政方面的地方性法规、规章草案；编制本市司法行政工作的发展规划及年度计划，并监督实施。

（2）负责组织、指导对刑满释放和解除劳动教养人员的安置帮教工作。

（3）负责本市司法行政系统的队伍建设和思想政治工作。

（4）研究制订本市法治宣传教育工作的总体规划，组织、指导、协调全市法治宣传教育工作。

（5）负责管理本市律师、法律援助工作和公证机构及公证活动；研究律师、公证工作的改革与发展，并提出实施办法。

（6）负责管理本市法律服务机构和在本市设立的国（境）外律师机构；监督、指导本系统的社会团体工作。

（7）指导本系统法学教育及业务培训工作。

（8）负责指导区、县司法行政部门管理人民调解工作、社区矫正工作及司法助理员、基层司法所和基层法律服务工作。

（9）负责本市司法行政系统的外事工作和对外宣传、交流工作。

（10）指导和管理本市面向社会服务的司法鉴定工作。

（11）负责本市仲裁机构的登记管理工作。

（12）负责本市国家统一法律资格考试工作。

（13）负责社区矫正工作。

（14）管理本市监狱管理局和本市劳动教养工作管理局。

（15）承办市政府交办的其他事项。

二、司法行政机关对人民调解工作的监督和指导

我国《人民调解法》第5条第1款规定："国务院司法行政部门负责指导全国的人民调解工作，县级以上地方人民政府司法行政部门负责指导本行政区域的人民调解工作。"根据上述法律规定，县级以上地方人民政府司法行政部门负责指导本行政区域的人民调解工作。司法行政部门对人民调解工作的指导职责是全面、系统的，包括对人民调解工作组织、队伍、业务、日常工作等各个方面的指导，具体体现在以下几个方面。

（一）对人民调解工作的指引和规范

司法行政部门对人民调解工作的指引和规范，主要体现在以下几个方面①：

（1）制定相关政策规章。具体体现是：根据党的路线、方针、政策和国家法律，研究制定有关人民调解工作的方针、政策、规章和规范性文件，制定本行政区域内人民调解工作发展的方向、目标和规划，提出具体任务和措施，并负责督促、检查和落实。

（2）加强调查研究。通过调查研究，了解和掌握本区域内民间纠纷的特点和规律，指导人民调解委员会改进工作。同时，掌握人民调解工作的真实情况和存在的问题，提出有针对性的工作措施，及时帮助解决困难。

（3）总结交流经验。通过总结和交流经验，及时总结、推广做好人民调解工作的方法和经验，大力宣传人民调解工作的先进典型和模范人物，发挥模范示范作用。

（4）做好人民调解委员会的组织建设、队伍建设、业务建设和制度建设的指导工作，结合实际明确建设标准和要求，提高建设水平，规范人民调解工作。

（二）对人民调解委员会日常工作的指导

司法行政部门对人民调解委员会日常工作的指导，主要通过乡镇（街道）司法所来实现。县级以上地方人民政府司法行政部门及其司法所对人民调解委员会日常工作的指导，主要包括以下内容。

1. 答疑解惑

人民调解工作涉及的纠纷当事人复杂多样，纠纷类型亦错综复杂。人民调解委员会在解决具体纠纷时，难免会遇到疑难问题，需要向司法行政部门咨询、请示；纠纷当事人在调解过程中如果对人民调解委员会的工作不满意，也会向司法行政部门投诉。针对上述情形，司法行政部门应当及时解答、处理人民调解委员会就人民调解工作有关问题的请示、咨询，对纠纷当事人就人民调解工作的投诉，也应当及时处理解决。

2. 协助、参与纠纷调解

在人民调解工作中，有时会遇到较为疑难的纠纷，涉及群众切身利益的热点、难点纠纷，以及群体性纠纷等。为了使纠纷能够得到圆满的解决，人民调解委员会通常会向司法行政部门求助。在这种情况下，司法行政部门应当根据纠纷调解的需要，以及人民调解委员会的请求，协助、参与人民调解委员会对矛盾纠纷的调解活动。

3. 检查和督促

为了保证纠纷解决的质量，司法行政部门应当定期对人民调解委员会主持调解达成的调解协议进行检查，如果发现调解协议的内容存在违背法律、法规、规章、政策和公序良俗等情形，应当及时指出，并督促人民调解委员会告知当事人，通过合理程序予以改正。

（三）对人民调解员的业务培训

人民调解工作能否深入开展、取得实效，直接关系到社会和谐稳定大局。加强人民调解员队伍建设，畅通权利救济渠道，着力解决涉及人民群众切身利益的矛盾和问题，维护社会和谐，建设平安中国，不断满足人民日益增长的美好生活需要，是发展人民调解的根本出发点和落脚点。随着人民调解工作领域的不断拓展，调解工作的难度越来越大，对人民调解员的素质要求也越来越高，客观上要求必须大力加强对人民调解员的业务培训，切

---

① 扈纪华，陈俊生 . 中华人民共和国人民调解法解读 . 北京：中国法制出版社，2010：23.

实提高人民调解员的业务素质和调解能力，以适应人民调解工作的需要①。

第二节　人民法院的监督和指导

一、人民法院的设置和职能

我国法院分为四级，在四级法院中，级别最高的是最高人民法院。最高人民法院本部设在北京，从 2015 年起，最高人民法院先后在全国设立了六个巡回法庭，第一巡回法庭设在深圳，管辖广东、广西、海南、湖南四个省区；第二巡回法庭设在沈阳，管辖辽宁、吉林、黑龙江三省；第三巡回法庭设在南京，管辖江苏、上海、浙江、福建、江西五个省市；第四巡回法庭设在郑州，管辖河南、山西、湖北、安徽四省；第五巡回法庭设在重庆，管辖重庆、四川、贵州、云南、西藏五个省区市；第六巡回法庭设在西安，管辖陕西、甘肃、青海、宁夏、新疆五个省区。最高人民法院本部直接受理北京、天津、河北、山东、内蒙古五个省区市有关案件。巡回法庭的裁判就是最高人民法院的裁判，一经作出就产生法律效力，当事人不能提出上诉。

高级人民法院设在各省、自治区和直辖市，全国共有 33 个高级人民法院，除了 31 个省、自治区和直辖市各有一个高级人民法院外，中国人民解放军军事法院和新疆维吾尔自治区高级人民法院生产建设兵团分院也都属于高级人民法院的级别。对高级人民法院一审民事裁判不服的，当事人有权上诉至最高人民法院。

中级人民法院是在各省、自治区和直辖市内按照地区设置的。对中级人民法院一审民事裁判不服的，当事人有权将该案件上诉至所在省、自治区、直辖市的高级人民法院。

基层人民法院设在县、县级市、自治区、旗、市辖区。当事人不服基层人民法院一审民事裁判的，有权上诉至所在地的中级人民法院。各基层人民法院根据具体情况，可以设置数量不等的人民法庭。人民法庭的裁判就是基层人民法院的裁判，当事人对人民法庭的裁判不服提起上诉的，应当由所在地的中级人民法院进行二审，而不是由基层人民法院进行二审。

除上述最高人民法院和地方各级人民法院外，我国还有许多负责审判某些特殊类型案件的专门法院。例如，军事法院（有基层、中级、高级人民法院之分）、海事法院（属于中级人民法院）、知识产权法院（属于中级人民法院）、互联网法院（属于基层人民法院）、金融法院（属于中级人民法院）等。这些专门法院都有各自特定的上诉法院。例如，北京知识产权法院的上诉法院是北京市高级人民法院，北京互联网法院的上诉法院是北京市第四中级人民法院，但涉及互联网著作权属纠纷和侵权纠纷的案件，上诉法院则是北京知识产权法院②。

二、人民法院对人民调解工作的监督和指导

党和国家历来都很重视对人民调解工作的指导。对人民调解委员会的工作进行指导，

---

① 廖永安. 新时代加强我国人民调解员队伍建设意义重大. 法制日报，2018 - 05 - 04.
② 毕玉谦. 民事诉讼法学. 3 版. 北京：中国政法大学出版社，2022：87.

是法律赋予基层人民法院的一项工作职能，是基层人民法院工作的重要组成部分。

早在1954年，《人民调解委员会暂行组织通则》就规定"基层人民政府及基层人民法院，应加强对调解委员会的指导和监督，并帮助其工作"，首次以行政法规的形式，确立了基层人民政府与基层人民法院对人民调解工作的指导体制。1989年《人民调解委员会组织条例》亦规定："人民调解委员会是村民委员会和居民委员会下设的调解民间纠纷的群众性组织，在基层人民政府和基层人民法院指导下进行工作。基层人民政府及其派出机关指导人民调解委员会的日常工作由司法助理员负责。"上述法律规定，明确了人民调解的指导工作体系，对人民调解工作指导职责进行了初步区分，即对人民调解工作总的指导职责由基层人民政府和基层人民法院共同承担，对人民调解委员会日常工作的指导职责由基层人民政府及其派出机关的司法助理员承担。但在立法过程中，有意见认为，对一项具体工作确定两个指导机关，且在职能划分上不够明确，不利于充分履行对人民调解工作的指导职责①。

针对上述存在的问题，《人民调解法》对人民调解工作的指导体系进一步进行了科学合理的确定。《人民调解法》第5条规定："国务院司法行政部门负责指导全国的人民调解工作，县级以上地方人民政府司法行政部门负责指导本行政区域的人民调解工作。基层人民法院对人民调解委员会调解民间纠纷进行业务指导。"根据上述法律规定，基层人民法院对人民调解委员会调解民间纠纷的指导限于业务指导，具体体现在以下几个方面。

（一）配合司法行政部门的工作

根据《人民调解法》的规定，司法行政部门负责对人民调解工作进行指导，因此基层人民法院对人民调解委员会调解民间纠纷进行指导，应当与司法行政部门相配合。只有通力合作，密切配合，才能更好地完成业务指导工作，具体可以从以下几个方面入手。

1. 举行典型纠纷的讨论会

人民法院属于专门的审判机关，在处理民间纠纷方面经验丰富。人民调解委员会在调解民间纠纷的过程中，如果遇到典型、疑难纠纷难以解决，人民法院可以予以指导，与人民调解组织一起召开纠纷讨论会，对纠纷进行分析，共同研究解决方案。人民法院通过上述方式对人民调解委员会的工作进行指导，不仅有利于纠纷的解决，而且有利于提高人民调解员的法律水平和调解工作能力。

2. 组织人民调解员参与法院的案件审理工作

充分发挥人民调解员的作用，可以减轻法院"案多人少"的负担。目前，诸多法院采取了切实可行的改革措施，有的法院经常邀请人民调解员到法院旁听人民法院审理民事案件；有的法院则安排人民调解员参与庭审前的辅助性工作；还有的法院直接聘请人民调解员担任人民陪审员，参与法院的案件审理工作，具体做法是：人民法院协调司法行政机关，联合挑选素质较高的人民调解员，提请当地人大常委会，通过法定程序任命为人民陪审员，安排他们参与司法调解和审判工作，帮助人民调解员进一步提高业务能力和调解水平。上述做法，不仅充分发挥了人民调解员的作用，也使法院对人民调解工作的业务指导职能得到了充分的体现。

---

3. 参与人民调解员的法律培训

目前，人民调解员的文化程度、法律政策水平和调解技能普遍难以适应新形势下人民调解工作的需要。只有大力提高人民调解员的素质，培养和造就一支懂法律、懂政策、热爱人民调解工作、熟悉调解工作程序和方法的人民调解员队伍，才能保证人民调解工作的质量和社会公信力，推动人民调解工作健康、顺利地发展，充分发挥人民调解制度在维护社会稳定中的重要作用。为此，各级司法行政部门大多定期组织人民调解员进行培训。人民法院可以通过参与司法行政部门举办的人民调解员培训班，向人民调解员讲授法律知识，传授调解技能，以提高人民调解员的业务能力和调解水平。

（二）实现民事诉讼与人民调解的有机衔接

实践证明，在多元化纠纷解决机制中，通过调解的方式解决纠纷，往往更利于纠纷的解决。因为通过调解的方式解决纠纷，优势是显而易见的，即以常识化的运作程序消除了诉讼程序给当事人带来的理解困难，以通情达理的对话和非对抗的斡旋，缓和了当事人之间的对立，有利于当事人今后保持长远的关系。以上所讲的调解，既包括人民调解，也包括诉讼调解。基层人民法院对人民调解委员会调解民间纠纷进行业务指导，能够使民事诉讼与人民调解有机衔接，从而使人民调解制度发挥更大的作用。

目前，在诉前，关于民事诉讼与人民调解的衔接，实践中主要有以下几种做法。

1. 建立庭前调解机制

具体做法是：对于某些家事纠纷、小额的债务纠纷、小额损害赔偿纠纷、邻里纠纷等一般民事案件，以及由民间纠纷引发的轻微刑事案件，当事人到法院起诉，如果案件没有经过人民调解委员会调解，法院的立案庭可以建议当事人先选择人民调解组织对案件进行调解。如果当事人同意接受人民调解组织的调解，法院可以将案件转移至纠纷所在街道（乡镇）的人民调解委员会进行调解。对于不符合起诉条件的案件，法院作出不予受理的民事裁定后，应当及时将案件转交纠纷所在地的人民调解委员会，由人民调解委员会做好调解息诉工作。

2. 建立就近立案的绿色通道

对于经过人民调解委员会的调解没能达成调解协议的纠纷，如果当事人要求向人民法院提起诉讼的，人民调解员应当将当事人要求诉讼的请求记入笔录，并由当事人签字确认。人民调解委员会应当及时与所在地的法院联系，通报调解情况和当事人的诉讼请求，就近立案。总之，对于常见性、多发性的简单民事纠纷，在当事人起诉时或立案前，积极引导当事人通过人民调解解决矛盾纠纷，是一种较为可行的做法。

3. 建立特邀调解制度

在诉讼进行中，法院对案件进行审理，也涉及民事诉讼与人民调解的衔接问题。例如，2016年6月28日发布、自2016年7月1日起施行的《最高人民法院关于人民法院特邀调解的规定》（以下简称《特邀调解规定》）第1条规定："特邀调解是指人民法院吸纳符合条件的人民调解、行政调解、商事调解、行业调解等调解组织或者个人成为特邀调解组织或者特邀调解员，接受人民法院立案前委派或者立案后委托依法进行调解，促使当事人在平等协商基础上达成调解协议、解决纠纷的一种调解活动。"同时，《特邀调解规定》还规定，人民法院开展特邀调解工作应当建立特邀调解组织和特邀调解员名册。

对适宜调解的纠纷，登记立案前，人民法院可以经当事人同意委派给特邀调解组织或者特邀调解员进行调解；登记立案后或者在审理过程中，可以委托给特邀调解组织或者特邀调解员进行调解。调解一般应当在人民法院或者调解组织所在地进行，双方当事人也可以在征得人民法院同意的情况下选择其他地点进行调解。委派调解达成调解协议，特邀调解员应当将调解协议送达双方当事人，并提交人民法院备案。同时，当事人可以依照《民事诉讼法》《人民调解法》等法律申请司法确认。当事人申请司法确认的，由人民调解组织所在地或者委派调解的基层人民法院管辖。委派调解未达成调解协议的，特邀调解员应当将当事人的起诉状等材料移送人民法院；当事人坚持诉讼的，人民法院应当依法登记立案。委托调解达成调解协议，特邀调解员应当向人民法院提交调解协议，由人民法院审查并制作调解书结案。达成调解协议后，当事人申请撤诉的，人民法院应当依法作出裁定。上述法律规定，对健全多元化纠纷解决机制，加强诉讼与非诉讼纠纷解决方式的有效衔接，规范人民法院特邀调解工作，维护当事人合法权益具有重要意义。委托调解未达成调解协议的，人民法院继续对案件进行审理。

2023年9月最高人民法院、司法部印发的《关于充分发挥人民调解基础性作用推进诉源治理的意见》，从规范诉调对接工作出发，对加强诉前引导、及时分流案件、依法受理调解等进一步提出了要求，具体内容如下：

（1）法院在诉讼服务、法治宣传等工作中提供非诉讼纠纷解决方式指引，适宜通过人民调解解决的，向当事人释明人民调解的特点优势，引导当事人根据《人民调解法》的规定，向属地或相关人民调解组织申请调解。

（2）对适宜通过人民调解方式解决的案件，人民法院可以先行在立案前委派或诉中委托人民调解。委派委托的人民调解组织，可以由当事人在司法行政机关公布的人民调解组织名册中选定，也可以由人民法院在特邀调解组织名册中指定。

（3）对委派委托人民调解的纠纷案件，人民调解组织要按照《人民调解法》和《全国人民调解工作规范》的要求及时受理、开展调解、达成调解协议，并向人民法院反馈调解结果。经调解不能达成调解协议的，人民调解组织应当及时办理调解终结手续，将案件材料退回委派委托的人民法院。

（三）建立调解协议书评阅制度和对人民调解协议进行司法确认

为了更好地履行人民法院对人民调解工作的指导职责，实践中通常采取以下两种做法。

1. 建立调解协议书评阅制度

具体做法是：对于通过人民调解委员会调解达成的人民调解协议，司法行政机关定期邀请法院的法官进行评阅。法官在对人民调解协议进行评阅后，对于调解协议中存在的不足之处，应当及时指出，以帮助人民调解组织不断提高文书制作的规范化水平。此外，对人民调解委员会案件调解文书中存在的其他问题，人民法院亦应当以适当的方式，告知主管的司法行政部门和人民调解委员会，提出相关的意见和建议，以便人民调解委员会在今后的调解工作中加以改进。

2. 对人民调解协议进行司法确认

我国《人民调解法》第33条规定："经人民调解委员会调解达成调解协议后，双方当事人认为有必要的，可以自调解协议生效之日起30日内共同向人民法院申请司法确认，人民法院应当及时对调解协议进行审查，依法确认调解协议的效力。人民法院依法确认调解协议有效，一方当事人拒绝履行或者未全部履行的，对方当事人可以向人民法院申请强制执行。人民法院依法确认调解协议无效的，当事人可以通过人民调解方式变更原调解协议或者达成新的调解协议，也可以向人民法院提起诉讼。"根据上述法律规定，民事纠纷经过人民调解委员会的调解，达成调解协议以后，如果纠纷双方当事人认为有必要的，可以在法律规定的期限内，向人民法院申请司法确认。人民法院应当及时对调解协议进行审查，依法确认人民调解协议有效或无效。由此可见，人民法院通过司法确认，也可以对人民调解委员会的业务工作进行指导。

第三节　中华全国人民调解员协会

中华全国人民调解员协会是由人民调解委员会、地方人民调解员协会及人民调解工作者自愿结成的全国性、专业性、非营利性社会团体。该协会于 1993 年 5 月经民政部批准成立，同年 11 月在北京召开成立大会。1999 年 5 月，协会召开了第二届会员代表大会，进行了换届选举。2007 年 11 月，协会召开第三届会员代表大会，大会选举产生了第三届中华全国人民调解员协会常务理事会和理事会。2015 年 3 月，协会召开第四届会员代表大会，会议要求紧紧围绕"四个全面"战略布局，充分发挥人民调解员协会职能作用，扎实做好人民调解工作，推动人民调解工作实现新发展[①]。2021 年 4 月 21 日，协会第四届第二次会员代表大会表决通过了新修订的《中华全国人民调解员协会章程》。2022 年 8 月 25 日，中华全国人民调解员协会召开第五届会员代表大会，新当选的第五届中华全国人民调解员协会会长出席会议并讲话。会议审议通过了第四届中华全国人民调解员协会理事会工作报告、财务报告，选举产生了第五届中华全国人民调解员协会理事会[②]。以下为现行《中华全国人民调解员协会章程》的部分内容。

一、建设宗旨

根据《中华全国人民调解员协会章程》的规定，协会坚持以习近平新时代中国特色社会主义思想为指导，深入学习贯彻习近平法治思想，团结广大会员增强"四个意识"，坚定"四个自信"，做到"两个维护"，充分发挥人民调解在基层治理法治化建设中的重要作用，全力化解矛盾纠纷，维护社会稳定，为建设社会主义法治国家，促进社会和谐文明进步作出贡献。协会遵守宪法、法律、法规和国家政策，践行社会主义核心价值观，弘扬爱国主义精神，遵守社会道德风尚，自觉加强诚信自律建设。

二、党的领导

协会坚持中国共产党的全面领导，根据中国共产党章程的规定，设立中国共产党的组

---

① 安克明 . 中华全国人民调解员协会第四届会员代表大会召开 . 人民法院报，2015 - 03 - 20（1）.
② 杨翠婷 . 中华全国人民调解员协会召开第五届会员代表大会 . 司法部官网，2022 - 08 - 26.

织，开展党的活动，为党组织的活动提供必要的条件。

三、业务范围

中华全国人民调解员协会接受业务主管单位司法部和社团登记管理机关民政部的业务指导和监督管理。协会的业务范围如下：

（1）贯彻落实党和国家关于人民调解工作的法律、法规和政策，配合司法行政部门研究制定人民调解创新发展政策措施，推动人民调解工作深入开展。

（2）对会员进行中国特色社会主义法治理论教育，组织会员学习党和国家关于人民调解工作的法律法规、政策和人民调解知识。

（3）发动会员排查化解矛盾纠纷，促进社会和谐，维护社会稳定。

（4）支持会员依法履行职责，维护会员合法权益，举办会员福利事业。

（5）总结交流人民调解工作经验，开展人民调解理论研究，推动人民调解制度创新发展。

（6）依照有关规定，制定人民调解业务规范和奖惩规则。

（7）依照有关规定，编辑出版《人民调解》杂志，建立维护协会网站。

（8）向政府和有关部门反映民间纠纷情况、人民调解工作情况，提出加强基层治理法治化建设方面的意见及建议。

（9）加强与地方人民调解员协会的交流与合作。

（10）开展与国外和港、澳、台地区调解组织的交流活动。

（11）办理司法部委托的事项。

业务范围中属于法律法规规章规定须经批准的事项，依法经批准后开展。

四、会员

根据《中华全国人民调解员协会章程》的规定，协会的会员分为单位会员和个人会员。人民调解委员会、地方人民调解员协会、热心人民调解工作的社会组织经申请均可加入，成为单位会员；人民调解工作者、热心人民调解工作的社会人士经申请均可加入，成为个人会员。

协会的会员，必须具备下列条件：

（1）拥护协会的章程。

（2）有加入协会的意愿。

（3）在协会的业务领域内具有一定的影响。

会员入会的程序是：

（1）提交入会申请书。

（2）经理事会或常务理事会讨论通过。

（3）由理事会或理事会授权的机构发给会员证。

会员享有下列权利：

（1）享有协会的选举权、被选举权和表决权。

（2）参加协会举办的学习、培训、研讨、考察和交流活动。

（3）获得协会服务的优先权。

（4）对协会工作的批评建议权和监督权。

（5）监督协会的财务收支。

（6）入会自愿，退会自由。

会员履行下列义务：

（1）遵守协会的章程，执行协会的决议。

（2）维护协会合法权益。

（3）完成协会交办的工作。

（4）按规定交纳会费。

（5）向协会反映情况。

需要注意的是，会员退会应书面通知协会，并交回会员证。会员如果两年不履行会员义务，视为自动退会。会员如有严重违反《中华全国人民调解员协会章程》的行为，经理事会或常务理事会表决通过，予以除名。

五、组织机构和负责人的产生、罢免

（一）会员代表大会

中华全国人民调解员协会的最高权力机构是会员代表大会。拥护协会章程，参加协会活动，在协会的业务领域作出突出贡献的人民调解委员会、人民调解员、优秀人民调解指导管理人员、理论研究人员、热心人民调解工作的社会组织和人士代表可以作为会员代表。

会员代表大会须有 2/3 以上的会员代表出席方能召开，其决议须经到会会员代表半数以上表决通过方能生效。会员代表大会每届 5 年。因特殊情况需提前或延期换届的，须由理事会表决通过，报业务主管单位审查并经社团登记管理机关批准。延期换届最长不超过1 年。

会员代表大会的职权是：

（1）制定和修改协会章程。

（2）选举和罢免理事。

（3）审议理事会的工作报告和财务报告。

（4）制定和修改会费标准。

（5）决定终止事宜。

（6）讨论决定协会的工作方针和任务。

（7）决定其他重大事宜。

（二）理事会

理事会是会员代表大会的执行机构，在闭会期间领导本会开展日常工作，对会员代表大会负责。理事会须有 2/3 以上理事出席方能召开，其决议须经到会理事 2/3 以上表决通过方能生效。理事会每年至少召开 1 次会议，情况特殊的，也可以采用通信形式召开。

理事会的职权是：

（1）执行会员代表大会的决议。

（2）选举和罢免会长、副会长、秘书长和常务理事，根据会员代表大会的授权，在届中可以增补、罢免部分理事，最高不超过原理事总数的 1/5。

（3）筹备召开会员代表大会。

（4）向会员代表大会报告工作和财务状况。

（5）决定会员的吸收和除名。

（6）决定办事机构、分支机构、代表机构和实体机构的设立、变更和终止。

（7）决定副秘书长、各机构主要负责人的聘任。

（8）制订协会的工作计划，领导协会各机构开展工作。

（9）制定内部管理制度。

（10）决定其他重大事项。

（三）常务理事会

中华全国人民调解员协会设立常务理事会。常务理事会由理事会选举产生，人数不超过理事人数的 1/3，在理事会闭会期间行使理事会第（1）、（3）、（5）、（6）、（7）、（8）、（9）项的职权，对理事会负责。常务理事会须有 2/3 以上常务理事出席方能召开，其决议须经到会常务理事 2/3 以上表决通过方能生效。常务理事会每半年至少召开 1 次会议，情况特殊的，也可以采用通信形式召开。

（四）会长、副会长和秘书长

中华全国人民调解员协会的会长、副会长、秘书长必须具备下列条件：

（1）坚持党的路线、方针、政策，政治素质好。

（2）在协会业务领域内有较大影响。

（3）最高任职年龄不超过 70 周岁，秘书长为专职。

（4）身体健康，能坚持正常工作。

（5）未受过剥夺政治权利的刑事处罚的。

（6）具有完全民事行为能力。

协会会长、副会长、秘书长如超过最高任职年龄的，须经理事会表决通过，报业务主管单位审查并经社团登记管理机关批准后，方可任职。协会会长、副会长、秘书长每届任期 5 年，连任不超过两届。因特殊情况需延长任期的，须经会员代表大会 2/3 以上会员代表表决通过，报业务主管单位审查并经社团登记管理机关批准后，方可任职。

协会会长为协会法定代表人。因特殊情况，经会长委托，理事会同意，并报业务主管单位审查、社团登记管理机关批准后，可以由副会长或秘书长担任法定代表人。法定代表人代表协会签署有关重要文件，协会法定代表人不兼任其他团体的法定代表人。

协会会长行使下列职权：

（1）召集和主持理事会、常务理事会。

（2）检查会员代表大会、常务理事会决议的落实情况。

协会秘书长行使下列职权：

（1）主持办事机构开展日常工作，组织实施年度工作计划。

（2）协调各所属机构开展工作。

（3）提名副秘书长以及各所属机构主要负责人，交理事会或常务理事会决定。

（4）决定各所属机构专职工作人员聘用。

（5）处理其他日常事务。

六、资产管理、使用原则

中华全国人民调解员协会的经费来源包括：

（1）会费。

（2）捐赠。

（3）政府资助和政府购买服务。

（4）在核准的业务范围内开展活动和提供服务的收入。

（5）其他合法收入。

协会按照国家有关规定收取会员会费。协会经费必须用于协会章程规定的业务范围和事业发展，不得在会员中分配。协会建立严格的财务管理制度，保证会计资料合法、真实、准确、完整。协会配备具有专业资格的会计人员。会计不得兼任出纳。会计人员必须进行会计核算，实行会计监督。会计人员调动工作或离职时，必须与接管人员办清交接手续。协会的资产管理必须执行国家规定的财务管理制度，接受会员代表大会和财政部门的监督。资产来源属于国家拨款或者社会捐赠、资助的，必须接受审计机关的监督，并将有关情况以适当方式向社会公布。协会换届或更换法定代表人之前必须进行财务审计。协会的资产，任何单位、个人不得侵占、私分和挪用。协会专职工作人员的工资和保险、福利待遇，参照国家对事业单位的有关规定执行。

七、章程的修改程序

对协会章程的修改，须经理事会表决通过后报会员代表大会审议。协会修改的章程，须在会员代表大会通过后 15 日内，报业务主管单位审查，经同意，报社团登记管理机关核准后生效。

八、终止程序及终止后的财产处理

协会完成宗旨或自行解散或由于分立、合并等原因需要注销的，由理事会或常务理事会提出终止动议。协会终止动议须经会员代表大会表决通过，并报业务主管单位审查同意。协会终止前，须在业务主管单位及有关机关指导下成立清算组织，清理债权债务，处理善后事宜。清算期间，不开展清算以外的活动。协会经社团登记管理机关办理注销登记手续后即为终止。协会终止后的剩余财产，在业务主管单位和社团登记管理机关的监督下，按照国家有关规定，用于发展与协会宗旨相关的事业。

第四节　人民调解信息平台的管理

人民调解是维护社会和谐稳定的"第一道防线"，及时迅速地在第一时间、第一现场控制矛盾、化解纠纷，使民间纠纷在萌芽状态和激化前得到解决，是新时期做好人民调解工作的重要任务。因此，统筹规划加强基层调解工作信息化建设，提高基层调解工作规范化水平，对做好人民调解工作非常重要。随着科学技术的发展，新媒体得到广泛的运用，人们越来越多地通过微博、微信等渠道上传视频、发表言论，其中就包括诸多没有及时化解的矛盾纠纷和各种社会问题。在信息化时代，依托网络信息平台化解纠纷、参与调解，已成为新时期人民调解工作的迫切要求。

一、人民调解信息平台的含义和特征

（一）人民调解信息平台的含义

人民调解信息平台，是指利用现代信息技术手段构建的人民调解信息服务和管理系统。纠纷信息的了解和掌握，是人民调解委员会快速、及时解决民间纠纷的关键，要想达到这一目的，建立完备的人民调解信息平台至关重要。现代科学技术的飞速发展，为人民调解信息平台的建立创造了条件，提供了可能。该平台的建立，不仅有利于人民调解委员会及时发现纠纷的存在，而且能够帮助人民调解委员会掌握纠纷的发展动态和趋势，有利于纠纷的快速解决，从而促进社会的和谐发展。

（二）人民调解信息平台的特征

从人民调解信息平台建立和具体运作的情况来看，其主要具有以下几个方面的特征。

1. 科学性

科学的调解机制是做好人民调解工作的前提。人民调解信息平台的建立，规范了纠纷处理机制、人民调解员队伍的管理，以及纠纷档案的管理，使人民调解机制更加规范化、科学化，不仅能够保障人民调解委员会的组织建设、人民调解员的队伍建设，保障社会联防联控体系的建设，而且提高了人民调解组织的办事效率，使人民调解组织能够快速掌握纠纷信息，加快调解的速度，尽早解决纠纷，保障地方平安。

2. 规范性

人民调解信息平台包括纠纷处理、人民调解员信息管理、纠纷档案管理三大平台，是涵盖人民调解整体业务的平台。该平台的建设实现了人民调解各项工作的规范化，具体表现在以下几个方面：首先，加强了人民调解员的信息管理，规范了人民调解员的队伍建设，保障了人民调解员的素质，增强了人民调解员的责任心。其次，理顺了人民调解各部门之间的职能分工和合作关系，增强了人民调解组织与公安、法院等部门的沟通与合作，促使各部门协调一致，联动发展，共促社会和谐。最后，保障了纠纷档案的规范管理，既有利于复查纠纷解决情况，也有利于人民调解组织总结经验教训。

3. 实用性

维护社会稳定，建立多元化纠纷解决机制，人民调解是基础，但不是唯一的纠纷解决力量，人民调解委员会需要与其他的纠纷解决部门相互配合，利用现代信息技术手段协调合作，合理布局，统筹发展。人民调解信息平台的建立，为人民调解委员会与各职能部门的协调联动创造了条件，使各部门之间的联合成为可能。同时，也为人民调解自身的发展提供了动力，为从宏观和微观上掌握解决纠纷的主动权提供了可能，为人民调解不断创新工作机制提供了便利条件。

二、人民调解信息平台的内容

人民调解信息平台，由纠纷处理平台、人民调解员信息管理平台和纠纷档案管理平台三部分组成。

（一）纠纷处理平台

纠纷处理平台，是指为了解决不同人民调解组织之间的纠纷分配问题，协调人民调解组织与其他部门之间在民间纠纷解决方面的关系，理顺纠纷解决机制，保证纠纷合理高效解决而设置的工作平台。纠纷处理平台主要包括以下几项内容。

1. 排查矛盾纠纷机制

由人民调解委员会主任负责，制订排查计划，组织人员落实，通过纠纷的排查，发现矛盾纠纷的苗头，及时予以解决，把矛盾纠纷化解在萌芽状态。

2. 纠纷协调解决机制

遵循"属地管辖，分工负责""谁主管，谁负责"的原则，落实矛盾纠纷协调、分配、报送和衔接机制。

3. 受理、调解、处理机制

通过排查，对于符合受理条件的纠纷，应当及时受理、进行调解，并制作调解协议书。对于经过调解没有达成调解协议的纠纷，应当告知当事人其他的纠纷解决途径。

4. 纠纷信息传递和反馈机制

在乡镇、街道设立纠纷信息反馈中心，由人民调解员担任信息员，负责纠纷信息的分析研究，发现纠纷隐患及时处理，对于重大、疑难、复杂等较难处理的纠纷，应当及时上报政府和有关部门处理。政府和有关部门接到上报的信息后，应当及时对处理情况进行反馈，使调解组织和有关部门了解纠纷处理情况。

5. 矛盾纠纷登记制度

通过纠纷登记，掌握矛盾纠纷的相关信息。纠纷登记后，应当分门别类归档，妥善保管，以便将来复查。

6. 调解工作的督促、检查制度

司法行政机关应当对人民调解工作定期进行检查，以督促调解工作的进行。

（二）人民调解员信息管理平台

人民调解员信息管理平台，是指为了规范人民调解员队伍，对人民调解员相关信息实施系统管理而设置的信息数据平台。设置人民调解员信息管理平台的目的，主要是对人民调解员进行规范管理，从而更好地开展人民调解工作。人民调解员信息管理平台主要包括以下内容。

1. 录用机制

为了保证人民调解员的质量，加强人民调解员队伍的建设，人民调解员信息管理平台设置了统一、规范的人民调解员录用机制，具体包括录用条件、人数、试用期限、工资和福利待遇等。

2. 信息管理机制

为了便于对人民调解员进行管理，人民调解员信息管理平台记录了人民调解员的信息，包括人民调解员的姓名、性别、出生年月日、民族、籍贯、学历、政治面貌、证件号码、家庭住址、联系电话、电子邮箱、档案类型、建档日期、照片等。

3. 变动机制

对人民调解员变动情况进行统计和管理，主要是为了保证人民调解员队伍的纯洁性，

以利于人民调解员队伍的健康发展，具体包括转正、调动、辞职、辞退、开除等。

4. 业务档案管理机制

为了便于集中管理，保证人民调解的质量，对于人民调解员受理案件的种类、数量等进行统一记录。

5. 考核机制

设置考核机制主要是为了对人民调解工作进行规范管理，奖优罚劣，提高人民调解的质量。考核的内容主要包括工作述职、工作绩效、职责履行、工作思路和计划等。对于工作认真负责、表现优秀的人民调解员，应当予以奖励；对于工作拖延、缺乏责任心的人民调解员，应当予以惩处。

(三) 纠纷档案管理平台

纠纷档案管理平台，是指为了完整地保存纠纷档案，规范纠纷档案材料管理，做好人民调解档案的收集、整理、传递和信息反馈工作而设置的对纠纷档案进行系统管理的信息平台。纠纷档案管理平台的建立，不仅有利于实现纠纷档案的科学保管，便于查阅和研究，而且有利于促进人民调解组织的工作总结和交流。纠纷档案管理平台主要包括以下内容。

1. 档案整理

人民调解组织受理民间纠纷后，需要对相关的材料进行归纳整理，装订成册，并且分类进行归档，以备查证。

2. 档案移交登记

人民调解组织受理民间纠纷后，应当根据轻重缓急、问题归属等情况，分门别类地进行梳理，提出初步解决方案，分别指派到相关部门解决。因此，人民调解组织的信息管理者应当及时做好纠纷登记工作，进行规范管理①。

◆【引例分析】

人民法院对人民调解工作具有业务指导的职能。我国《人民调解法》第5条规定："国务院司法行政部门负责指导全国的人民调解工作，县级以上地方人民政府司法行政部门负责指导本行政区域的人民调解工作。基层人民法院对人民调解委员会调解民间纠纷进行业务指导。"根据上述法律规定，为了保证人民调解的质量，提高人民调解员的素质，人民法院对人民调解委员会调解民间纠纷的工作负有业务指导的职责，指导的方式和方法可以是多样的，其中包括组织人民调解员参与法院的案件审理工作。

从本案来看，法院在案件具体解决过程中，邀请人民调解委员会的人民调解员参与案件的调解，法官、人民调解员、居委会、物业多方参与，发挥各自所长，互相配合，耐心细致地对纠纷双方当事人进行说服工作，急当事人所急、想当事人所想，在帮助张某解决摩托车位、帮助新住户解决保温墙装修事宜的基础上，使矛盾纠纷得到了圆满的解决。本案的解决，既实现了法院和人民调解的有机衔接，也使人民调解员参与到法院具体的案件审理中，发挥了积极的作用，积累了调解的经验。同时，人民法院也履行了对人民调解的业务指导职能。

---

① 盛永彬，刘树桥. 人民调解实务. 4版. 北京：中国政法大学出版社，2018：228-235.

◆ 【本章小结】

1. 我国司法行政机关分为四个层次，即司法部，省、自治区、直辖市司法厅（局），地、市、州、盟司法局（处）、县（县级市、旗）、区司法局。根据法律规定，县级以上地方人民政府司法行政部门负责指导本行政区域的人民调解工作。司法行政部门对人民调解工作的指导职责是全面、系统的，包括对人民调解工作组织、队伍、业务、日常工作等各个方面的指导。

2. 我国法院的组织体系包括最高人民法院、地方人民法院和专门人民法院。其中，地方人民法院又分为高级人民法院、中级人民法院和基层人民法院。根据我国《人民调解法》的规定，基层人民法院负责对人民调解委员会调解民间纠纷进行业务指导。

3. 中华全国人民调解员协会于 1993 年 5 月经民政部批准成立。根据《中华全国人民调解员协会章程》的规定，协会的会员分为单位会员和个人会员。人民调解委员会、地方人民调解员协会和热心人民调解工作的社会组织可申请成为单位会员；人民调解工作者、热心人民调解工作的社会人士可申请成为个人会员。中华全国人民调解员协会的宗旨是：坚持以习近平新时代中国特色社会主义思想为指导，深入学习贯彻习近平法治思想，团结广大会员增强"四个意识"，坚定"四个自信"，做到"两个维护"，充分发挥人民调解在基层治理法治化建设中的重要作用，全力化解矛盾纠纷，维护社会稳定，为建设社会主义法治国家，促进社会和谐文明进步作出贡献。协会遵守宪法、法律、法规和国家政策，践行社会主义核心价值观，弘扬爱国主义精神，遵守社会道德风尚，自觉加强诚信自律建设。

4. 人民调解信息平台，是指利用现代信息技术手段构建的人民调解信息服务和管理系统，具有科学性、规范性、实用性的特征。人民调解信息平台包括纠纷处理平台、人民调解员信息管理平台和纠纷档案管理平台。该平台的建立，不仅有利于人民调解委员会及时发现纠纷的存在，而且能够帮助人民调解委员会掌握纠纷的发展动态和趋势，有利于纠纷的快速解决，从而促进社会的和谐发展。

◆ 【练习题】

一、名词解释

中华全国人民调解员协会　人民调解信息平台

二、简答题

1. 简述司法行政机关的设置和职能。
2. 司法行政机关如何对人民调解工作进行监督和指导？
3. 简述人民法院的设置和职能。
4. 人民法院如何对人民调解工作进行监督和指导？
5. 中华全国人民调解员协会的宗旨是什么？
6. 简述人民调解信息平台的特征。
7. 人民调解信息平台主要包含哪些内容？

三、案例分析题

1. 20××年 7 月，随着某小区的两名住户在调解书上分别签上了自己的姓名，一起"吵"了两年还闹上法庭的老房子加装电梯纠纷，经过该区人民调解委员会、区人民法院、区加梯办等多方联合调解，终于成功化解。据悉，这是该市通过人民调解成功化解的第一起旧宅加梯引起的民事诉讼案件。

该小区属于典型的市中心老旧小区，老年居民所占比重高，居民对加装电梯的愿望十分迫切。两年前，区里开始试点既有住宅加装电梯工作，该小区高层住户张岩（化名）等人牵头发起加梯申请，并办理相关流程手续，但三楼住户李进（化名）担心电梯安装后会对通风、采光等产生影响，向社区提出反对意见。双方多次协商不成后，加梯发起方业主代表一度强行施工，导致矛盾激化。

"其间，人民调解委员会也曾介入调解过，但后来因张岩就加梯受阻而导致的前期预付款等经济损失向区人民法院提起诉讼，不得不停止调解。"直到20××年4月26日，李进在区人民法院的建议下申请人民调解，人民调解委员会才再一次介入。

5月13日，首次面对面协调在两名调解员的主持下展开，但纠纷双方始终自说自话、针锋相对。为了缓和双方"剑拔弩张"的状态，调解员陈某建议所有人一起去实地看看。经过现场测量并与电梯厂家沟通后，双方当事人的情绪和态度有所缓和，并达成了初步意向：在不增加额外费用的基础上，可以适当平移一定尺寸。

正当人民调解员松了口气、感觉再加把劲儿就能解决这起纠纷时，双方的矛盾再次激化。原来，5月17日，李进到区调委会反映，张岩坚决不同意移位，要求采用原先的方案，并表示移位产生的费用要由李进负责，而李进认为不可能增加这么多费用，是对方与电梯厂家联合起来针对他。

针对调解中发生的新情况，调委会立即与加梯发起方、社区工作人员、电梯厂家等沟通核实有关情况，并与区法院、区加梯办等协商决定召集各方进行联合调解。

通过面对面讲情说理，对相关政策进行详细解读，分析比较类似纠纷遇到的问题，最终，李进不再执着于移位，而张岩等人也表示在电梯加装后撤回起诉。令人惊喜的是，双方还对该电梯安装运行后的日常使用管理和监督工作达成了一致。

"老房子加装电梯的过程中，产生矛盾很正常，需要我们充分发挥人民调解化解矛盾、排忧解难的作用。"市司法局相关负责人说。为此，该局积极指导相关人民调解组织主动排查、调处老旧住宅加装电梯工作中的矛盾纠纷，保障这项惠民政策真正落到实处、惠及百姓。

问题：
本案中，司法行政机关对人民调解委员会的指导是如何体现的？
分析要点提示：
本案是因老旧住宅加装电梯产生的纠纷，处理不好，会加深邻里之间的矛盾，影响邻里之间的和睦相处。因此，人民调解委员会在纠纷产生后曾介入调解过，但因一方当事人提起诉讼而无果，后来，在另一方当事人申请人民调解后，人民调解委员会再一次介入调解。首先，在两名人民调解员的主持下进行面对面调解，但在调解过程中，纠纷双方当事人针锋相对、剑拔弩张，调解效果不佳。针对上述情形，人民调解员及时转换调解策略，建议纠纷当事人一起去现场进行实地考察，由此缓和了纠纷双方当事人的紧张情绪，并达成了初步的调解意见。之后，一波三折，又产生新的纠葛，针对调解中发生的新情况，人民调解员及时与加梯发起方、社区工作人员、电梯厂家等进行沟通，核实有关情况，并与区法院、区加梯办等协商决定召集各方当事人进行联合调解。经过人民调解员多方奔走，采用不同的调解方法，耐心细致地开展调解工作，纠纷双方当事人最终达成了调解协议，使纠纷得到了圆满的解决。

通过上述纠纷的解决可以看出，人民调解在纠纷解决中发挥着较大的作用。从司法行政机关对人民调解的监督指导来看，一方面，司法行政机关通过制定相关政策规章，指引和规范人民调解活动；另一方面，司法行政机关也通过答疑解惑，协助、参与纠纷调解，检查和督促等方式对人民调解委员会的日常工作进行指导，并且会对人民调解员进行业务培训。同时，各地司法行政机关还不断将优秀的人民调解案例发布在网上，供人民调解员在工作中参考借鉴。本案例就是从某市司法局网站上查找到的优秀调解范例，对指导相关的人民调解工作具有较大的借鉴意义。由此可见，司法行政机关对人民调解工作的监督指导至关重要，对于保障人民调解制度的健康发展意义重大。

2. "原告，你同意调解书上的条款，并自愿签字吗？""是，我自愿。"20分钟后，刘先生拿着被告赔偿给自己的爱犬治疗费279元满意地离去。这是某日上午某区法院某法庭中的一幕。据悉，这是自2004年11月《最高人民法院关于人民法院民事调解工作若干问题的规定》施行以来，全国首例法院以委托的方式，邀请协助调解人主持原、被告双方达成调解协议，并由法院对调解协议内容予以确认的民事案件。

四个月前的一个晚上，刘先生牵着自家的小狗从一家单位门口路过，三条大型狼犬突然从门口窜出，将小狗咬伤。此后，刘先生就赔偿一事与该单位多次协商未果。刘先生认为，该单位没有按规定为其所有的三条大型狼犬办理狗证，且违反了"烈性犬和大型犬不得外出"的限养规定，自己在小狗被咬伤一事上没有任何过错，因此诉至法院，要求法院判令被告赔偿其各种损失费共计300余元。

法院立案后，发现刘先生的诉讼要求比较客观、合理，便与双方辖区的司法所联系，委托人民调解委员会对双方当事人产生的纠纷进行调解。人民调解委员会田主任两次与刘先生电话联系，对其晓之以理、动之以情。刘先生很快便同意调解。有趣的是，田主任还是被告单位的法律顾问。于是，在田主任和单位取得共识后，原、被告双方很快就通过调解达成了意向。田主任说，通过这件事，可以看出公民的法律意识在增强，人民调解员的作用也在增强。

审理结束后，刘先生在接受记者采访时说，他开始与被告单位进行交涉时，双方闹得很不愉快，所以，他才诉之于法律，想和对方把官司打到底。但是，人民调解员给他打了两次电话，言语恳切，他便同意接受调解。当记者问他对人民调解制度的看法时，刘先生认为这项制度拉近了原、被告之间的距离，觉得在感情上更容易接受一些。

该法庭负责人说，因为现在民事案件数量逐年上升，审判资源严重不足，影响了法院的工作效率。实行新的人民调解制度后，一来可以发挥基层组织的调解功能，及时化解矛盾；二来也利于案件得到有效、高效、便捷的处理，这样可以取得较好的社会效果。

问题：

本案中，人民法院是如何对人民调解委员会的工作进行业务指导的？

分析要点提示：

基层人民法院对人民调解委员会调解民间纠纷的指导限于业务指导，内容很丰富，也很重要。具体的指导方式包括配合司法行政部门的工作、实现民事诉讼与人民调解的有机衔接、建立调解协议书评阅制度和对人民调解协议进行司法确认。其中，配合司法行政部门的工作包括举行典型纠纷的讨论会、组织人民调解员参与法院的案件审理工作、参与人民调解员的法律培训等；实现民事诉讼与人民调解的有机衔接的做法之一是建立庭前调解机制，对适于调解的纠纷，登记立案前，人民法院可以经当事人同意委派给特邀调解组织或者特邀调解员进行调解。

对于上述案件的处理，由于案情比较简单，适于运用人民调解的方式，通过人民调解员的调解解决纠纷，因此，法院在征得当事人的同意后，将纠纷委托给人民调解委员会解决。人民调解员联系纠纷双方当事人，耐心细致地对当事人做说服劝导工作，晓之以理、动之以情，使案件顺利得到了解决，并且人民法院对纠纷双方当事人达成的调解协议进行了司法确认，一方面发挥了人民调解员的作用，提高了结案效率，另一方面做到了"案结事了"，保证了调解的质量。同时，通过具体案件的调解，也起到了法院吸收人民调解员参与案件审理，对人民调解员进行业务指导的作用，可谓一举多得。

3.20××年2月5日，某县人民法院"老李调解工作室"通过人民调解平台成功调解了一起抚养费纠纷案件，令双方当事人冰释前嫌。

原告岳某某诉被告夏某某抚养费纠纷一案立案后，确定了在春节假期结束后开庭。在外打工的被告夏某某通过法院公示电话与立案庭取得了联系，称其因故无法返回××县开庭。立案庭通过电话征求被告意见，被告同意调解，经联系原告的法定代理人，也同意调解。于是，立案庭将该案委托给了"老李调解工作室"。

由于原告的法定代理人对被告心生怨恨，"说和人"老李便采取了分别与双方视频的方式进行调解。调解中，老李了解到，离婚时法院将女儿（原告）判给女方（被告）抚养，但原告却一直与其祖母一同生活。原告的祖母年事已高，身体多病，家庭生活非常困难，原告的父亲（原告的法定代理人）刚刚刑满释放，原告上学及祖母看病费用无法解决。老李通过分别与原告的法定代理人和被告视频的方式，做双方的思想工作，使两个人互相谅解，通过人民调解信息平台达成如下调解协议：一是被告给付原告其离婚后至20××年12月的抚养费2万元，并于调解结束当日将此款通过老李给付原告的法定代理人；二是自次年1月起，被告在每月1日前给付原告抚养费600元至其独立生活时止。

被告对该案的调解结果非常满意，感慨地说："我太感谢法院了，在这个特殊时期，不出家门，案件就能办结，既避免了出行的不便，又节省了路费。"2万元在调解当日给付，及时解决了原告的生活之需，原告的法定代理人也改变了对被告的态度。线上成功的调解收到了良好的法律效果和社会效果。

该县法院根据上级统一部署，本着求实效的精神，以实际行动践行"努力让老百姓打官司不求人"的庄严承诺，诉讼服务"不打烊"，通过人民法院调解平台，充分发挥"说和人老李"的品牌作用，进一步加大在线调解、微信调解、"互联网＋"等办案模式力度，使网上办案有了特殊意义，为社会的和谐稳定提供了强有力的司法保障。

问题：

本案中，人民调解信息平台是如何发挥作用的？

分析要点提示：

设立人民调解信息平台的目的，在于通过引入信息化要素，提高对大量繁杂信息的获取效率，加强各部门之间的沟通、协调，实现大量信息的快速处理、高效查询和准确分析，以便合理利用现有资源，及时作出适当的决策。随着科学技术的发展，对人民调解制度实行信息化的管理成为可能，开发人民调解信息管理系统，通过 App（手机端）和系统管理后台（PC 端），采用"互联网＋"、大数据等先进手段，可以增强人民调解工作的活力，提高人民调解工作的实效，强化对人民调解工作的精细化指导。同时，还可以运用网络在线的方式对纠纷进行调解，及时化解矛盾，解决纠纷。

从上述案例中可以看出，网络平台在人民调解工作中发挥了较为重要的作用。案件立案后，法院根据案件的具体情况，认为适合通过人民调解的方式解决，于是立案庭在征得纠纷双方当事人同意的前提下，将案件委托给"老李调解工作室"，通过人民调解的方式进行解决。由于在外打工的被告夏某某无法返回，人民调解员便采取分别与双方当事人视频的方式进行调解，通过耐心细致地做纠纷双方当事人的思想工作，使纠纷双方当事人互谅互让，通过人民调解信息平台达成调解协议，使纠纷得到了顺利的解决，既发挥了人民调解的作用，也缓解了法院"案多人少"的压力，最重要的是维护了当事人的合法权益。因此，人民调解信息平台在人民调解工作中的运用具有重要的意义。

◆ **在线测试**

第五章 人民调解的原则、范围和费用

◆ 【本章引例】

20××年7月3日，某道路建设项目部在施工时，由于同时使用几台挖掘机、推土机开工，并且施工地点离村民郭某某的宅基地较近，郭某某家的部分院墙被震裂。事情发生后，郭某某及其家人在施工地点阻挠项目部继续施工，要求项目部进行赔偿。项目部负责人雷经理与郭某某家人多次进行协商，但双方无法达成协议，于是申请村人民调解委员会调解解决。村人民调解委员会认定，该纠纷为因房屋赔偿产生的争议。郭某某及其家人要求项目部必须赔偿房屋损失10 000元整，项目部不予接受。人民调解员到郭某某家实地察看了院墙受损情况，询问了事发当时的情况，并到项目部施工地点进行了调查，确定了房屋的裂缝确实是施工导致的，施工方应予以赔偿。人民调解员根据房屋受损程度及修补难度进行调解，帮助纠纷双方当事人确定赔偿事宜。双方当事人在调委会的调解下，本着互谅互让的原则，自愿达成以下调解协议：（1）项目部答应对郭某某的受损院墙进行重新修建。（2）达成协议后，郭某某及其家人不得以任何理由阻挠项目部施工。（3）履行协议的方式、地点、期限，即在人民调解协议书签订的当天，项目部开始对郭某某家院墙进行维修，3日后修建完成。在人民调解员的调解下，纠纷最终调解成功。

请问：

人民调解应当遵循哪些原则？

◆ 【本章学习目标】

通过本章的学习，你应该能够：

1. 掌握人民调解的原则。

2. 掌握人民调解的范围。

3. 了解人民调解的费用。

第一节　人民调解的原则

原则，是指说话、行事所依据的准则。任何社会活动都应当遵守一定的准则，人民调解也不例外。人民调解的原则，是指人民调解委员会在调解民间纠纷过程中应当遵守的基本准则。法律确立人民调解的原则，对人民调解活动的开展具有较为重要的意义。我国《人民调解法》第3条规定："人民调解委员会调解民间纠纷，应当遵循下列原则：（一）在当事人自愿、平等的基础上进行调解；（二）不违背法律、法规和国家政策；（三）尊重当事人的权利，不得因调解而阻止当事人依法通过仲裁、行政、司法等途径维护自己的权利。"根据以上法律规定，可将人民调解的原则概括为：自愿、平等原则；合法原则；尊重当事人的权利原则。

一、自愿、平等原则

人民调解是群众自我管理、自我教育、自我服务的自治活动。自愿、平等原则是人民调解的基础，也是人民调解的首要原则。早在1989年，国务院发布的《人民调解委员会组织条例》第6条就规定："人民调解委员会的调解工作应当遵守以下原则：（一）依据法律、法规、规章和政策进行调解，法律、法规、规章和政策没有明确规定的，依据社会公德进行调解；（二）在双方当事人自愿平等的基础上进行调解；（三）尊重当事人的诉讼权利，不得因未经调解或者调解不成而阻止当事人向人民法院起诉。"上述法律规定，要求调解应当在双方当事人自愿平等的基础上进行。2002年司法部发布的《人民调解工作若干规定》第4条重申，人民调解应当依法在双方当事人自愿平等的基础上进行，应当尊重当事人的诉讼权利，不得因未经调解或者调解不成而阻止当事人向人民法院起诉。由此可见，在人民调解制度的演进过程中，自愿、平等原则始终居于主导地位。

（一）自愿原则

自愿原则，是指人民调解委员会调解民间纠纷的整个过程，都应当在双方当事人自愿的基础上进行，不能有任何强迫。民间纠纷涉及的内容，主要是当事人有权自行处分的人身权益和财产权益，在纠纷解决过程中，应当尊重和保障当事人的意愿，实行当事人意思自治，使当事人的意愿不受压制和强迫。自愿原则的具体适用，主要体现在以下几个方面。

1. 纠纷的调解必须出于当事人自愿

当事人之间因为民事权益产生纠纷，是否需要人民调解委员会进行调解，完全取决于当事人的意愿，如果当事人同意通过人民调解委员会调解解决纠纷，人民调解委员会可以对纠纷进行调解，如果当事人不同意通过人民调解委员会调解解决纠纷，人民调解委员会不能违背当事人的意愿，强行对纠纷进行调解。即使已进入调解程序，在调解进行过程中，当事人也可以拒绝继续调解。

2. 人民调解员的选择出于当事人自愿

当事人可以接受人民调解委员会安排的人民调解员对纠纷进行调解，也可以自主选择人民调解员调解纠纷。

3. 调解协议的达成必须出于当事人自愿

通过人民调解员的调解，当事人之间达成调解协议，解决纠纷，是人民调解的最终目的。为了达到这一目的，人民调解员需要做深入、细致的调解工作，进行耐心的说服教育，对当事人晓之以理、动之以情，同时还需要做好心理疏导工作。这些工作的开展，都以当事人自愿为前提，不能带有任何强制性。人民调解员可以提出调解方案，供当事人参考；当事人也可以自行提出调解方案。人民调解员不能代替当事人达成调解协议，也不能将自己的意志强加于当事人。

（二）平等原则

平等原则，是指当事人在调解过程中地位平等，享有平等的权利，履行平等的义务，任何人均不享有特权。平等原则的具体适用，主要体现在以下几个方面。

1. 人格平等

当事人之间尽管存在性别、民族、职业、经济状况、生活习惯等方面的差别，但是应当具有相同的价值和尊严，处于相同的法律地位。因此，在人民调解过程中，人民调解员应当给予当事人充分的尊重。

2. 机会平等

欲使矛盾纠纷快速得到解决，必须使纠纷当事人平等参与调解，清除各种人为的障碍，不允许任何人在调解中享有特权，使纠纷当事人在调解中拥有同等的机会和环境。

3. 权利平等

人民调解的进行，应当遵循法律面前人人平等的原则，当事人在纠纷解决过程中，依法享有诉讼权利，履行诉讼义务。只有遵循平等原则，人民调解员才能在调解过程中取得当事人的信任，才有利于调解工作的顺利进行，使当事人之间互谅互让，通过调解达成协议，解决纠纷。

综上所述，人民调解员居中主持调解矛盾纠纷，只有在双方当事人自愿、平等的基础上，才能使当事人充分发表自己的意见，主张自己的权利，人民调解员也才能针对矛盾的症结，在查明纠纷事实的基础上，通过合理的疏导、耐心的说服、情感的感化，摆事实、讲道理，使双方当事人互谅互让，达成一致协议，合理解决矛盾纠纷。

二、合法原则

合法原则，是指人民调解委员会调解民间纠纷，应当在不违背法律、法规和政策设定的强制性规定的前提下进行。合法原则的具体适用，主要体现在以下两个方面。

（一）调解应当在法定的调解范围内进行

人民调解委员会调解民间纠纷，需要符合法律规定，应当在法律规定的范围内进行调解，不属于人民调解委员会主管范围内的民事纠纷，人民调解委员会无权调解。

（二）调解不得违背法律、法规和国家政策

人民调解员调解民间纠纷，不得违背法律、法规和国家政策。主要体现为以下两点：

一是法律、法规和国家政策是人民调解的依据。调解应当以法律、法规和国家政策为依据，法律、法规和国家政策是密切联系的，国家政策是制定法律、法规的依据，法律、法规是国家政策的具体化。人民调解员在调解民事纠纷时，法律、法规有明文规定的，依据法律、法规的规定进行调解；法律、法规没有明文规定的，依据国家政策进行调解。

二是如果法律、法规和国家政策都没有规定，可以参照道德规范和公序良俗进行调解。道德和法律是互相渗透、相辅相成的，通常情况下，凡是法律禁止的行为，也是道德规范谴责的行为；凡是法律允许的行为，也是道德规范提倡的行为。在民间纠纷中，有诸多纠纷涉及道德规范调整的范畴。在不违背法律、法规和国家政策强制性规定的前提下，人民调解员可以依照社会公德、村规民约、公序良俗、行业惯例等进行调解。需要掌握的基本准则是，纠纷的解决不得违反法律、法规和国家政策，不得损害国家利益、社会公共利益，不得侵害第三方的合法权益。

总之，通过人民调解解决纠纷，不仅是纠纷解决过程，也是法治宣传教育过程。一方面，要通过纠纷的解决，使当事人清楚什么是合法的、什么是违法的，公民享有哪些权利、应该履行哪些义务，以增强公民自觉地运用法律维护自己合法权益的法律意识；另一方面，需要充分发挥人民调解组织和人民调解员分布范围广、贴近群众的优势，结合调解的具体实例，有针对性地宣传法律、法规和国家政策，使广大公民知法、懂法、守法，自觉维护社会主义法治秩序，增强公民的法律意识和法治观念。

三、尊重当事人的权利原则

尊重当事人的权利原则，是指人民调解委员会对纠纷进行调解，不是纠纷解决的必经程序，不得因未经人民调解委员会调解或者调解不成，而阻止当事人依法通过仲裁、行政、司法等途径维护自己的权利。尊重当事人的权利原则，是自愿、平等原则的延伸，该原则的具体适用，主要体现在以下几个方面：

（1）在纠纷解决方式的选择上，尊重当事人的权利。民事纠纷发生后，当事人有权选择纠纷解决方式，既可以选择通过人民调解解决纠纷，也可以选择通过仲裁、司法等途径维护自己的权利。人民调解不是解决民事纠纷的唯一方式，也不是解决民事纠纷的必经程序。运用调解、仲裁、司法等途径解决纠纷，各具特点和优势，都是当事人维护自身合法权益的有效途径，当事人选择哪种途径解决纠纷、维护自身的合法权益，是当事人的权利。

（2）在纠纷调解过程中，当事人有权放弃调解，选择其他纠纷解决方式。通过人民调解的方式解决民事纠纷，以纠纷当事人自愿为前提，调解程序的启动、进行，以及调解协议的达成、履行等，都取决于当事人的自愿。我国《人民调解法》第23条规定："当事人在人民调解活动中享有下列权利：（一）选择或者接受人民调解员；（二）接受调解、拒绝调解或者要求终止调解；（三）要求调解公开进行或者不公开进行；（四）自主表达意愿、自愿达成调解协议。"第26条规定："人民调解员调解纠纷，调解不成的，应当终止调解，并依据有关法律、法规的规定，告知当事人可以依法通过仲裁、行政、司法等途径维护自己的权利。"根据上述法律规定，一方面，从当事人的角度来说，当事人即使选择了通过人民调解的方式解决纠纷，在纠纷解决过程中，也有权拒绝调解或者要求终止调解。也就是说，在调解过程中，如果当事人认为通过人民调解的方式解决不了问题，不愿意继续接受调解，是允许的，是当事人享有的法定权利，任何人不得阻拦。另一方面，从人民调解员的角度来说，如果纠纷调解不成功，人民调解员应当终止调解，并依据有关法律、法规的规定，告知当事人可以依法通过仲裁、行政、司法等途径维护自己的权利。

（3）当事人通过人民调解达成调解协议后，如果义务人不履行调解协议确定的义务，权利人有权选择其他纠纷解决方式。人民调解员在调解过程中可以进行说服劝解，可以提出解决的方案，但采用与否取决于当事人。当事人对调解协议反悔或者调解不成功时，还可以向法院提起诉讼，或者采用其他方式维护合法权益。即使当事人已经达成调解协议，如果义务人不履行调解协议确定的义务，权利人亦有权选择其他纠纷解决方式。

总之，是否选择人民调解的方式解决民间纠纷，取决于当事人的自愿。人民调解员调解民间纠纷应当依法进行，在纠纷解决过程中，当事人亦有权依法通过仲裁、行政、司法等途径维护自己的权利。面对纷繁复杂的矛盾纠纷，需要确立和完善多元化的纠纷解决机制，整合丰富的社会资源，既要突出人民调解化解矛盾的基础性作用，也要畅通其他权利救济渠道，多种纠纷解决方式应当互相配合、协调发展，最终达到化解矛盾、解决纠纷、维护社会稳定、促进社会和谐的目的。

此外，需要注意的是，2023 年最高人民法院、司法部印发的《关于充分发挥人民调解基础性作用推进诉源治理的意见》，对人民调解工作应当遵循的原则进一步作出了规定，即人民调解工作应当遵循坚持党的领导、坚持人民至上、坚持预防为主、坚持协调联动、坚持实质化解、坚持创新发展等原则。这一规定，进一步丰富了人民调解员开展人民调解工作的行为准则。

第二节　人民调解的范围

人民调解的范围，是指人民调解制度适用的案件类型。我国《人民调解法》第 1 条规定："为了完善人民调解制度，规范人民调解活动，及时解决民间纠纷，维护社会和谐稳定，根据宪法，制定本法。"第 2 条规定："本法所称人民调解，是指人民调解委员会通过说服、疏导等方法，促使当事人在平等协商基础上自愿达成调解协议，解决民间纠纷的活动。"根据上述法律规定，人民调解的适用范围应当是民间纠纷。

一、民间纠纷的概念和特征

"民间"是相对于"官方"而言的。民间纠纷有广义和狭义之分，广义的民间纠纷，是指发生在民间的一般民事纠纷、特殊民事纠纷，以及轻微的刑事纠纷；狭义的民间纠纷，是指人民调解委员会调解的各种民间纠纷。《人民调解工作若干规定》第 20 条规定："人民调解委员会调解的民间纠纷，包括发生在公民与公民之间、公民与法人和其他社会组织之间涉及民事权利义务争议的各种纠纷。"人民调解委员会调解的民间纠纷，主要具有以下特征。

（一）广泛性

人类社会纷繁复杂，各种矛盾和纠纷不断涌现，有因劳动、工作等生产关系发生的纠纷，也有因婚姻家庭、邻里等生活关系发生的纠纷等。民间纠纷的主体，可以是双方当事人，也可以是多方当事人；可以是自然人，也可以是法人或者其他组织。民间纠纷的内容，是民间纠纷主体之间产生争议的民事实体权利和义务。民间纠纷的客体，是民间纠纷主体之间产生争议的实体权利义务所指向的对象。总之，民间纠纷是大量存在的社会现象，具有广泛性的特征。

（二）复杂性

民间纠纷不仅具有广泛性的特征，而且具有复杂性的特征。由于社会关系越来越纷繁复杂，民间纠纷也呈现出日益复杂的特征。民间纠纷的复杂性主要体现在以下几个方面：（1）从纠纷主体来看，既包括自然人、法人，也包括其他组织。（2）从人员组成来看，当事人的性别、年龄、民族、文化程度等呈现出复杂多样的态势。（3）从纠纷类型来看，既包括财产权益纠纷，也包括人身权益纠纷；既包括一般违法行为引发的民间纠纷，也包括违反社会道德行为引发的纠纷；既包括一般性的争议不大的纠纷，也包括特殊性的重大、复杂的纠纷。而且现代的民间纠纷与传统的民间纠纷相比更加复杂。传统的民间纠纷大多是婚姻家庭、邻里纠纷，涉及的通常是鸡毛蒜皮的小事，诸如一头猪、一道篱笆等。现代的民间纠纷则复杂多样，有的涉及一定的历史渊源，有的牵扯多种法律关系，解决时需要适用多个法律规范。

（三）多变性

在市场经济发展过程中，社会上存在的较为普遍的矛盾纠纷就是民间纠纷。目前，伴随着各种利益追求的不断碰撞，民间纠纷的数量呈上升趋势，稍有不慎，就可能演变为大规模的群体性事件。因此，民间纠纷具有多变性的特征。从民间纠纷的产生过程来看，一般都有一个酝酿、发展的过程，即所谓的"冰冻三尺，非一日之寒"。纠纷的最终爆发，往往是长期积怨的结果。当然，也有些纠纷呈突然爆发趋势，矛盾尖锐，发展迅速，后果严重，危害性大，需要严加防范。逐渐形成的民间纠纷，往往很难在短时期内解决，需要不断地做耐心细致的思想工作；有些突然爆发的民间纠纷，虽然短时期内可以解决，但是在执行时容易反复、节外生枝。有些矛盾纠纷并不是一成不变的，而是随着客观情况的发展而变化，如果人民调解委员会不及时介入，纠纷可能会恶化，甚至可能会演变为刑事案件，这也是民间纠纷多变性的典型表现。实践证明，民间纠纷如果不尽早解决，很少会向好的方向发展。因此，纠纷产生后，需要人民调解委员会及早介入，尽快解决矛盾纠纷，以防止矛盾纠纷的蔓延和恶化。

二、人民调解的纠纷类型

（一）常见、多发的民间纠纷

2010年12月24日，司法部印发了《关于贯彻实施〈中华人民共和国人民调解法〉的意见》（以下简称2010年《调解意见》）。其中，第9条规定："努力拓展人民调解工作领域。主动适应新时期社会矛盾纠纷发展变化的新趋势，在做好婚姻家庭、相邻关系、损害赔偿等常见性、多发性矛盾纠纷调解工作的同时，积极在征地拆迁、教育医疗、道路交通、劳动争议、物业管理、环境保护等领域开展人民调解工作，扩大人民调解覆盖面。"根据上述法律规定，常见、多发的民间纠纷主要包括以下几类。

1. 婚姻家庭纠纷

婚姻家庭纠纷主要包括婚约同居纠纷、离婚纠纷等。其中，离婚纠纷又包括单纯的离婚纠纷、离婚后财产纠纷、离婚后损害赔偿纠纷、共同财产分割纠纷、子女抚养纠纷等一系列的矛盾纠纷。婚姻家庭产生矛盾纠纷的原因是多方面的。有的属于感情基础薄弱，例如，有的男女双方一见钟情，相互之间没有进行深入的了解，也不顾及父母、亲友的劝阻，匆匆忙忙地走到一起，结果在日常生产、生活中，双方的个性缺陷明显地表露出来，又不能相互容忍，导致产生矛盾纠纷。有的属于喜新厌旧，例如，有的当事人原先经济条件恶劣，家庭比较贫穷，外出务工后，拥有了财富，对原配产生厌恶感，认为跟自己"门不当，户不对"，宁可多给对方一些财物也要离婚，根本不顾及对方当事人和孩子的感受。有的则属于家庭暴力，例如，有的夫妻双方，从性格上看，要么两人都性情暴躁，遇事都"刚"，不冷静；要么两人都性情孤僻，遇事都"柔"，长期打"冷战"，导致产生家庭矛盾纠纷。

2. 相邻关系纠纷

相邻关系，是指两个或两个以上相互毗邻的不动产的所有人或使用人，在行使不动产的所有权或使用权时，因相邻各方应当给予便利和接受限制而发生的权利义务关系。相邻关系纠纷在实际生活中经常发生、大量存在，且种类繁多。例如，相邻土地使用、通行关系，相邻用水、排水关系，相邻防险关系，相邻通风、采光关系等。我国《民法典》第288条规定："不动产的相邻权利人应当按照有利生产、方便生活、团结互助、公平合理的原则，正确处理相邻关系。"根据上述法律规定，相邻各方在行使不动产的所有权或使用权时，应当互相关照，兼顾相邻人的利益。以邻为壑、损人利己、妨害社会公共利益的行为，是与处理相邻关系应遵循的原则相悖的。

3. 损害赔偿纠纷

损害赔偿纠纷包括人身损害赔偿纠纷和财产损害赔偿纠纷。人身损害赔偿纠纷主要包括以下几类：工伤事故损害赔偿纠纷；雇员受害赔偿纠纷；雇佣人损害赔偿纠纷；产品责任纠纷；高度危险作业致人损害纠纷；地面（公共场所）施工损害赔偿纠纷；建筑物、搁置物、悬挂物塌落损害赔偿纠纷；堆放物品倒塌损害赔偿纠纷；动物致人损害赔偿纠纷；等等。

财产权，是指权利人依法对自己的合法财产享有的占有、使用、收益、处分的权利，它是公民依法享有的基本权利，是受宪法保护的权利。财产权关系是人与人之间具有权利义务内容的法律关系。在这种法律关系中，权利主体享有以自己的意志支配财产并取得财产利益的权利，义务主体负有不侵害该财产、不妨碍权利主体对该财产进行支配的义务。财产损害赔偿纠纷，是指权利人认为其合法所有的财产遭到侵害，要求加害人停止侵害并予以赔偿的纠纷。

（二）新领域的民间纠纷

根据2010年《调解意见》第9条的规定，新领域的民间纠纷主要包括以下几类。

1. 征地拆迁纠纷

在日常生活中，国家或房地产开发商会征收一些土地进行改造拆迁。拆迁，是指取得拆迁许可的单位，根据城市建设规划要求和政府批准的用地文件，依法拆除建设用地范围内的房屋和附属物。征地拆迁如果协商不好，很容易产生纠纷，包括土地承包经营权纠纷、补偿费分配纠纷等。产生纠纷的原因主要包括以下几个方面：征收程序存在违法现象，未经有权机关审批即开始征地；补偿标准明显不合理；房屋产权证明因历史遗留问题而缺失，征收部门以此为由降低补偿标准或者强拆房屋；补偿协议签订不明确，或是签订后不依约履行。

2. 教育医疗纠纷

教育纠纷，是指教师、学生、学校、教育行政部门之间发生的人身关系和财产关系纠纷。教育纠纷发生后，如果不妥善、快速解决，会影响教学环境和正常的教学秩序。例如，校园伤害事件发生后，如果不快速解决，家长到学校吵闹纠缠，会影响教育和谐。医疗纠纷，是指基于医疗行为，在医疗机构与患者或者患者近亲属之间，因对治疗方案与治疗结果有不同的认知而产生的纠纷等。医疗纠纷的产生，通常存在两种情形：第一种是因医疗过失和过错而引起纠纷。医疗过失，是指医务人员在诊疗护理过程中存在的失误。医疗过错，是指医务人员在诊疗护理等医疗活动中的过错。医疗过失或者过错往往会对病人造成伤害，导致病人的不满意，从而引起医疗纠纷。第二种是医疗机构在医疗活动中并没有任何疏忽和失误，仅仅由于患者单方面的不满意而产生纠纷。

3. 道路交通事故纠纷

根据《道路交通事故处理程序规定》的规定，道路交通事故分为财产损失事故、伤人事故和死亡事故。财产损失事故，是指造成财产损失，尚未造成人员伤亡的道路交通事故。伤人事故，是指造成人员受伤，尚未造成人员死亡的道路交通事故。死亡事故，是指造成人员死亡的道路交通事故。道路交通事故因损害赔偿发生争议，可以申请人民调解委员会调解。当事人申请人民调解委员会调解，达成调解协议后，双方当事人认为有必要的，可以根据我国《人民调解法》的规定共同向人民法院申请司法确认。调解未达成协议的，当事人可以直接向人民法院提起民事诉讼，或者自人民调解委员会作出终止调解决定之日起3日内，一致书面申请由公安机关交通管理部门进行调解。

4. 劳动争议纠纷

劳动争议，是指劳动者与用人单位之间因劳动关系的权利义务而发生的纠纷。根据争议涉及的权利义务的具体内容，劳动争议可分为以下几类：因确认劳动关系发生的争议；因订立、履行、变更、解除和终止劳动合同发生的争议；因除名、辞退和辞职、离职发生的争议；因工作时间、休息休假、社会保险、福利、培训以及劳动保护发生的争议；因劳动报酬、工伤医疗费、经济补偿或者赔偿金等发生的争议；法律、法规规定的其他劳动争议。

5. 物业管理纠纷

物业管理纠纷主要包括以下几种类型：第一，物业管理公司向业主或使用人追索物业管理费及滞纳金的纠纷。例如，部分业主因物业收费依据不足、物业管理水平低下等原因，拖欠物业管理费，以此作为维护自己权利的主要手段而产生的纠纷。第二，由物业管理公司侵占业主共有物业引发的纠纷。例如，由物业管理公司擅自在电梯、屋顶、外墙等共用部位、共用设施设备上设置广告、基站等获利，或者占有共有用房擅自出租，以及对共用场地的停车收费等产生争议而引发的纠纷。第三，由物业管理公司服务质量问题引发的要求提高服务质量、履行管理职责的纠纷。例如，由对共用部位和共用设施设备修缮、房屋修缮费用承担产生争议而引发的纠纷，以及共用部位、共用设施设备维修基金设立、使用、管理过程中发生的纠纷等。第四，因业主或使用人要求物业管理者赔偿提供特约服务造成的财产损失而产生的纠纷。例如，小区内属物业管理公司专门安排人员看管的自行车、电动车、机动车被盗，业主认为物业管理公司未履行职责，要求赔偿而产生的纠纷等。

6. 环境保护纠纷

环境保护纠纷主要包括因环境污染和破坏产生的纠纷，属于民事纠纷，具有可协商解决的特点，因而调解方式在解决环境保护纠纷的过程中得以广泛运用。其中，环境污染纠纷，是指由于污染物排放等对人的生存发展、生态系统和财产造成不利影响而产生的纠纷。常见的环境污染纠纷类型包括环境污染侵权纠纷、环境污染责任纠纷、环境污染损害赔偿纠纷等。环境破坏，是指人类不合理地开发、利用自然资源和兴建工程项目，引起生态环境的退化，并由此衍生有关环境效应，从而对人类的生存环境产生不利影响的情形。例如，水土流失、土地荒漠化、土壤盐碱化、生物多样性减少等。环境破坏造成的后果往往需要很长的时间才能恢复，有些甚至是不可逆的。环境破坏纠纷，是指因实施破坏环境的行为，对人的生存环境造成不利影响而产生的纠纷。

2021 年，最高人民法院印发的《关于深化人民法院一站式多元解纷机制建设推动矛盾纠纷源头化解的实施意见》进一步指出，要推动重点行业领域矛盾纠纷预防化解工作。对金融、建筑、教育、物业、环境、消费、房地产、互联网、交通运输、医疗卫生等行业领域多发易发纠纷，积极会同行业主管部门研究源头治理举措，建立信息共享、业务协同和诉非衔接机制，统一类型化纠纷赔偿标准、证据规则等，预防和减少纠纷产生。

第三节 人民调解的费用

一、人民调解不收费

（一）人民调解不收费的历史渊源

除人民调解委员会的调解外，我国还存在仲裁调解、行政调解、诉讼调解等调解形式。其中，仲裁调解与诉讼调解一样，需要收取一定的费用。行政调解和人民调解委员会的调解是不收费的。

人民调解不收费，是有历史渊源的。1954 年，中央人民政府在总结新民主主义革命时期调解立法经验，以及中华人民共和国成立后人民调解新经验的基础上，制定并颁布了《人民调解委员会暂行组织通则》，使人民调解委员会的工作有章可循，全国建立的人民调解委员会取得了应有的法律地位。《人民调解委员会暂行组织通则》颁布以后，各省先后就如何加强人民调解委员会的建设专门发出贯彻通知，大大推动了调解工作的开展。

"文化大革命"期间，调解制度受到破坏，人民调解委员会大多被取缔，只剩下一小部分仍然进行着人民调解活动。党的十一届三中全会以后，调解制度得到了充分的肯定。1979 年，我国重建司法部和地方各级司法行政机关，司法行政机关加强了对人民调解委员会的指导与管理。1980 年，全国人民代表大会常务委员会批准重新公布《人民调解委员会暂行组织通则》，进一步推动了人民调解制度的发展。1989 年 5 月 5 日，国务院常务会议审议通过了《人民调解委员会组织条例》，同年 6 月 17 日正式颁布实施。该条例进一步完善和发展了人民调解制度，对人民调解委员会的任务作出了符合我国实际的科学的规定，加强了人民调解委员会的组织建设，把我国的人民调解制度推进到了新的历史发展阶段。1990 年 4 月，司法部发布了《民间纠纷处理办法》。2002 年 9 月，中共中央办公厅和国务院办公厅转发了《最高人民法院、司法部关于进一步加强新时期人民调解工作的意见》。2002 年 11 月 1 日《最高人民法院关于审理涉及人民调解协议的民事案件的若干规定》和司法部《人民调解工作若干规定》开始施行。

以上是涉及人民调解制度的一些重要法律规范，在这些法律规范中均规定，人民调解委员会的调解不收取费用，即采取的是调解不收费原则。

（二）人民调解不收费的法律依据

调解不收费原则，主要是由我国人民调解的性质决定的，是我国人民调解的优良传统，也是人民调解工作深受广大人民群众欢迎的一大特色。人民调解委员会调解民间纠纷的根本目的不是营利，而是要通过人民调解化解矛盾纠纷，增进人民团结，维护社会和谐稳定。如果收取调解费用，一方面会导致不交费不受理、不调处的情况发生；另一方面也会出现有些纠纷当事人因为没有钱或者不愿出钱，发生了纠纷不主动解决，从而致使矛盾激化的情况。

人民调解不收费，能够使其更加贴近群众、更好地服务群众，使矛盾纠纷当事人愿意主动申请调解，从而最大限度地使矛盾纠纷早发现、早化解，避免矛盾激化，充分发挥人民调解制度的职能作用，有力维护社会和谐[1]。据此，我国《人民调解法》第 4 条规定："人民调解委员会调解民间纠纷，不收取任何费用。"

二、国家对人民调解经费的支持和保障

（一）法律规定

近年来，为了维护社会的和谐稳定，人民调解委员会的调解工作日益繁重。人民调解委员会调解民间纠纷不收费，并不意味着人民调解没有费用投入。人民调解委员会在开展各项业务活动的过程中，离不开必要的物质保障和经费保障。因此，需要解决保障人民调解制度发展的费用问题。早在 1989 年，《人民调解委员会组织条例》第 14 条就规定："对人民调解委员会委员，根据情况可以给予适当补贴。人民调解委员会的工作经费和调解委员的补贴经费，由村民委员会或者居民委员会解决。"根据上述法律规定，人民调解委员会的工作经费和调解委员的补贴经费，是由村民委员会或者居民委员会解决的。但是，随着县乡机构改革、税费改革，以及取消农业税等措施的实行，村民委员会、居民委员会已经没有了经费收入，其所需费用直接由县级财政供给。因此，依靠村民委员会、居民委员会解决调解工作经费和调解员补贴经费已经不可能施行。

在人民调解制度的运行中，各级司法行政部门担负着对人民调解工作的指导职能，具体工作的开展，包括组织宣传人民调解工作、对人民调解员进行培训、对人民调解工作先进集体和先进个人进行表彰奖励等，都需要有必要的经费予以支持和保障。人民调解委员会依法履行调解职责，维持正常的工作运行，也需要有必要的工作条件和工作经费予以保障。人民调解员奋战在调解工作第一线，工作不怕苦、不怕累，不计个人得失，无私奉献，在纠纷调解中，不仅耽误自己的生活和日常工作，还需要自己支付通信费和交通费，经济负担比较重。对人民调解员给予适当的补贴，对调动广大人民调解员的积极性，稳定人民调解员队伍是十分必要的。据此，我国《人民调解法》第 6 条规定："国家鼓励和支持人民调解工作。县级以上地方人民政府对人民调解工作所需经费应当给予必要的支持和保障，对有突出贡献的人民调解委员会和人民调解员按照国家规定给予表彰奖励。"

---

[1]　崔纪华，陈俊生．中华人民共和国人民调解法解读．北京：中国法制出版社，2010：20．

（二）具体保障措施

为了保障人民调解制度的发展，充分发挥人民调解的作用，必须对人民调解予以经费保障。根据《人民调解法》的规定，具体保障措施主要体现在以下几个方面：

（1）国家鼓励和支持人民调解工作。做好人民调解工作，需要人民调解员的无私奉献，也需要党委、政府的大力支持、有力保障。人民调解委员会调解民间纠纷，不收取任何费用，对人民调解工作所需经费给予必要的支持和保障，是各级政府的法定责任。

（2）县级以上地方人民政府对人民调解工作所需经费应当给予必要的支持和保障。《人民调解法》规定"国家鼓励和支持人民调解工作"，明确了党和国家对人民调解工作充分肯定和积极倡导的态度，具体表现在于：由县级以上地方人民政府对人民调解工作所需经费给予必要的支持和保障。"支持"，是基本的要求；"保障"，以确保人民调解工作顺利开展为限。具体需要注意以下几点：首先，明确了责任主体，即县级以上地方人民政府，包括县（市、区）、市（地、州）、省（自治区、直辖市）三级政府，对人民调解的经费予以保障。其次，明确了经费来源，即经费来源性质为地方财政。再次，明确了支持和保障人民调解工作经费的开支范围，即包括司法行政机关指导人民调解工作的经费、人民调解委员会的补助经费、人民调解员的补贴经费。其中，司法行政机关指导人民调解工作的经费包括人民调解工作宣传经费、培训经费、表彰奖励费。人民调解委员会的补助经费包括购置办公文具、文书档案和纸张等的补助费。人民调解员的补贴经费包括发放给人民调解员调解纠纷的生活补贴费。最后，明确了经费保障的具体办法，即各级司法行政部门指导人民调解工作的经费列入同级财政预算；地方财政可根据当地经济社会发展水平和财力状况，适当安排人民调解委员会补助经费和人民调解员补贴经费；人民调解委员会补助经费、人民调解员补贴经费的安排和发放应考虑每个人民调解委员会及调解员调解纠纷的数量、质量和纠纷的难易程度、社会影响大小以及调解的规范化程度。补助和补贴经费，可由县级司法行政部门商同级财政部门确定。

（3）对有突出贡献的人民调解委员会和人民调解员按照国家规定给予表彰奖励。根据《人民调解员意见》的规定，应当认真贯彻落实《人民调解法》，加大对人民调解员的表彰力度，对有突出贡献的人民调解员按照国家有关规定给予表彰奖励。要充分运用传统媒体和网络、微信、微博等新媒体，积极宣传人民调解工作典型人物和先进事迹，扩大人民调解工作的社会影响力，增强广大人民调解员的职业荣誉感和自豪感，为人民调解员开展工作创造良好社会氛围。

人民调解员是解决矛盾纠纷的主体，工作在第一线，尽职尽责，默默奉献，涌现出大量的先进典型。对于有突出贡献的人民调解委员会和人民调解员，按照国家规定应当给予表彰奖励。具体施行时需要注意以下几点：首先，表彰奖励的对象，即有突出贡献的人民调解委员会和人民调解员，既包括专职人民调解员，也包括兼职人民调解员。其次，表彰奖励的主体，即县级以上地方人民政府，包括县（市、区）、市（地、州）、省（自治区、直辖市）三级政府，表彰的性质属于政府表彰。再次，表彰奖励的条件，即作出突出贡献。最后，表彰奖励的形式，既可以授予荣誉称号，也可以给予物质奖励，具体形式应当符合国家有关表彰奖励的规定。

【引例分析】

人民调解委员会设置在基层，贴近群众，扎根群众，人民群众遇到民事纠纷，申请人民调解委员会调解解决，既方便又快捷。引例中的案件属于房屋损害赔偿纠纷，在纠纷解决过程中，人民调解员遵循当事人自愿、平等的原则，依据事实和法律，对当事人之间的纠纷进行调解，充分尊重当事人的权利，不偏不倚，站在中立的立场上，定纷止争，不仅防止了矛盾的激化，最大限度地维护了农民群众的合法权益，也使得项目能够继续施工，取得了双赢的效果。在上述纠纷解决过程中，人民调解的自愿、平等原则，合法原则，尊重当事人的权利原则等都得到了充分的体现。

【本章小结】

1. 人民调解应当遵循法定原则。我国《人民调解法》第 3 条规定："人民调解委员会调解民间纠纷，应当遵循下列原则：（一）在当事人自愿、平等的基础上进行调解；（二）不违背法律、法规和国家政策；（三）尊重当事人的权利，不得因调解而阻止当事人依法通过仲裁、行政、司法等途径维护自己的权利。"

2. 人民调解的适用范围是民间纠纷。司法部印发的《关于贯彻实施〈中华人民共和国人民调解法〉的意见》第 9 条规定："努力拓展人民调解工作领域。主动适应新时期社会矛盾纠纷发展变化的新趋势，在做好婚姻家庭、相邻关系、损害赔偿等常见性、多发性矛盾纠纷调解工作的同时，积极在征地拆迁、教育医疗、道路交通、劳动争议、物业管理、环境保护等领域开展人民调解工作，扩大人民调解覆盖面。"

3. 我国《人民调解法》第 4 条规定："人民调解委员会调解民间纠纷，不收取任何费用。"第 6 条规定："国家鼓励和支持人民调解工作。县级以上地方人民政府对人民调解工作所需经费应当给予必要的支持和保障，对有突出贡献的人民调解委员会和人民调解员按照国家规定给予表彰奖励。"

【练习题】

一、名词解释
自愿、平等原则　合法原则　尊重当事人的权利原则

二、简答题
1. 简述人民调解的适用范围。
2. 简述国家对人民调解经费的支持和保障。

三、案例分析题

1. 20××年 12 月 15 日下午，民工吴某某在某村村民付某某家中进行危房修缮加固工作时突然倒地身亡。派出所随即出警，经县公安局法医初步勘验后，死者吴某某体表无明显外伤，初步排除他杀可能。事故发生后，吴某某家属情绪激动，要求施工方赔偿 105 万元，否则决不罢休。

镇人民调解委员会接到调解申请后，高度重视，调解小组一行六人随即来到事故发生地实地了解和取证，走访了工地的部分工友，向派出所及施工方了解案件处理的经过，掌握了第一手资料。接着，调解小组又逐一核实死者吴某某家属的身份，确认了吴某某

尚未成家，有两个哥哥和父亲。最后，调解小组召集死者家属和施工方全部到场，组织双方进行调解。

双方一见面，死者家属情绪非常激动，将吴某某的死亡原因全部归结到施工方，认为吴某某是在施工期间死亡，所有责任应由施工方承担，而且要将吴某某的死亡认定为工伤，要求施工方一次性赔偿丧葬费、死亡赔偿金等105万元，否则就不对吴某某的遗体进行火化。施工方则称，吴某某确实是在工地死亡，但是不可能按照工伤死亡的标准进行赔偿，而且要将遗体送到殡仪馆，先对遗体进行尸检，确认吴某某的死亡原因，之后才能谈赔偿问题。吴某某家属听后情绪异常激动，直言遗体不准进行尸检，也不准任何人搬动，必须要将遗体摆在事发地，而且要按工伤死亡的标准进行赔偿，只有谈妥赔偿款，遗体才能送到殡仪馆，否则任何人都不能搬动遗体。调解场面一度陷入混乱，调解员及时稳住双方情绪，待双方情绪稳定后再进行调解。

随后的几天时间里，调解小组分成两组，一组负责安抚死者吴某某家属的情绪，在对方情绪稳定以后，将工伤认定的概念、途径、主管部门向死者家属作了详细交代，并将相关的法律知识向其家属进行了详细的解读，同时还召集工友现场还原吴某某的死亡经过，让其家属了解吴某某的情况在法律上也存在一定的过错，让施工方承担全部责任于法无据，应该本着友好的态度和施工方进行协商，才会收到好的效果。吴某某家属考虑后同意了调解员的说法，表示会控制情绪和对方好好谈。另一组就案件发生的事实经过与施工方进行了沟通，强调了施工方在此次事件处理中应尽的义务，给死者家属以安慰。施工方最后也表示理解，承诺会积极地和死者家属进行深度商讨。

12月16日、17日，在司法所的调解室，调解小组第三次、第四次、第五次约谈了双方当事人，但因双方提出的赔偿数额差距较大，死者吴某某的父亲也因承受不住打击，突发疾病进行诊治，调解一度陷入僵局。12月17日下午四点，距离吴某某死亡已整整超过48小时，遗体仍旧摆放在村民付某某家中，且已散发出腐臭味，加之长时间摆放，引得村民怨声载道，纷纷到村委会讨个说法，要求死者家属必须在17日晚将遗体搬离，否则就强行把遗体移走，村民与死者家属又发生了激烈争吵，处理不好甚至会演变成刑事案件，调解工作再一次陷入困境。

为了使死者早日入土为安，让家属早日从悲痛中走出，也为了早日还村委会一个正常有序的工作环境，早日还施工方一个稳定的施工现场，调解员们一方面与派出所沟通，请求上级部门支援，另一方面忍受着吴某某家属的误解甚至谩骂，向死者家属强调："我们一直与施工方沟通协调，你们如不信任我们，完全可以通过法院诉讼维权，你们现在的行为已经严重触犯了法律，如果再这样下去，后果完全由你们负责。"最终，吴某某家属一方在调解员及派出所民警的规劝下，同意将遗体送到殡仪馆，村委会这才恢复了正常的工作秩序。

12月18日、19日，调解小组第六次、第七次和第八次约谈双方当事人到司法所进行最后的调解，在赔偿费用问题上，双方你来我往，相互争执，最后在调解小组的不断努力下，双方自愿达成先期处理协议，并当场签订了人民调解协议书。

一场意外死亡事件引发的纠纷，在人民调解委员会的主持下，在调解员耐心细致的执着工作下，得到顺利化解，不仅维护了当事人的合法权益，也避免了矛盾的进一步激化，充分发挥了人民调解维护社会和谐稳定"第一道防线"的作用。

问题：

如何理解人民调解的合法性原则？

分析要点提示：

本纠纷属于人身损害赔偿纠纷，起因是施工期间民工死亡。本纠纷的调解解决，主要体现了以下几个方面的特点：（1）快速、及时。人民调解委员会接到申请后，马上赶到现场，到事故发生地进行实地取证，走访工地的部分工友了解情况，向派出所、施工方了解案件的处理经过，掌握第一手资料，为后续调解工作的进行奠定基础、做好准备。（2）依法调解。在纠纷调解过程中，纠纷当事人情绪比较激动，不满足要求就不火化尸体，由于尸体开始出现腐臭现象，引起村民的不满，调解稍有不慎，就可能引发群体性纠纷。人民调解员一方面安抚当事人及村民的情绪，另一方面向死者家属讲解相关法律知识，使死者家属知晓法律规定，以法服人。（3）耐心细致，注重调解方法和技巧的运用。从整个调解过程来看，调解时间将近一周，人民调解员八次约谈纠纷双方当事人，对纠纷双方当事人进行耐心细致的说服和劝导，抓住纠纷的主要矛盾，采用灵活机动的调解方法，包括背对背的调解和面对面的调解，晓之以理、动之以情，阐明利害关系，促使纠纷双方当事人互谅互让，最终达成调解协议。

在上述纠纷解决过程中，法律是衡量对错、促使纠纷双方当事人作出让步的尺子。在目前的人民调解实践中，有些当事人对国家法律、法规和政策的规定不了解，人民调解员通过向纠纷双方当事人讲解相关的法律知识，使纠纷双方当事人了解国家法律、法规和政策的规定，冷静思考，权衡利弊，往往能够取得较好的调解效果。需要注意的是，这也对人民调解员的业务水平提出了较高的要求。依法对纠纷进行调解，一方面可以约束纠纷当事人的行为，另一方面也可以起到法治宣传教育的作用。在本纠纷的调解中，人民调解员及时介入，运用多种纠纷调解方式，以法律为依托，不厌其烦、耐心细致地进行调解工作，收到了很好的调解效果，不仅圆满地解决了纠纷，预防了群体性纠纷的产生，而且对周围群众起到了法治宣传教育的作用，是成功进行人民调解工作的典型案例。

2. 某地李家因女儿李某退婚一事与王家发生纠纷，双方当事人找到当地调解委员会对纠纷进行调解。事情的经过是：李某3年前由父母做主与王家的王某订了婚。当时，李家收了王家2 000元聘金。之后，王家逢年过节就向李家赠送礼品，价值约1 000元。李某订婚后不久即进城打工，在打工过程中，认识了邻村的小伙子何某，二人产生了感情。李某提出退婚，并主动提出退还王家2 000元聘金。但是，王某坚决不同意退婚，认为双方既然已经订婚，就是夫妻了，李某喜新厌旧坏了王家的名声。后来，王家又提出如果一定要退婚，必须加倍退还聘金和礼品钱。而李某只同意退还2 000元钱，认为赠送的礼品大多为食品，早已食用，既无法准确计算，也不应折价偿还，因为这是礼尚往来，李家也曾送礼品给王家。调解员介入后，召集双方当事人及两家主要家庭成员，向他们宣讲恋爱自由、订婚不受法律保护的法律精神，介绍法律关于正确处理因恋爱关系解除而产生财产纠纷的规定；指出李某有权要求退婚，王某不得强迫对方履行义务；讲明王某要求李家双倍退还聘金礼钱是不合法的；解释司法政策规定建立恋爱（包括婚约）关系期间双方发生的赠与、聘金聘礼，如果原物存在，可以返还，如果原物较大或原物已经消耗或损坏，也可以酌情以金钱补偿，已经消耗的日常生活用品或双方共同消耗掉的，不再返还等。经过法律和政策宣传，王某终于接受了退婚要求，并同意李某退还 2 000 元聘金，其余的不再追究。最终，双方友好地分手了。

问题：

如何理解人民调解不收取费用？

分析要点提示：

在社会生产和生活中，民事纠纷种类繁多，大部分纠纷当事人对于如何解决纠纷，以及有关法律政策规定的内容并不了解，解决纠纷需要人民调解员向双方当事人讲解法律和国家政策，帮助当事人纠正错误认识。在人民调解员深入、细致的调解下，大部分当事人都能够明白事理，和好如初。因此，人民调解制度的具体运用，对于化解矛盾纠纷起着重要的作用。尤其是根据我国有关调解的法律规定，通过调解委员会调解解决纠纷，不向当事人收取调解费用，更有利于当事人对调解制度的具体运用。法律规定调解不收取费用的原因主要有两方面：一是民间调解是我国的优良传统；二是不收取调解费用能够减轻当事人的负担，有利于经济困难的当事人运用调解制度。

目前，人民调解组织的种类越来越繁多，范围也越来越广泛，包括基层村民（居民）委员会的人民调解委员会、农村乡镇及城市街道的人民调解委员会、行政区划接边地带的联合调解委员会，以及旅游地、商品集散地等特殊区域的专门调解委员会。上述人民调解委员会及其人民调解员都负有调解民间纠纷的职责，在调解民间纠纷、解决社会矛盾中发挥了较大的作用。

本纠纷属于因退婚而产生的彩礼退还纠纷。从表面上看，纠纷比较简单，但是如果处理不好，有可能会使矛盾激化。在日常生活中，类似的纠纷时有发生，通过诉讼的方式解决纠纷，不仅耗费时间，而且耗费人力、物力、财力，得不偿失。而人民调解是不收费的，以人民调解的方式解决纠纷，人民调解员通过摆事实、讲道理，促使纠纷当事人作出让步，使纠纷得到圆满的解决，既可以避免矛盾激化，有利于社会和谐，也可以省时、省力、省费用，是较好的选择。

◆ **在线测试**

第六章 人民调解程序

◆ 【本章引例】

　　男方段某与女方杨某协议离婚，在婚姻关系存续期间，夫妻双方共同出资购买了两套住房，都登记在女方杨某名下。在办理离婚手续时，因房屋的房产证还没有办下来，所以未提及房屋的分割意见。但是，双方曾口头约定：等房产证办下来以后，三居室的住房归女方所有，两居室的住房归男方所有。离婚后，房产证办下来了。然而，在他们商议办理产权变更时，女方坚持两套住房的产权都属于她，因而产生了纠纷。为此，段某与杨某来到人民调解委员会请求进行调解。人民调解员了解了情况，对于双方出资购买了两套住房，他们都没有异议，但对于这两套住房的产权归属却持有不同的意见，在人民调解员要求双方进一步提供证据时，女方唯一的证据就是手中的房产证上写着她的姓名，而男方则提供了当初办理协议离婚手续时，双方对两套住房产权归属的谈话录音。在录音中，女方明确表示："等房产证办下来以后，大房归我，小房归你。"听了录音以后，女方无言以对，只好认可。人民调解员一边向杨某讲解法律规定，一边帮助其回忆曾经的夫妻感情，以及男方在购买房屋时也出了钱的事实。最终双方达成协议，之后一起到房管部门办理了产权过户手续。

请问：
如何确定人民调解纠纷的管辖？

◆ 【本章学习目标】

通过本章的学习，你应该能够：
1. 掌握纠纷的管辖和受理方式。
2. 掌握人民调解应当遵循的法定原则。
3. 了解进行人民调解前应当做的准备工作。
4. 掌握特邀调解的法律规定。
5. 了解人民调解的结束方式。

第一节　纠纷的受理

人民调解程序，是指人民调解委员会对民间纠纷进行调解时采用的方法和步骤。人民调解是在继承和发扬我国民间调解优良传统的基础上发展起来的一项具有中国特色的法律制度，是公共法律服务体系的重要组成部分，在矛盾纠纷多元化解决机制中发挥着基础性作用。人民调解作为一项群众性自治活动，具有特殊的规律性，人民调解员在调解民间纠纷时应充分体现人民调解方便、灵活的特点，采取适当的步骤和灵活多样的方式方法。人民调解的程序包括纠纷的受理、调解的进行、调解的结束三个阶段。

人民调解符合中国国情和民众的愿望，通过人民调解解决纠纷，不仅可以节省当事人的人力、物力和财力，减少当事人的诉累，还可以通过人民调解委员会的定期排查，把可能产生的矛盾和纠纷化解在萌芽状态，以达到稳定社会秩序、构建和谐社会的目的。

一、纠纷的管辖

纠纷的管辖，是指人民调解委员会受理民间纠纷的分工和权限。根据司法部《人民调解工作若干规定》的规定，民间纠纷，由纠纷当事人所在地、所在单位或者纠纷发生地的人民调解委员会受理调解。村民委员会、居民委员会或者企业事业单位的人民调解委员会调解不了的疑难、复杂民间纠纷和跨地区、跨单位的民间纠纷，由乡镇、街道人民调解委员会受理调解，或者由相关的人民调解委员会共同调解。人民调解委员会不得受理调解下列纠纷：一是法律、法规规定只能由专门机关管辖处理，或者法律、法规禁止采用民间调解方式解决的纠纷；二是人民法院、公安机关或者其他行政机关已经受理或者解决的纠纷。

（一）一般纠纷的管辖

根据法律规定，一般纠纷应当由纠纷当事人所在地、所在单位或者纠纷发生地的人民调解委员会受理调解。当事人所在地，是指当事人的户籍所在地，当事人的所在地与经常居住地不一致的，以经常居住地为准。如果当事人是无民事行为能力、限制民事行为能力人，应当以监护人所在地确定管辖的人民调解委员会。当事人所在地、所在单位或者纠纷发生地，是与当事人有密切联系的地点，由这些地点的人民调解委员会调解、解决纠纷，既方便当事人申请调解，也有利于民间纠纷的及时快速解决。因此，如果纠纷当事人居住在同一社区，可以选择向本社区的人民调解委员会申请调解；如果纠纷当事人在同一单位，可以选择向本单位的人民调解委员会申请调解；如果纠纷当事人不在同一社区或同一单位，可以选择向纠纷发生地的人民调解委员会申请调解。

（二）疑难、复杂和跨地区、跨单位民间纠纷的管辖

根据法律规定，村民委员会、居民委员会或者企业事业单位的人民调解委员会调解不了的疑难、复杂民间纠纷和跨地区、跨单位的民间纠纷，由乡镇、街道人民调解委员会受理调解，或者由相关的人民调解委员会共同调解。

在调解实践中，有些疑难、复杂的民间纠纷，纠纷解决适用的法律、政策比较复杂，调解难度比较大；有些跨地区、跨单位的民间纠纷，当事人可能不在同一地域内，或者纠纷涉及不同单位和地区的利益。上述民间纠纷，由村民委员会、居民委员会或者企业事业

单位的人民调解委员会调解解决存在一定的困难。为了使纠纷能够得到很好的解决，对于疑难、复杂的民间纠纷，当事人可以选择向乡镇、街道人民调解委员会申请调解，对于跨地区、跨单位的民间纠纷，当事人可以申请相关人民调解委员会共同调解。

二、纠纷的受理方式

纠纷的受理，是指人民调解委员会认为当事人之间的纠纷属于人民调解范围，依法介入进行调解的行为。我国《人民调解法》第 17 条规定："当事人可以向人民调解委员会申请调解；人民调解委员会也可以主动调解。当事人一方明确拒绝调解的，不得调解。"根据上述法律规定，人民调解委员会受理民间纠纷主要有两种方式：一种是纠纷当事人向人民调解委员会申请调解；另一种是人民调解委员会主动调解。

（一）当事人申请调解

当事人申请调解，是指发生纠纷后，由一方当事人或者双方当事人向人民调解委员会申请调解，人民调解委员会受理并安排人民调解员进行调解。根据法律规定，当事人申请人民调解，既可以口头提出申请，也可以书面提出申请。无论当事人采取哪种申请方式，人民调解委员会都应当受理，并且应当将当事人的申请记录在案。

在调解实践中，当发生纠纷时，双方当事人之间往往存在比较严重的对立情绪，通常很难做到共同向人民调解委员会申请调解。特别是涉及侵权纠纷时，一般都是权利受侵害的一方当事人积极寻求纠纷的解决途径，实施侵权行为的一方当事人往往怠于解决纠纷。因此，一方当事人向人民调解委员会申请调解的情形比较多，双方当事人共同申请调解的情形相对较少。此外，也存在当事人的亲属、邻里、同事等，代替纠纷当事人向人民调解委员会申请调解的情形。

当事人向人民调解委员会申请调解，如果纠纷主体明确，有具体的请求和事实依据，属于人民调解委员会主管和管辖的民间纠纷，人民调解委员会就应当予以受理。如果纠纷不符合受理条件，就应当告知当事人按照法律、法规的规定，提请有关机关处理，或者向人民法院起诉；对于矛盾纠纷随时有可能激化的，应当在采取必要的缓解疏导措施后，及时提交有关机关处理。

2010 年 12 月司法部印发的《关于贯彻实施〈中华人民共和国人民调解法〉的意见》规定，应当完善人民调解受理方式。当事人书面申请调解的，应当填写《人民调解申请书》；口头申请的，人民调解委员会应当填写《人民调解受理登记表》。

（二）人民调解委员会主动调解

主动调解，是指民间纠纷发生后，当事人没有申请调解，人民调解委员会主动介入为当事人调解解决矛盾纠纷。化解矛盾，解决纠纷，促进社会和谐，是人民调解委员会的根本任务。民间纠纷发生后，如果不及时解决，既容易错过矛盾纠纷解决的最佳时机，也容易使矛盾纠纷随着时间的推移而扩大、激化。因此，如果矛盾纠纷发生后，当事人没有主动向人民调解委员会申请调解，而人民调解委员会发现了矛盾纠纷的存在，就应当主动介入，对矛盾和纠纷进行调解。如果能够抓住化解矛盾纠纷的最佳时机，往往能使矛盾纠纷尽早得到解决，甚至将其消灭在萌芽状态。

在人民调解实践中，人民调解委员会通常通过以下几种渠道发现矛盾纠纷：

（1）人民调解委员会通过定期排查，发现群众间存在的矛盾纠纷，主动介入，及时调解解决，以防止矛盾纠纷激化、升级。

（2）基层人民法院、公安部门或者政府有关部门等，发现适于通过人民调解解决的矛盾纠纷，告知人民调解委员会，由人民调解委员会主动介入调解解决。

（3）人民调解员在调解矛盾纠纷时，可能会发现相关联的其他矛盾纠纷。此时，人民调解委员会可以主动介入，通过调解予以解决。

（4）有些群众发现了矛盾纠纷，向人民调解委员会反映，人民调解委员会认为适于通过调解解决的，可以主动介入调解解决。

2020年司法部发布实施的《全国人民调解工作规范》规定，对于排查中发现的民间纠纷，群众反映的民间纠纷，人民调解委员会可主动进行调解。人民调解委员会可受理党委政府、有关部门移送委托调解的民间纠纷。

需要注意的是，调解应当遵循自愿的原则，即当事人可以接受调解，也可以不接受调解。人民调解委员会主动介入调解或在人民调解过程中，如果当事人不愿意进行调解，可以随时要求终止调解程序。具体包括两种情形：一种情形是一方当事人同意调解，另一方当事人明确拒绝调解；另一种情形是双方当事人均拒绝调解。当事人拒绝调解，需要以明示的方式予以表达，即以口头或者书面的形式，告知人民调解委员会或者人民调解员。当事人对人民调解工作不满意或不配合，但没有明确表示拒绝调解的，不属于拒绝调解。

虽然调解取决于当事人的意愿，但是从调解技巧来看，在调解之初，人民调解员不一定要询问当事人是否愿意调解，因为调解刚刚开始时，纠纷双方当事人往往情绪激动，对抗心理强烈，如果此时征询当事人的意见，当事人往往会拒绝接受调解。因此，只要当事人没有明确表示拒绝调解，就是默示同意调解。如果当事人拒绝接受调解，或者拒绝继续调解，人民调解员可以先对拒绝调解的当事人进行适当的规劝和疏导，告知其调解的好处，如果当事人仍然明确拒绝调解，人民调解员应当终止调解。由此可见，人民调解能否顺利进行，主要取决于当事人的意愿，同时也与人民调解员的调解技巧有关。

第二节　调解的进行

人民调解员调解民间纠纷，应当严格遵循人民调解工作的原则，主动告知当事人在调解活动中的权利义务，耐心听取当事人对纠纷事实的陈述，深入讲解法律政策和社会公德，帮助当事人认识其在纠纷中享有的权利和应当承担的责任，采取有针对性的措施防止纠纷激化。

一、确定人民调解员

人民调解员是人民调解工作的具体承担者，肩负着化解矛盾、宣传法治、维护稳定、促进和谐的职责和使命。人民调解是由人民调解员主持进行的，因此，纠纷进入调解程序后，首要的任务就是确定人民调解员。我国《人民调解法》第19条规定："人民调解委员会根据调解纠纷的需要，可以指定一名或者数名人民调解员进行调解，也可以由当事人选择一名或者数名人民调解员进行调解。"根据上述法律规定，确定调解民间纠纷的人民调解员有两种方式，即当事人选择和人民调解委员会指定。

（一）当事人选择人民调解员

人民调解是人民群众自我教育、自我管理、自我服务的一种方式。人民调解与法院审判相比较，优势在于当事人在调解中具有较大的自主性，法院通过审判结案则具有强制性、权威性的特征。在人民调解员的选择上，根据法律规定，当事人拥有较大的自主权，即当事人可以根据自己的意愿，选择自己信任的人民调解员调解纠纷。

我国的人民调解员，是由村民会议、居民会议、职工大会、职工代表大会或者工会组织推选产生的，只有符合法定条件、得到广大群众认可的人，才能够经过推选担任人民调解员，应当说人民调解员大都具有可信性。但是，在具体纠纷的调解中，人民调解员的能力和水平还是存在差异的。同时，有的人民调解员可能因为与某一方当事人存在亲戚、朋友、师长等关系，不适宜介入某一案件的调解。从调解实践来看，纠纷发生后，大多数当事人都希望能够选择自己信任的人民调解员进行调解。调解实践也证明，由当事人自己选择人民调解员调解纠纷，当事人在平等协商基础上达成调解协议的概率会更高。因此，为了保证纠纷能够公平、公正、快速地解决，法律规定，当事人可以共同选择一名或者数名人民调解员进行调解，也可以各自选择一名或者数名人民调解员进行调解。为了方便纠纷当事人选择人民调解员，《人民调解员意见》规定，县级以上司法行政部门可以根据调解纠纷的需要，会同相关行业主管部门设立人民调解咨询专家库，由法学、心理学、社会工作和相关行业、专业领域的专业人员组成，相关专家负责向人民调解委员会提供专家咨询意见和调解建议。人民调解咨询专家库可以是包含多领域专业人才的区域性综合型专家库，也可以是某一特定行业、专业领域的专家库。

（二）人民调解委员会指定人民调解员

人民调解委员会指定人民调解员主要存在两种情形：一种是民间纠纷发生后，当事人没有向人民调解委员会申请调解，人民调解委员会为了及时解决民间纠纷、消除不安定因素、维护社会和谐稳定，主动介入调解民间纠纷，指定人民调解员。在调解实践中，遇到这种情况，人民调解委员会通常采用"谁接待，谁负责"的方法确定人民调解员。另一种是当事人向人民调解委员会申请调解，但是没有选择人民调解员，或者一方当事人选择了人民调解员，对方当事人予以拒绝，双方当事人无法就选择人民调解员达成共识的，可以由人民调解委员会指定人民调解员。只要当事人没有明确表示拒绝，人民调解委员会指定的人民调解员就可以对纠纷进行调解。

民间纠纷复杂多样，除采用"谁接待，谁负责"的方法确定人民调解员外，人民调解委员会还可以根据解决纠纷的需要，指定人民调解员。具体做法如下。

1. 根据纠纷的种类指定人民调解员

民间纠纷种类繁多，根据纠纷的不同种类指定人民调解员，可以取得事半功倍的效果。例如，对于婚姻家庭纠纷，由已婚、德高望重、善于处理婚姻家庭关系的女性人民调解员进行调解比较合适；对于邻里纠纷，由与纠纷双方当事人比较熟悉、受纠纷双方当事人尊重的人民调解员进行调解更为妥当。

2. 根据纠纷当事人的特点指定人民调解员

例如，对于少数民族居民之间发生的民间纠纷，指定本民族的人民调解员调解纠纷比较合适，因为一方面本民族的人民调解员比较了解本民族的特点，可以有针对性地进行调解；另一方面也可以消除当事人对民族待遇的担忧，有利于矛盾纠纷的解决。

3. 根据纠纷的复杂程度、影响大小等指定人民调解员

如果产生争议的民间纠纷比较简单，容易处理，可以指定一名人民调解员进行调解；如果产生争议的民间纠纷比较复杂，而且影响面比较广，可以指定多名人民调解员进行调解。

(三) 人民调解员的更换

与民事诉讼程序相比，人民调解的程序适用较为简便，当事人享有较大的自主权。问题在于，在人民调解活动中，如果人民调解员是纠纷当事人的近亲属，或者人民调解员本人或者其近亲属与本案有利害关系，或者人民调解员与本案纠纷当事人有其他关系，是否也要像民事诉讼程序规定的，人民调解员需要回避呢？

民间纠纷大多发生在社区、村镇、企业事业单位，具有地域性的特点，人民调解员大都是社区、村镇集体成员，或者是企业事业单位的员工，他们生活、工作在群众中，与所在社区、所在村镇、所在企业事业单位的人员有着千丝万缕的密切联系。从人民调解实际情况来看，某些民间纠纷，特别是婚姻家庭纠纷、邻里纠纷等，由与当事人有亲属关系的人民调解员进行调解，更为当事人所接受，也更能快速解决纠纷。如果在上述情况下，规定人民调解员回避，当民间纠纷发生时，可能就找不到可以调解纠纷的人民调解员了。因此，人民调解员不存在回避问题。无论是当事人自行选择的人民调解员，还是人民调解委员会指定的人民调解员，在调解过程中，如果当事人对人民调解员的调解工作持有异议，可以要求人民调解委员会更换人民调解员。

《全国人民调解工作规范》进一步规定，人民调解委员会根据调解纠纷的需要，可指定一名或者数名人民调解员进行调解，也可由当事人选择一名或者数名人民调解员进行调解。多名人民调解员进行调解的，应确定一名调解主持人。当事人对人民调解员提出回避要求的，人民调解委员会应予以调换。

二、遵循法定原则调解

《人民调解法》第21条规定："人民调解员调解民间纠纷，应当坚持原则，明法析理，主持公道。调解民间纠纷，应当及时、就地进行，防止矛盾激化。"

根据上述法律规定，人民调解委员会调解民间纠纷，首先应当分别向双方当事人询问纠纷的事实和情节，了解双方的要求及其理由，根据需要向有关方面调查核实，做好调解前的准备工作。在具体纠纷的调解中，应当坚持原则，明法析理，主持公道。调解民间纠纷，应当及时、就地进行，防止矛盾激化。

(一) 坚持原则

根据我国《人民调解法》第3条的规定，人民调解委员会调解民间纠纷，应当遵循下列原则：在当事人自愿、平等的基础上进行调解；不违背法律、法规和国家政策；尊重当事人的权利，不得因调解而阻止当事人依法通过仲裁、行政、司法等途径维护自己的权利。我国《人民调解法》首先对人民调解委员会调解民间纠纷应当遵循的原则作出了明确的规定，为了保证这些原则在具体纠纷的调解中得到贯彻落实，《人民调解法》第21条又进一步规定，人民调解员调解民间纠纷，应当坚持原则，明法析理，主持公道。调解民间纠纷，应当及时、就地进行，防止矛盾激化。基于上述法律规定，人民调解员调解民间纠纷，应当严格按照前述法定原则进行。

（二）明法析理

人民调解员调解民间纠纷，应当向当事人明法析理，这是调解成功的基础。具体应当注意以下两点。

1. 查明纠纷事实

人民调解员调解民间纠纷，首先应当查明纠纷事实，了解清楚纠纷产生的前因后果、来龙去脉，以及双方当事人争执的焦点等问题；然后遵循实事求是的原则，从实际情况出发，依据证据和调查研究，分清是非曲直，为下一步的调解奠定基础。

2. 向纠纷双方当事人明法析理

所谓明法析理，就是通过向纠纷双方当事人讲解法律、法规和国家政策的规定，促使当事人达成和解协议。在人民调解过程中，向纠纷双方当事人明法析理非常重要，因为有些民间纠纷的产生，主要是由于当事人对法律、法规和国家政策的规定不了解，或者知之甚少，如果人民调解员能够把法律、法规、国家政策的相关规定诠释清楚，并且与纠纷相结合，进行耐心的说服和劝导，当事人通常很容易接受人民调解员的意见和建议。《全国人民调解工作规范》进一步规定，人民调解员调解民间纠纷应当明法析理，即应根据纠纷的情况，讲解法律政策，宣传公德情理，摆事实、讲道理，帮助当事人查明事实、分清是非、明确责任。需要注意的是，明法析理对人民调解员的要求较高，要求人民调解员具有一定文化水平、政策水平和法律知识。为了达到这一要求，地方政府司法行政部门应当加强人民调解组织的建设，定期对人民调解员进行业务培训，以提高人民调解员素质，保证人民调解工作有效、顺利地进行。

（三）主持公道

在人民调解工作中，人民调解员要在当事人自愿、平等的基础上，通过耐心劝说、疏导等方法，对当事人进行说服教育，促使当事人平等协商，互谅互让，在自愿的基础上达成调解协议。人民调解成功的前提，是人民调解员可以信赖，人民调解员要想获得社会公众的信赖，必须做到公道正派。在调解过程中，人民调解员应当保持中立，不偏不倚，客观公正地解决矛盾、化解纠纷。人民调解员应当对当事人一视同仁，靠正气感人，靠正派服人，靠诚信打动人。只有如此，才能使纠纷获得圆满的解决。

根据《人民调解员意见》的规定，人民调解员调解民间纠纷，应当坚持原则、明法析理、主持公道。对偏袒一方当事人，侮辱当事人，索取、收受财物或者牟取其他不正当利益，或泄露当事人的个人隐私、商业秘密的人民调解员，由其所在的人民调解委员会给予批评教育、责令改正；情节严重的，由推选或者聘任单位予以罢免或者解聘。对因违法违纪不适合继续从事调解工作，严重违反管理制度、怠于履行职责造成恶劣社会影响，不能胜任调解工作，因身体原因无法正常履职，自愿申请辞职的人民调解员，司法行政部门应及时督促推选或者聘任单位予以罢免或者解聘。

（四）调解就地进行，防止矛盾激化

虽然我国《人民调解法》没有规定通过人民调解解决民间纠纷的具体期限，但人民调解员调解民间纠纷也应当尽可能快速、高效地进行，以防止矛盾纠纷的进一步激化。为此，人民调解员应当全面做好人民调解工作，广泛开展经常性的矛盾纠纷排查，及时发现倾向性、苗头性问题，做到底数清、情况明，切实做好矛盾纠纷化解工作，依法及时、就地调解矛盾纠纷，做到"案结事了"，防止矛盾激化。

《最高人民法院、司法部关于进一步加强人民调解工作切实维护社会稳定的意见》进一步规定，要充分发挥人民调解便民、利民、亲民和不收费的特点和优势，利用"村头""地头""炕头"等群众易于接受的方式及时、就地调解矛盾纠纷。对于那些疑难复杂、跨地区、跨单位的民间纠纷，乡镇、街道人民调解委员会要及时受理，及时调解。要积极创造条件，实现人民调解委员会标牌、印章，人民调解标识、程序、制度、文书"六统一"，保障人民调解的公正、规范和效能，不断提高人民调解的社会公信力。

为了提高调解效率，防止矛盾激化，《全国人民调解工作规范》规定，调解一般自受理之日起 30 日内完成。需要专家咨询或者鉴定的，专家咨询或者鉴定时间不计入调解期限。因特殊情况需要延长调解期限的，人民调解员和双方当事人可约定延长调解期限。超过调解期限未达成调解协议的，视为调解不成。

三、做好调解前的准备

（一）做好必要的调查工作

通常情况下，人民调解员应当告知当事人提交或搜集必要的证明材料。但是，必要时，人民调解员也应当进行调查，从而掌握材料、弄清纠纷情况、判明纠纷性质和是非曲直。

人民调解员调查的内容主要包括：（1）纠纷性质；（2）发生原因；（3）发展过程；（4）双方当事人争议的焦点；（5）矛盾的主要方面；等等。

人民调解员调查的方式主要有以下几种：

（1）询问当事人，耐心听取双方当事人的陈述，了解纠纷过程与他们的真实意思和要求。

（2）向纠纷关系人、知情人和周围的群众调查，进一步掌握其他有关情况，并印证双方当事人的陈述。

（3）向当事人所在单位了解情况。必要时，可争取获得单位领导和有关人员的支持。

（4）对于一些疑难的伤害纠纷，人民调解员可以到现场调查，也可以请求有关部门进行伤情检查鉴定，查明伤害程度。

调查过程中，人民调解员应对调查的情况进行详细的记录，必要时可由被调查人写出书面材料。调查记录包括调查时间、地点，被调查人姓名、性别、年龄、职业、住址，调查人员的姓名和职务，调查经过和结果等。调查记录应当当场交给被调查人校阅或向其宣读后，由被调查人、调查时在场的人和调查人员签名或盖章。如果被调查人拒绝签名或盖章，应在记录上说明。

（二）制定调解方案

人民调解员应当对从各种途径获得的有关纠纷材料逐一进行分析评价，研究其真实性，以及对解决纠纷有无意义。首先，人民调解员要对材料提供人的主观因素和客观因素进行分析，以确定其提供材料的真实性。分析时不仅要注意材料提供人的理解能力、记忆能力、精神状况等，还要考虑当时的客观情况，诸如当时光线明暗、距离远近、材料提供人与当事人的关系等。其次，人民调解员应当对有关纠纷的全部事实和搜集到的材料进行比较鉴别，综合分析研究，弄清事实，依照法律判明是非，找出纠纷的主要矛盾和争执焦点。在分析案件的基础上，制定调解方案。要注意调解方案不是固定不变的，应当根据当时的具体情况随时调整。调解方案中特别要写明意外情况的处理方法，以便调解时能够控制调解局面，应对意外情况，有序地开展调解工作。

（三）确定调解时间、地点和形式

《人民调解法》第 21 条第 2 款规定："调解民间纠纷，应当及时、就地进行，防止矛盾激化。"《人民调解工作若干规定》亦规定，人民调解委员会调解纠纷，一般在专门设置的调解场所进行，根据需要也可以在便利当事人的其他场所进行。人民调解最大的特点就是快速、便捷，人民调解委员会受理民间纠纷后，应当快速地确定调解的时间、地点，并且确定调解的具体形式。对于一些简单的民间纠纷，可以采用一名人民调解员进行调解，另一人记录的方式。对于比较复杂的民间纠纷，可以采用由 2～5 人组成人民调解团的方式进行调解。对于一些跨地区、跨行业的民间纠纷，可以采用多部门联合的形式，联合进行调解。对于涉及个人隐私的民间纠纷，可以采用不公开的形式进行调解。对于涉及家庭矛盾的民间纠纷，可以采取召开家庭会议的形式进行调解。必要时，征得纠纷当事人的同意，也可以邀请纠纷当事人的亲友、邻居参加调解。对于涉及遗弃、虐待、侵害名誉权等影响较大的案件，可以扩大调解人员的范围。例如，可以将参加调解的人员扩大到村民小组、居民小组等。

（四）明确调解程序

人民调解组织要坚持抓早、抓小、抓苗头，努力把矛盾纠纷化解在萌芽状态，消灭在激化之前，防止矛盾纠纷激化导致刑事案件和自杀事件。人民调解委员会受理民间纠纷后，应当依照法定的程序和方式，对民间纠纷进行调解。

人民调解委员会对民间纠纷进行调解，应当按以下程序进行：

（1）询问双方当事人是否申请更换人民调解员。

（2）告知双方当事人权利义务和调解的性质。

（3）双方当事人分别陈述意见、出示证据、进行辩论。

（4）人民调解员对当事人进行说服劝导工作。对当事人进行说服劝导是人民调解工作中的重要步骤。人民调解员必须以事实为依据，以法律、法规、规章和政策为准绳，法律、法规、规章和政策没有明确规定的，可依据社会公德进行调解。

（5）促成当事人和解并达成调解协议。经过充分说理和耐心细致的说服教育工作，如果双方当事人能够互谅互让，具备了达成调解协议的思想基础，人民调解员就应该抓住时机，促使双方当事人达成调解协议。如果双方当事人达不成一致意见，人民调解员可以提出合情、合理、合法的建议性解决方案，促使当事人协商，在新的基础上自愿达成调解协议。

四、进行正式调解

（一）告知当事人权利和义务，宣布调解规则

调解开始，首先人民调解员应当先作自我介绍。如果人民调解员是由双方当事人选择产生的，人民调解员应当向当事人表示感谢，感谢当事人的信任。然后，人民调解员应当申明自己的立场，告知当事人人民调解在调解中的中立性和公正性，以消除当事人心中对人民调解员公正性的疑虑。当事人对人民调解员不满意，提出更换要求的，人民调解委员会应当予以调换。

《人民调解工作若干规定》规定，人民调解委员会调解纠纷，在调解前应当以口头或者书面形式告知当事人人民调解的性质、原则和效力，以及当事人在调解活动中享有的权利和承担的义务。《全国人民调解工作规范》亦规定，人民调解员应在调解开始前，以口头或者书面形式，告知当事人人民调解的原则、当事人在调解活动中享有的权利和承担的义务以及调解达成协议的效力等事项。《人民调解法》第 23 条规定："当事人在人民调解活动中享有下列权利：（一）选择或者接受人民调解员；（二）接受调解、拒绝调解或者要求终止调解；（三）要求调解公开进行或者不公开进行；（四）自主表达意愿、自愿达成调解协议。"第 24 条规定："当事人在人民调解活动中履行下列义务：（一）如实陈述纠纷事实；（二）遵守调解现场秩序，尊重人民调解员；（三）尊重对方当事人行使权利。"

人民调解员应当告知当事人调解的规则和程序，以及当事人在调解过程中应当遵守的纪律和注意事项。当事人可以要求调解公开进行，也可以要求不公开进行。当事人要求调解不公开进行的，应予准许。

（二）听取双方当事人的陈述与主张

人民调解委员会调解纠纷，应当分别向双方当事人询问纠纷的事实和情节，了解双方当事人的要求及其理由，根据需要向有关方面调查核实，做好调解前的准备工作。《人民调解法》第 22 条规定："人民调解员根据纠纷的不同情况，可以采取多种方式调解民间纠纷，充分听取当事人的陈述，讲解有关法律、法规和国家政策，耐心疏导，在当事人平等协商、互谅互让的基础上提出纠纷解决方案，帮助当事人自愿达成调解协议。"

通过人民调解的方式解决纠纷，虽然双方当事人对自己的权利享有处分权，调解协议的达成取决于双方当事人的自愿，但是调解工作的进行也应当以事实为依据。调解应当在事实清楚、争点明确的基础上进行，只有如此，才能找到问题的症结所在，调解工作才能做到有的放矢，双方当事人才能通过调解最终达成调解协议，使矛盾和纠纷得到顺利、彻底的解决。

当事人是纠纷的当事者，最了解纠纷事实，听取当事人的陈述，是了解纠纷事实的主要渠道。人民调解员在调解过程中，应当耐心地听取双方当事人对纠纷事实和理由的陈述，询问纠纷产生的原因、过程和结果，以及证明纠纷事实的证据，了解当事人解决纠纷的真实意思和要求，有的放矢地进行调解工作，既不偏听偏信，也不主观臆断。人民调解员在充分听取当事人陈述的情况下，在了解纠纷事实、当事人解决纠纷的意图后，应当把握时机，运用国家法律和政策，摆事实、讲道理，做深入细致的调解工作，有针对性地提出解决纠纷的意见，真正做到以理服人，以促进纠纷的解决。

（三）运用各种技巧进行调解

根据法律规定，人民调解委员会调解纠纷，应当在查明事实、分清责任的基础上，根据当事人的特点和纠纷性质、难易程度、发展变化的情况，采取灵活多样的方式方法，开展耐心、细致的说服疏导工作，促使双方当事人互谅互让，消除隔阂，引导、帮助当事人达成解决纠纷的调解协议。人民调解委员会调解纠纷，应当密切注意矛盾激化的苗头，通过调解活动防止矛盾激化。对此，《全国人民调解工作规范》规定，人民调解员应根据当事人的特点并结合纠纷的具体情况，采取分别谈话、共同协商、亲友参与和专家咨询等灵活多样的方式方法，开展说服疏导工作。人民调解员调解民间纠纷，发现纠纷可能激化的，应采取控制调解节奏、避免当事人接触、疏导当事人情绪等方法，防止当事人采取过激行为；对有可能引起治安案件或者刑事案件的，应及时向当地公安机关和其他有关部门报告。

各级司法行政机关应当采取切实措施，加强指导，不断推进本地区人民调解委员会的组织建设、队伍建设、业务建设和制度建设，规范人民调解工作，提高人民调解工作的质量和水平。人民调解员每调解一件纠纷，都应当填写《人民调解员调解案件登记单》。人民调解委员会应当按期填写《人民调解委员会调解案件汇总登记表》，及时向司法行政机关报送《人民调解组织队伍经费保障情况统计表》《人民调解案件情况统计表》。

（四）邀请、支持有关人员参与调解

《人民调解法》第 20 条规定："人民调解员根据调解纠纷的需要，在征得当事人的同意后，可以邀请当事人的亲属、邻里、同事等参与调解，也可以邀请具有专门知识、特定经验的人员或者有关社会组织的人员参与调解。人民调解委员会支持当地公道正派、热心调解、群众认可的社会人士参与调解。"人民调解是解决民间纠纷的一个重要途径。近年来，随着社会经济的发展，人民调解的范围从传统的婚姻家庭、邻里关系、小额债务、轻微侵权等多发、常见的纠纷，逐渐向农村土地承包、拆迁安置、环境保护、教育医疗等社会热点、难点纠纷扩展，人民调解的难度日益增大，迫切需要吸纳社会各界人士参与调解，以利于及时快速地解决纠纷。

人民调解吸纳社会各界力量参与调解，需要注意以下几个问题：

（1）邀请当事人的亲属、邻里、同事等参与调解，邀请具有专门知识、特定经验的人员或者有关社会组织的人员参与调解，需要征得当事人的同意。

（2）受邀请者应当是公道正派、热心调解、群众认可的社会人士。

（3）是否邀请当事人的亲属、邻里、同事，具有专门知识、特定经验的人员，或者社会组织人员等参与调解，应当根据纠纷的具体情况判断，不是所有纠纷的调解都必须邀请上述人员参与。

（4）人民调解委员会应当支持有关社会人士参与调解，在社会人士主动参与调解的情况下，人民调解委员会应当采取积极的态度，为其参与调解提供便利和条件。

《全国人民调解工作规范》规定，人民调解员调解民间纠纷，可根据需要咨询专家，专家咨询意见可作为调解的参考依据。人民调解员调解民间纠纷，需要进行相关鉴定以明确责任的，经双方当事人同意，可由人民调解委员会委托有法定资质的专业鉴定机构进行鉴定，也可由双方当事人共同委托鉴定。

五、特邀调解与委派调解

（一）特邀调解

为了健全多元化纠纷解决机制，加强诉讼与非诉讼纠纷解决方式的有效衔接，维护当事人合法权益，2016 年 6 月 28 日，最高人民法院发布了《最高人民法院关于人民法院特邀调解的规定》，并于 2016 年 7 月 1 日起开始施行。该规定对特邀调解的相关内容作出了明确的规定，具体体现在以下几个方面。

1. 遵循的原则和行为规范

特邀调解，是指人民法院吸纳符合条件的人民调解、行政调解、商事调解、行业调解等调解组织或者个人成为特邀调解组织或者特邀调解员，接受人民法院立案前委派或者立

案后委托依法进行调解，促使当事人在平等协商基础上达成调解协议、解决纠纷的一种调解活动。特邀调解是将起诉到法院的纠纷，交于法院编外的调解组织和调解员进行调解的制度。

特邀调解应当遵循以下原则：

（1）当事人平等自愿；

（2）尊重当事人诉讼权利；

（3）不违反法律、法规的禁止性规定；

（4）不损害国家利益、社会公共利益和他人合法权益；

（5）调解过程和调解协议内容不公开，但是法律另有规定的除外。

根据法律规定，特邀调解员不得有下列行为：

（1）强迫调解；

（2）违法调解；

（3）接受当事人请托或收受财物；

（4）泄露调解过程或调解协议内容；

（5）其他违反调解员职业道德的行为。

当事人发现存在上述情形的，可以向人民法院投诉。经审查属实的，人民法院应当予以纠正并作出警告、通报、除名等相应处理。人民法院应当根据实际情况向特邀调解员发放误工、交通等补贴，对表现突出的特邀调解组织和特邀调解员给予物质或者荣誉奖励。补贴经费应当纳入人民法院专项预算。

2. 人民法院的职责

人民法院在特邀调解工作中，承担以下职责：

（1）对适宜调解的纠纷，指导当事人选择名册中的调解组织或者调解员先行调解；

（2）指导特邀调解组织和特邀调解员开展工作；

（3）管理特邀调解案件流程并统计相关数据；

（4）提供必要场所、办公设施等相关服务；

（5）组织特邀调解员进行业务培训；

（6）组织开展特邀调解业绩评估工作；

（7）承担其他与特邀调解有关的工作。

人民法院应当指定诉讼服务中心等部门具体负责指导特邀调解工作，并配备熟悉调解业务的工作人员。人民法院根据需要开展特邀调解工作。

3. 特邀调解的管理

人民法院开展特邀调解工作应当建立特邀调解组织和特邀调解员名册。建立名册的法院应当为入册的特邀调解组织或者特邀调解员颁发证书，并对名册进行管理。上级法院建立的名册，下级法院可以使用。依法成立的人民调解、行政调解、商事调解、行业调解及其他具有调解职能的组织，可以申请加入特邀调解组织名册。品行良好、公道正派、热心调解工作并具有一定沟通协调能力的个人可以申请加入特邀调解员名册。人民法院可以邀请符合条件的调解组织加入特邀调解组织名册，可以邀请人大代表、政协委员、人民陪审员、专家学者、律师、仲裁员、退休法律工作者等符合条件的个人加入特邀调解员名册。特邀调解组织应当推荐本组织中适合从事特邀调解工作的调解员加入名册，并在名册中列明；在名册中列明的调解员，视为人民法院特邀调解员。

特邀调解员在入册前和任职期间，应当接受人民法院组织的业务培训。人民法院应当在诉讼服务中心等场所提供特邀调解组织和特邀调解员名册，并在法院公示栏、官方网站等平台公开名册信息，方便当事人查询。人民法院可以设立家事、交通事故、医疗纠纷等专业调解委员会，并根据特定专业领域的纠纷特点，设定专业调解委员会的入册条件，规范专业领域特邀调解程序。人民法院应当建立特邀调解组织和特邀调解员业绩档案，定期组织开展特邀调解评估工作，并及时更新名册信息。

4. 特邀调解的选择适用

对适宜调解的纠纷，登记立案前，人民法院可以经当事人同意委派给特邀调解组织或者特邀调解员进行调解；登记立案后或者在审理过程中，可以委托给特邀调解组织或者特邀调解员进行调解。当事人申请调解的，应当以口头或者书面方式向人民法院提出；当事人口头提出的，人民法院应当记入笔录。双方当事人应当在名册中协商确定特邀调解员；协商不成的，由特邀调解组织或者人民法院指定。当事人不同意指定的，视为不同意调解。特邀调解一般由一名调解员进行。对于重大、疑难、复杂或者当事人要求由两名以上调解员共同调解的案件，可以由两名以上调解员调解，并由特邀调解组织或者人民法院指定一名调解员主持。当事人有正当理由的，可以申请更换特邀调解员。调解一般应当在人民法院或者调解组织所在地进行，双方当事人也可以在征得人民法院同意的情况下选择其他地点进行调解。特邀调解组织或者特邀调解员接受委派或者委托调解后，应当将调解时间、地点等相关事项及时通知双方当事人，也可以通知与纠纷有利害关系的案外人参加调解。调解程序开始之前，特邀调解员应当告知双方当事人权利义务、调解规则、调解程序、调解协议效力、司法确认申请等事项。

5. 关于回避的规定

特邀调解员有下列情形之一的，当事人有权申请回避：

（1）是一方当事人或者其代理人近亲属的；

（2）与纠纷有利害关系的；

（3）与纠纷当事人、代理人有其他关系，可能影响公正调解的。

特邀调解员有上述情形的，应当自行回避；但是双方当事人同意由该调解员调解的除外。特邀调解员的回避由特邀调解组织或者人民法院决定。特邀调解员不得在后续的诉讼程序中担任该案的人民陪审员、诉讼代理人、证人、鉴定人以及翻译人员等。

6. 具体运作程序

特邀调解员应当根据案件具体情况采用适当的方法进行调解，可以提出解决争议的方案建议。特邀调解员为促成当事人达成调解协议，可以邀请对达成调解协议有帮助的人员参与调解。特邀调解员发现双方当事人存在虚假调解可能的，应当中止调解，并向人民法院或者特邀调解组织报告。人民法院或者特邀调解组织接到报告后，应当及时审查，并依据相关规定作出处理。

委派调解达成调解协议，特邀调解员应当将调解协议送达双方当事人，并提交人民法院备案。委派调解达成的调解协议，当事人可以依照民事诉讼法、人民调解法等法律申请司法确认。当事人申请司法确认的，由调解组织所在地或者委派调解的基层人民法院管辖。委托调解达成调解协议，特邀调解员应当向人民法院提交调解协议，由人民法院审查并制作调解书结案。达成调解协议后，当事人申请撤诉的，人民法院应当依法作出裁定。

委派调解未达成调解协议的，特邀调解员应当将当事人的起诉状等材料移送人民法院；当事人坚持诉讼的，人民法院应当依法登记立案。委托调解未达成调解协议的，转入审判程序审理。在调解过程中，当事人为达成调解协议作出妥协而认可的事实，不得在诉讼程序中作为对其不利的根据，但是当事人均同意的除外。经特邀调解组织或者特邀调解员调解达成调解协议的，可以制作调解协议书。当事人认为无须制作调解协议书的，可以采取口头协议方式，特邀调解员应当记录协议内容。

委派调解达成调解协议，自双方当事人签名、盖章或者按指印后生效。委托调解达成调解协议，根据相关法律规定确定生效时间。委派调解达成调解协议后，当事人就调解协议的履行或者调解协议的内容发生争议的，可以向人民法院提起诉讼，人民法院应当受理。一方当事人以原纠纷向人民法院起诉，对方当事人以调解协议提出抗辩的，应当提供调解协议书。经司法确认的调解协议，一方当事人拒绝履行或者未全部履行的，对方当事人可以向人民法院申请执行。

7. 调解终止与调解期限

根据法律规定，有下列情形之一的，特邀调解员应当终止调解：

（1）当事人达成调解协议的；

（2）一方当事人撤回调解请求或者明确表示不接受调解的；

（3）特邀调解员认为双方分歧较大且难以达成调解协议的；

（4）其他导致调解难以进行的情形。

特邀调解员终止调解的，应当向委派、委托的人民法院书面报告，并移送相关材料。

人民法院委派调解的案件，调解期限为 30 日。但是双方当事人同意延长调解期限的，不受此限。人民法院委托调解的案件，适用普通程序的调解期限为 15 日，适用简易程序的调解期限为 7 日。但是双方当事人同意延长调解期限的，不受此限。延长的调解期限不计入审理期限。委派调解和委托调解的期限自特邀调解组织或者特邀调解员签字接收法院移交材料之日起计算。

（二）委派调解

为了推进国家治理体系和治理能力现代化，深化司法体制综合配套改革，完善多元化纠纷解决机制，进一步加强和规范委派调解工作，2020 年 1 月，最高人民法院发布了《最高人民法院关于进一步完善委派调解机制的指导意见》。该意见对委派调解的相关内容作出了明确的规定，具体体现在以下几个方面。

1. 指导思想

以习近平新时代中国特色社会主义思想为指导，坚持和发展新时代"枫桥经验"，完善诉源治理机制，切实把非诉讼纠纷解决机制挺在前面，满足广大人民群众多元、高效、便捷的解纷需求。坚持依法、自愿、依程序原则开展委派调解工作，不断推动完善党委领导、政府负责、民主协商、社会协同、公众参与、法治保障、科技支撑的社会治理体系，建设人人有责、人人尽责、人人享有的社会治理共同体。

2. 调解范围

对于涉及民生利益的纠纷，除依法不适宜调解的，人民法院可以委派特邀调解组织或者特邀调解员开展调解。对于物业管理、交通事故赔偿、消费者权益保护、医疗损害赔偿等类型化纠纷，人民法院要发挥委派调解的示范作用，促进批量、有效化解纠纷。

3. 专业解纷

人民法院应当加强与相关部门的对接，充分发挥行政机关在行政调解、行政裁决机制上的优势，发挥行业性、专业性调解组织的专业优势，发挥公证、鉴定机构和相关领域专家咨询意见的作用，为纠纷化解提供专业支持，提升委派调解专业化水平。

4. 引导告知

对于当事人起诉到人民法院的纠纷，经当事人申请或者人民法院引导后当事人同意调解的，人民法院可以在登记立案前，委派特邀调解组织或者特邀调解员进行调解，并由当事人签署《委派调解告知书》。当事人不同意调解的，应在收到《委派调解告知书》时签署明确意见。人民法院收到当事人不同意委派调解的书面材料后，应当及时将案件转入诉讼程序。

5. 立案管辖

委派调解案件，编立"诉前调"字号，在3日内将起诉材料转交特邀调解组织或者特邀调解员开展调解。涉及管辖权争议的，先立"诉前调"字号的法院视为最先立案的人民法院。

6. 司法保障

人民法院要积极为行政机关、人民调解委员会、社会综合治理中心、矛盾纠纷调处中心以及其他接受委派的调解组织开展调解工作提供必要的司法保障。

7. 鉴定评估

探索开展诉前鉴定评估。对于交通事故赔偿、医疗损害赔偿以及其他侵权责任纠纷，通过鉴定评估能够促成双方调解的，经当事人申请后特邀调解组织或者特邀调解员应当报请人民法院同意，由人民法院依程序组织鉴定或者评估。委派调解中的鉴定、评估期间，不计入委派调解的期限。

8. 材料衔接

完善调解与诉讼的材料衔接机制。委派调解中已经明确告知当事人相关权利和法律后果，并经当事人同意的调解材料，经人民法院审查，符合法律及司法解释规定的，可以作为诉讼材料使用。

9. 调解期限

人民法院委派调解的期限为30日。经双方当事人同意，可以延长调解期限。委派调解期限自特邀调解组织或者特邀调解员确认接收法院移交材料之日起计算。未能在期限内达成协议或者当事人明确拒绝继续调解的，应当依法及时转入诉讼程序。

10. 结案报告

委派调解案件因调解不成终止的，接受委派的特邀调解员应当出具结案报告，与相关调解材料一并移交人民法院。结案报告应当载明终止调解的原因、案件争议焦点、当事人交换证据情况、无争议事实记载、导致其他当事人诉讼成本增加的行为以及其他需要向法院提示的情况等内容，对涉及的专业性问题可以在结案报告中提出明确意见。

11. 协议履行

当事人经委派调解达成调解协议的，应当遵照诚实信用原则，及时、充分履行协议约定的内容。当事人向作出委派调解的人民法院申请司法确认的，人民法院应当依法受理。

12. 惩戒机制

对于当事人滥用权利、违反诚信原则、故意阻碍调解等导致其他当事人诉讼成本增加的行为，人民法院可以酌情增加其诉讼费用的负担部分。无过错一方当事人提出赔偿诉前调解额外支出请求的，人民法院可以酌情支持。

13. 指导监督

人民法院应当指派法官指导委派调解工作，规范调解行为，提升调解质量。法官对调解过程中存在违规行为的特邀调解员，可以通过批评教育、责令改正等方式监督。特邀调解组织或者特邀调解员无法胜任职务的，人民法院应当根据有关规定将其从特邀调解名册中移除。

14. 平台建设

人民法院要加强调解平台的建设、应用和推广，加强调解平台与其他机构调解平台的对接，完善诉讼与非诉讼纠纷解决方式对接机制，实现调解案件网上办理、调解数据网上流转、调解信息网上共享，全面提升多元解纷能力。

15. 数据利用

充分利用人民法院大数据管理和服务平台、人民法院调解平台的数据资源，健全完善委派调解案件管理系统，为指导委派调解的法官业绩考评提供数据支持，为人民法院审判管理提供统计依据。强化司法大数据的监测预警功能，健全矛盾纠纷风险研判机制，为党委政府提供决策参考。

16. 激励机制

加大委派调解在绩效考评体系中的权重，细化激励机制配套细则和工作方案。对于促成当事人自动履行调解协议的调解法官、特邀调解员，通过绩效考核给予奖励激励；对于在调解工作中有显著成绩或者有其他突出事迹的调解组织和调解员，按照国家规定给予表彰奖励，并将有关工作情况作为其他各类评先评优的重要依据，最大限度调动调解法官、特邀调解组织、特邀调解员等各类调解主体的工作积极性。

17. 保障机制

积极争取当地党委和政府支持，进一步提高委派调解工作人员、场所、设施和经费等配套保障水平，加强人员培训管理。

第三节 调解的结束

人民调解委员会调解民间纠纷，结束调解通常有两种情形：一种是经过人民调解员的调解，纠纷双方当事人自愿达成调解协议，调解成功而结束调解；另一种是纠纷双方当事人经过反复协商，不能达成调解协议，调解不成功而结束调解。

一、调解成功

在调解过程中，人民调解员应当对纠纷各方当事人进行耐心细致的说服、劝导工作，促使各方当事人互谅互让，达成纠纷调解协议。在调解实践中，当事人各方达成调解协议通常存在两种情形：一种是各方当事人经过平等协商后，自愿达成调解协议，使纠纷得到圆满的解决；另一种是由人民调解委员会提出解决纠纷的建议，被当事人采纳，各方当事人达成调解协议。

我国《人民调解法》规定，经人民调解委员会调解达成调解协议的，可以制作调解协议书。当事人认为无须制作调解协议书的，可以采取口头协议方式，人民调解员应当记录协议内容。调解协议书可以载明下列事项：

（1）当事人的基本情况；

（2）纠纷的主要事实、争议事项以及各方当事人的责任；

（3）当事人达成调解协议的内容，履行的方式、期限。

调解协议书自各方当事人签名、盖章或者按指印，人民调解员签名并加盖人民调解委员会印章之日起生效。调解协议书由当事人各执一份，人民调解委员会留存一份。口头调解协议自各方当事人达成协议之日起生效。经人民调解委员会调解达成的调解协议，具有法律约束力，当事人应当按照约定履行。人民调解委员会应当对调解协议的履行情况进行监督，督促当事人履行约定的义务。经人民调解委员会调解达成调解协议后，当事人之间就调解协议的履行或者调解协议的内容发生争议的，一方当事人可以向人民法院提起诉讼。

经人民调解委员会调解达成调解协议后，双方当事人认为有必要的，可以自调解协议生效之日起 30 日内共同向人民法院申请司法确认，人民法院应当及时对调解协议进行审查，依法确认调解协议的效力。人民法院依法确认调解协议有效，一方当事人拒绝履行或者未全部履行的，对方当事人可以向人民法院申请强制执行。人民法院依法确认调解协议无效的，当事人可以通过人民调解方式变更原调解协议或者达成新的调解协议，也可以向人民法院提起诉讼。

二、调解失败

有些民间纠纷，尽管人民调解员做了大量的调解工作，但是纠纷各方当事人仍然无法就纠纷达成一致意见，或者纠纷当事人拒绝调解，提前终止调解程序，而导致调解失败。在这种情况下，如果调解不成，人民调解委员会应当终止调解，告知纠纷当事人通过其他的方式解决纠纷。我国《人民调解法》第 26 条规定："人民调解员调解纠纷，调解不成的，应当终止调解，并依据有关法律、法规的规定，告知当事人可以依法通过仲裁、行政、司法等途径维护自己的权利。"

人民调解委员会在调解纠纷的过程中，无论调解成功还是失败，都应当制作调解笔录。根据 2010 年 12 月司法部发布的《关于贯彻实施〈中华人民共和国人民调解法〉的意见》的规定，人民调解委员会调解纠纷，一般应当制作调解卷宗，做到一案一卷。调解卷宗主要包括《人民调解申请书》或者《人民调解受理登记表》、人民调解调查（调解、回访）记录、《人民调解协议书》或者《人民调解口头协议登记表》等。纠纷调解过程简单或者达成口头调解协议的，也可以多案一卷，定期集中组卷归档。

三、调解回访

经人民调解委员会调解达成调解协议的，可以制作《人民调解协议书》。调解协议有给付内容且非即时履行的，一般应当制作《人民调解协议书》。当事人认为无须制作调解协议书的，可以采取口头协议方式，由人民调解员填写《人民调解口头协议登记表》。

根据《人民调解工作若干规定》的规定，当事人应当自觉履行调解协议。人民调解委员会应当对调解协议的履行情况适时进行回访，并就履行情况作出记录。回访的目的，一方面是帮助、督促当事人履行调解协议，采取措施，排除纠纷再次发生的隐患；另一方面是了解和掌握人民调解工作的效果，发现人民调解的不足，改进人民调解工作。人民调解委员会进行回访，需要注意以下两个问题：

（1）及时回访。人民调解委员会对经过调解达成调解协议的纠纷，应当在适当的时间内及早进行回访，以便发现问题、解决问题，促使调解协议及早履行。

（2）有针对性地回访。人民调解委员会对内容比较复杂、协议履行难度较大，或者当事人思想极其不稳定、容易出现反复的纠纷，应当列为重点回访对象，及时发现问题，及时解决。

对于当事人不履行调解协议或者达成协议后又反悔的，人民调解委员会应当按下列情形分别处理：

（1）当事人无正当理由不履行协议的，应当做好当事人的工作，督促其履行。

（2）如果当事人提出协议内容不当，或者人民调解委员会发现协议内容不当的，应当在征得双方当事人同意后，经再次调解变更原协议内容；或者撤销原协议，达成新的调解协议。

（3）对经督促仍不履行人民调解协议的，应当告知当事人可以请求基层人民政府处理，也可以就调解协议的履行、变更、撤销向人民法院起诉。

对当事人因对方不履行调解协议或者达成协议后又反悔，起诉到人民法院的民事案件，原承办该纠纷调解的人民调解委员会应当配合人民法院对该案件的审判工作。

◆ 【引例分析】

家庭是社会的细胞，在离婚纠纷中，主要涉及财产分割和子女抚养问题，如果处理不好，不仅会影响子女的成长，还会引发社会矛盾。本纠纷属于离婚纠纷，男女双方已经协议离婚，办理了离婚手续，只是对两套住房的分割产生争议，双方当事人到人民调解委员会申请调解。人民调解员在调解过程中，通过向纠纷双方当事人介绍法律规定，依据证据对纠纷进行调解，使纠纷双方当事人在事实、证据面前心服、口服，圆满地达成了纠纷调解协议。

离婚纠纷属于婚姻家庭纠纷，婚姻家庭纠纷属于一般的民间纠纷，根据法律规定，一般的民间纠纷应当由纠纷当事人所在地、所在单位或者纠纷发生地的人民调解委员会受理调解。因此，对于上述纠纷，纠纷双方当事人可以协商选择对纠纷有管辖权的人民调解委员会进行调解。

◆ 【本章小结】

1. 纠纷的受理。（1）纠纷的管辖。根据法律规定，民间纠纷由纠纷当事人所在地、所在单位或者纠纷发生地的人民调解委员会受理调解。村民委员会、居民委员会或者企业事业单位的人民调解委员会调解不了的疑难、复杂民间纠纷和跨地区、跨单位的民间纠纷，由乡镇、街道人民调解委员会受理调解，或者由相关的人民调解委员会共同调解。人民调解委员会不得受理调解下列纠纷：法律、法规规定只能由专门机关管辖处理，或者法律、法规禁止采用民间调解方式解决的纠纷；人民法院、公安机关或者其他行政机关已经受理或者解决的纠纷。（2）纠纷的受理。人民调解委员会受理民间纠纷主要有两种形式，即纠纷当事人向人民调解委员会申请调解和人民调解委员会主动调解。

2. 调解的进行。具体包括：（1）确定人民调解员。人民调解委员会根据调解纠纷的需要，可以指定一名或者数名人民调解员进行调解，也可以由当事人选择一名或者数名人民调解员进行调解。（2）遵循法定原则调解。人民调解员调解民间纠纷，应当坚持原则，明法析理，主持公道。调解民间纠纷，应当及时、就地进行，防止矛盾激化。（3）做好调解前的准备。具体包括做好必要的调查工作，制定调解方案，确定调解时间、地点和形式，明确调解程序。（4）进行正式调解。具体包括告知当事人权利和义务，宣布调解规则；听取双方当事人的陈述与主张；运用各种技巧进行调解；邀请、支持有关人员参与调解。（5）特邀调解与委派调解。最高人民法院对特邀调解和委派调解作出了明确的规定，有利于健全多元化纠纷解决机制，加强诉讼与非诉讼纠纷解决方式的有效衔接，维护当事人的合法权益。

3. 调解的结束。具体包括：（1）调解成功。纠纷双方当事人达成调解协议。（2）调解失败。告知当事人可以依法通过仲裁、行政、司法等途径维护自己的权利。（3）调解回访。帮助、督促当事人履行调解协议。

◆ 【练习题】

■ 一、名词解释
纠纷的管辖　纠纷的受理　特邀调解

■ 二、简答题
1. 纠纷的管辖是如何确定的？
2. 简述人民调解委员会受理民间纠纷的方式。
3. 如何确定调解民间纠纷的人民调解员？
4. 简述人民调解应当遵循的法定原则。
5. 简述人民调解应当进行的调解前准备工作。
6. 简述特邀调解和委托调解的运作模式。
7. 简述人民调解的结束方式。

■ 三、案例分析题

1. 20××年8月7日18时30分左右，某派出所接到村民陈某报警，称发现朋友虞某飞在鱼塘中生死不明。派出所民警、120救护车、镇司法所工作人员迅速赶到现场。虞某飞被打捞起来，但已经死亡，保持着左手握电线、右手握钳子的姿势，法医鉴定其为触电身亡后跌入鱼塘。

根据公安机关对相关人员的询问笔录，死者虞某飞是外省人，一年多以前带着妻子陈某苏和女儿来到此地，借用当地人陈某的鱼塘放养鸭子。事发当日上午，陈某给虞某飞打电话，邀其下午帮忙为鱼塘安装增氧机。15时30分左右，双方再次通话约定具体时间。在附近另一鱼塘养鱼的邻居于 17 时 30 分见到虞某飞一个人在陈某的鱼塘边摆弄增氧机，过了一会儿，该邻居发现虞某飞浮在鱼塘水面上一动不动，立刻告知陈某，陈某赶到现场后报警，并通知了虞某飞家属。

事故发生后，死者家属与陈某商谈赔偿事宜。死者家属认为，虞某飞是在无偿帮助陈某安装增氧机过程中发生意外导致身亡，陈某理应负责。陈某则认为，事故纯属意外，自己当时不在场，自然没有过错，事发后又迅速赶到现场，积极配合急救人员、民警展开救助，并及时通知了死者家属，于情于理都不应负责赔偿。双方观点差异过大，数次协商也没能取得丝毫进展。万般无奈下，死者家属于 8 月 9 日向镇司法所求助，申请调解。

司法所受理此案后，立即联系派出所，调阅相关笔录，并于当天约见双方当事人，了解事故真相及双方态度。经了解，陈某在自家鱼塘养鱼，与虞某飞合作搞立体养殖是为了扩大经济效益。虞某飞为人忠厚老实，经常无偿帮助陈某干活，还常送鸭蛋给陈某，陈某十分认可虞某飞，把他当作难得的好朋友，两家关系十分融洽。事发后，在巨大的经济责任面前，双方才出现分歧。另据派出所民警反映，鱼塘附近电线杂乱且多数老化，在打捞虞某飞时，切断电源后的增氧机仍带电，可能在某处与别的电源线有短路现象。

在调解室，陈某坚持说，他与虞某飞电话约定当天 17 时至 18 时把增氧机拖进鱼塘。15 时许，因天气炎热，经再次通话，双方将时间改为 18 时以后，并计划请一名专业电工来接通电源。陈某认为，虞某飞可能是为自家的鸭棚接电灯或其他电器时触电身亡，供电局理应承担触电事故责任。陈某同时认为，该鱼塘已被政府征用，虽然自己尚未交地，但政府才是该鱼塘的主人，这一事实不受影响，虞某飞家属可以找政府索赔。虞某飞家属则认为，此前陈某曾多次请虞某飞帮忙处理鱼塘增氧机的接线事宜，却在这次事发后声称曾打算请专业电工，明显是推卸责任；虞某飞的鸭棚设施完善，根本没有变更电路的必要，虞某飞是为了安装增氧机才接触电源的，陈某理应承担所有责任。

根据了解到的情况，司法所工作人员认真分析后认为：（1）按照虞、陈两家之前互帮互助的情况推测，虞某飞应该是在受陈某邀请为增氧机接电时触电身亡，属无偿帮工。根据《最高人民法院关于审理人身损害赔偿案件适用法律若干问题的解释》第 4 条的规定，"无偿提供劳务的帮工人，在从事帮工活动中致人损害的，被帮工人应当承担赔偿责任"，即陈某应承担赔偿责任。（2）虽然鱼塘被征用，且同一批被征地的人多数已经交地，但陈某受经济利益驱使，未按照规定向政府交地，仍在实际使用和管理鱼塘。政府是陈某拒不交地的受害者，无法管理鱼塘，不应承担责任。（3）供电局的职责是向使用者提供安全稳定的电源，鱼塘周围电线杂乱，属陈某为个人用途自行架设，供电局不应承担责任。（4）虞某飞触电即使与帮工无关，很大一部分原因也是陈某架设的电线老化短路。作为电线的主人，陈某应负部分责任；虞某飞作为成年人，应对电源的危险有预见性，且在没有电工证的情况下进行电路作业，也要承担责任。

了解事故有关情况和双方的基本态度后，调解员——司法所杜所长立即展开工作，分别与当事人面谈。针对陈某完全不愿意承担责任的态度，调解员首先向其讲解了有关法律，指出无论虞某飞因何触电，陈某都应承担一定的责任，一味地逃避现实，拒不商谈，既不合法也不利于事情的解决，不会减少最终的赔偿金额，同时也不合情理，会进一步恶化朋友、邻里关系，让别人耻笑。陈某转变了态度，但表示自己家庭经济十分困难，愿意赔偿虞某飞家属人民币 6 万元。死者家属则提出，死者上有年迈的父母，下有年仅 4 周岁的女儿，按照法律条款计算，赔偿金额要几十万甚至上百万元，6 万元赔偿于法于理都说不过去，考虑到陈某家经济状况确实一般，愿意接受 60 万元的赔偿。十倍的差距令双方对调解一度丧失信心，协商又陷入了僵局，死者家属近二十人情绪受到刺激，扬言要到陈某家闹事，杜所长据理力争，耐心劝导，死者家属才答应绝不做违反法律的事情。

为了进一步减小赔偿金额差距，杜所长多次分别与双方背对背分析矛盾。面对陈某，杜所长指出，如果调解不成，死者家属一定不会放弃索赔，肯定会走上诉讼道路，可以预见，法庭判决金额必然高于调解金额，到时虽然一时还不起，执行不了，却也不可能赖得掉，一辈子都会生活在债务中，甚至会影响儿女的未来生活。如果积极协商，可能会适当降低赔偿金额，哪怕是借钱处理好此纠纷，日后全家也可以堂堂正正生活。面对死者家属，杜所长则指出，当事人知晓陈某的经济状况不佳，虽然在全责前提下，60 万元的索赔金额不能说高，但陈某如果真的拿不出或者借不到这笔钱，就不可能同意签订协议，死者一方只能去法院起诉，在耗费大量精力、精神受到更大伤害之后，可能很难执行判决，赔偿款会被长期拖欠，因此，再适当降低赔偿要求对双方都是有利的。公正的立场、客观的分析取得了效果，经过几天的劝说引导，陈某答应提高赔偿额至 25 万元，死者家属也把索赔金额降至 30 万元。鉴于双方的心理差距已经不大，8 月 16 日，杜所长把当事人都请到司法所当面协商，终于，双方在赔偿数额上达成一致。8 月 17 日下午，杜所长周末弃休，加班加点，主持签订了协议，陈某当场支付全部赔偿款项。

在调解过程中，调解员杜所长以真诚、耐心的工作赢得了当事双方，特别是死者家属的信任。协议签订后，为避免日后引发家庭纠纷，死者家属共同邀请杜所长为死者家庭成员分配财产。杜所长经过认真思考，依据法律，结合农村风俗和死者家庭实际情况，提出了意见，得到众多家属的一致认可。8 月 21 日，死者后事基本处理完毕，死者家属再次来到司法所，向工作人员表示感谢，并赠送了"百姓满意的司法所"锦旗。

问题：

调解正式开始前，人民调解委员会应当做哪些准备工作？

分析要点提示：

此纠纷属于损害赔偿纠纷，人民调解委员会受理纠纷后，在进行调解前，主要应当做好以下调解准备工作：

（1）确定调解纠纷的人民调解员。

（2）做好必要的调查工作。人民调解员通过调查走访，对纠纷进行了梳理：一是按照虞、陈两家之前互帮互助的情况推测，虞某飞应该是在受陈某邀请为增氧机接电时触电身亡，属无偿帮工。二是虽然鱼塘被征用，且同一批被征地的人多数已经交地，但陈某受经济利益驱使，未按照规定向政府交地，仍在实际使用和管理鱼塘。政府是陈某拒不交地的受害者，无法管理鱼塘，不应承担责任。三是供电局的职责是向使用者提供安全稳定的电源，鱼塘周围电线杂乱，属陈某为个人用途自行架设，供电局不应承担责任。四是虞某飞触电即使与帮工无关，很大一部分原因也是陈某架设的电线老化短路。作为电线的主人，陈某应负部分责任。

（3）制定调解方案。本纠纷的争执焦点是陈某是否应当对虞某的死亡承担经济赔偿责任。根据《最高人民法院关于审理人身损害赔偿案件适用法律若干问题的解释》第4条的规定，"无偿提供劳务的帮工人，在从事帮工活动中致人损害的，被帮工人应当承担赔偿责任"，即陈某应承担赔偿责任。

（4）确定调解时间、地点和形式。

（5）明确调解程序。

在本纠纷的调解过程中，为了取得较好的调解效果，人民调解员采取了背对背的调解方式。通过耐心、细致的调解，人民调解员获得了纠纷双方当事人的信任，促使死者家属在法律规定之外适当降低要求，最终促成了调解协议的达成，避免了纠纷双方当事人遭受无谓的二次伤害。

2.20××年1月4日中午，某汽车公司员工雷某记下班后未到食堂就餐，待其他员工吃完饭回宿舍后，发现雷某记倒在宿舍走廊昏迷不醒，怎么叫他都毫无反应，于是立即将其送往镇人民医院。由于病情严重，雷某记当日转入省立医院进行治疗，经诊断，雷某记患有心肌炎、脑膜炎、肝功能不全、肾功能不全。公司前期通过"水滴筹"筹得的善款和公司员工自发捐款共计12万元，加上雷某记家里所有积蓄10万元在治疗中已全部用完，但雷某记病情仍未好转。2月11日，雷某记家属10余人来到镇司法所要求调解。

调委会得知事情原委后，认为救人要紧，于是安排调解经验丰富、业务能力强的调解员积极介入双方的协调工作中。经协商，公司同意再拿出10万元用于雷某记住院治疗。2月13日，正当公司准备去医院交费时，医院传来雷某记死亡的消息，突然而至的噩耗犹如晴天霹雳，令雷某记家属痛不欲生，才刚满21岁的他可是全家的顶梁柱。悲痛之余，死者家属一致认为，雷某记虽不是在上班期间病发，但是在公司宿舍里发病的，要求公司赔偿；公司则认为对雷某记的死亡，自己无责任。双方因此产生纠纷，死者家属扬言要把尸体抬到公司讨说法，要求赔偿。

眼看纠纷就要激化，镇人民调解委员会迅速介入，一方面与死者家属进行沟通，安抚家属，劝家属协商解决，并表示将依据法律规定、政策和人道主义原则进行调解，妥善解决纠纷；另一方面与公司负责人协商赔偿事宜，公司表示，将依据法律法规向死者家属进行赔偿。

2月14日，调解员组织公司代表、死者家属在镇调委会进行调解，死者家属提出30万元的赔偿要求；公司认为雷某记在非工作时间、非工作地点因非工作原因死亡，公司没有责任，只能给付10万元补偿，并且已经给付了，如家属还不满足，就通过诉讼程序解决。顿时，死者家属情绪激动，声称要把家里的老人送到公司来堵门。由于双方意见悬殊，互不相让，调解陷入僵局。在调解员的尽力安抚下，死者家属情绪缓和下来。之后，调解员运用背对背的调解方式与当事人沟通。

首先，调解员与死者家属进行真诚的沟通，认真听取家属内心的真实想法和意见，并向家属耐心细致地讲解相关法律法规。根据《工伤保险条例》第15条第1款第1项的规定，在工作时间和工作岗位，突发疾病死亡或者在48小时之内经抢救无效死亡的，才可认定为工伤。而雷某记并非在工作时间和工作岗位上死亡，且在医院抢救1个多月才死亡，因此不能认定为工伤死亡。但调解员也表示一定会从政策和情理上尽最大努力帮死者家属争取到应有的权益，并对相关条例、文件规定的依据、补偿标准、计算方法等作了详细的解释；同时，建议死者家属可要求公司参照医疗保险报销抢救死者所发生的医疗费用，并考虑到雷某记家庭困难，争取公司给予人道关怀救助。通过晓之以理、动之以情与死者家属沟通，调解员得到了家属的充分信任，死者家属接受了调解员的建议，表示愿意配合工作，不闹事。

接着，调解员又与公司沟通：其一，从法理上讲，死者虽然是在下班期间突发的疾病，不是工伤，但毕竟是公司员工，可按照非因工死亡政策标准给予补偿，公司应支付安葬费和救济金。其二，从情理上讲，对死者的家庭来说，其家庭经济困难，母亲年迈，公司应该本着以人为本、人道关怀的原则帮助死亡职工家属。其三，从维护稳定上讲，此事不能久拖，如果不及时解决，死者家属很有可能用上访等过激行为讨说法，会对公司造成不良影响。此番话使公司负责人转变了想法，认识到调解员提出的补偿方案合理、合情、合法，心悦诚服地接受了调解员提出的补偿建议，同意按文件规定的计算标准补偿丧葬补助金、一次性抚恤金、医疗费，另外给付人道关怀救助帮扶资费。接着，调解员又再次做死者家属思想工作，比照以前类似的案例，劝导死者家属正确面对事实，客观理智地解决问题。

最终，双方接受了调解员的建议，达成了调解协议：（1）公司补偿死者家属丧葬补助金、救济金、困难补助费、医疗补助费共计14万元。（2）公司另支付人道关怀救助帮扶费8万元。至此，一起意外死亡纠纷画上了圆满的句号。

问题：

人民调解员调解民间纠纷应当遵循的法定原则有哪些？

分析要点提示：

我国《人民调解法》第21条规定："人民调解员调解民间纠纷，应当坚持原则，明法析理，主持公道。调解民间纠纷，应当及时、就地进行，防止矛盾激化。"

结合本纠纷的调解，首先，人民调解员调解民间纠纷做到了坚持原则，明法析理，主持公道。从纠纷调解过程来看，人民调解员站在中立的立场上，先与死者家属进行沟通，认真听取死者家属的想法和意见，向死者家属耐心细致地讲解《工伤保险条例》的法律规定，告知死者家属死者依法不能认定为工伤死亡。同时，建议死者家属要求公司参照医疗保险报销抢救死者所发生的医疗费用，并考虑到雷某记家庭困难，争取公司给予人道关怀救助。然后，人民调解员又与公司进行沟通，通过讲法理、讲情理，期望公司从维护公司稳定和人文关怀角度考虑，给予死者家属关爱和帮助。人民调解员的做法，既坚持了法定原则，又对纠纷双方当事人明法析理，促使纠纷双方当事人互谅互让，最终达成纠纷调解协议。

其次，人民调解员快速、及时、就地对纠纷进行调解，防止了矛盾激化。纠纷产生之初，由于死者家属情绪激动，为了防止纠纷激化，人民调解员采用背对背的调解方式对纠纷进行调解，通过人民调解员对死者家属晓之以理、动之以情进行沟通，人民调解员得到了死者家属的充分信任，死者家属接受了调解员的建议，表示愿意配合工作，不闹事。之后，人民调解员又耐心细致地做公司的工作，促使公司及时合理地对纠纷作出了处理，既维护了公司的正常工作秩序，也避免了纠纷的进一步恶化。

从上述纠纷的调解来看，人民调解员在调解过程中采用适当的调解方法，依据人民调解的原则，耐心细致地进行调解，兼顾纠纷双方当事人的利益，取得了很好的调解效果，不失为人民调解的优秀典型案例，可供广大的人民调解员调解类似纠纷参考借鉴。

3. 张某是A市某社区居民，育有三个女儿，分别为王某甲、王某乙、王某丙。20××年8月某日，母亲张某在医院检查后发现患有胃间质瘤，需要做手术。张某和小女儿王某丙坚持要去B市的医院做手术，因为B市医院的医疗技术水平相对较高，但是相应的手术费用也较高，大约需要30 000元，费用由三个女儿均摊。大女儿王某甲和二女儿王某乙以在本地陪护方便、费用低等为由，均不赞成张某去B市医院医治。一家人因此发生争执。9月某日，张某一家来到社区人民调解委员会申请调解。

调委会在接到调解申请后，第一时间委派经验丰富的调解员进行调解。调解员认为该矛盾纠纷应当尽早、尽快解决，以免耽误老人病情。

在调解之初，双方当事人态度都比较强硬，为了缓和矛盾与分歧，调解员暂时将双方当事人分开，采取背对背的调解方式，分别同张某、王某丙和王某甲、王某乙沟通。调解员首先向王某甲、王某乙了解情况。王某甲表示，自己家庭经济状况一般，公公婆婆身体也不好，均需要常年打针、吃药和照顾，母亲到B市医院做手术，一是手术费用太高，自己确实没有能力承担，二是自己没有时间到B市去陪护。王某乙表示，自己家庭主要是务农为生，经济负担较重，如果去外地陪护，势必会影响务农收入，也会影响全家人的生活。王某甲、王某乙均表示，妹妹王某丙家庭经济状况较好，且没有家庭负担，应该多为两个姐姐分担一些，如果一定要到B市医院去医治，其二人没有能力分担手术费用，在本地治疗则可以分担部分费用。张某和王某丙则坚持去B市医院医治，表示王某甲、王某乙的做法太令人寒心，必要时会向人民法院提起诉讼。

调解员在认真倾听一家人的陈述后，经过分析研判，认为化解该矛盾的前提是做好小女儿王某丙的思想工作，因为王某丙家庭条件比较好，承担大部分医疗费用属于能力范围之内，但是王某甲、王某乙相对困难一些。因此，医疗费用不应该由三人均摊，而应根据三人的实际情况量力而行。

按照这个思路，调解员开始做王某丙的思想工作。调解员指出，王某甲和王某乙家庭都不是很富裕，且家庭负担较重，让她们拿出一万多元确实很困难，所以请王某丙换位思考，毕竟都是一家人，亲情最重要。再者，母亲的病也不能再耽误了。王某丙表示，母亲的医疗费用自己可以承担一半，但是必须去B市医院治疗。张某也表示，没想到自己因病治疗给三个女儿带来这么多矛盾，提出自己可以承担部分医疗费用，为王某甲、王某乙减轻一些经济负担。

之后，调解员将一家人聚在一起，明法析理。调解员指出，《老年人权益保障法》第14条第1款规定："赡养人应当履行对老年人经济上供养、生活上照料和精神上慰藉的义务，照顾老年人的特殊需要。"第15条第1款规定："赡养人应当使患病的老年人及时得到治疗和护理；对经济困难的老年人，应当提供医疗费用。"《民法典》第26条第2款规定："成年子女对父母负有赡养、扶助和保护的义务。"第1 067条第2款规定："成年子女不履行赡养义务的，缺乏劳动能力或者生活困难的父母，有要求成年子女给付赡养费的权利。"因此，赡养老人是每个公民义不容辞的责任和义务，并且在履行赡养义务时不能附加任何条件。作为女儿要主动承担赡养义务，不能因为家庭条件不好而拒绝赡养，有钱出钱，有力出力，亲情是不可磨灭的。同时，对父母尽心尽孝也是对自己子女的教育和引导。

经过调解员的耐心劝导，当事人一家终于达成和解，双方各退一步。三个女儿一致同意母亲去B市医院医治，王某甲支付费用6 000元，王某乙支付费用4 000元并且到医院去照顾母亲，王某丙支付费用20 000元。

问题：

人民调解员如何遵循明法析理的原则调解民间纠纷？

分析要点提示：

我国《人民调解法》第21条规定："人民调解员调解民间纠纷，应当坚持原则，明法析理，主持公道。调解民间纠纷，应当及时、就地进行，防止矛盾激化。"《全国人民调解工作规范》进一步规定，人民调解员调解民间纠纷应当明法析理，即应根据纠纷的情况，讲解法律政策，宣传公德情理，摆事实、讲道理，帮助当事人查明事实、分清是非、明确责任。

本案属于为母亲治病支付医疗费引起的纠纷。张某的三个女儿，王某丙家庭条件比较好，王某甲、王某乙相对困难一些，由于母亲张某就医治疗选择的医院需要支付的费用较高，涉及医疗费用承担问题，张某、王某丙与王某甲、王某乙产生了争议与纠纷。调解员在调解纠纷时，遵循明法析理的原则进行调解，使矛盾和纠纷得到了及时的解决。

明法析理需要调解员具有较高的素质，为了较好地解决纠纷，调委会选派了经验丰富的调解员进行调解。调解员具体了解纠纷情况后，确定了调解方向，即该纠纷应当尽早、尽快解决，以免耽误老人病情。在调解过程中，针对双方当事人态度都比较强硬的情形，为了防止矛盾激化，调解员运用背对背的调解技巧，分别做双方当事人的思想工作，使矛盾得到了缓和。从实际情况看，王某甲和王某乙家庭都不是很富裕，且家庭负担较重，让她们拿出一万多元确实很困难，而王某丙家庭比较富裕，因此调解员首先做王某丙的思想工作，请王某丙换位思考，毕竟都是一家人，亲情最重要，母亲的病也不能再耽误。在此基础上，调解员对纠纷双方当事人进一步明法析理，讲解《老年人权益保障法》和《民法典》的法律规定，依据法律对双方当事人进行劝导，使当事人清楚，赡养老人是法律规定的每个公民义不容辞的责任和义务，在履行赡养义务时不能附加任何条件。作为女儿应当主动承担赡养义务，不能因为家庭条件不好而拒绝赡养，应当有钱出钱，有力出力。同时，对父母尽心尽孝也是对自己子女的教育和引导。

经过调解员耐心细致地做思想工作，双方当事人互谅互让，最终达成了调解协议。通过本纠纷的调解可以看出，向纠纷双方当事人分析、明确法律规定，以法律为尺，在此基础上分析事理，往往能够收到较好的调解成效。同时，也需要注意，明法析理对人民调解员的素质要求较高，要求人民调解员具有一定的文化水平、政策水平和法律知识。从本纠纷的调解看，调解员经验丰富，不仅懂得法律，而且擅长运用调解的方法与技巧，同时注重说理，让当事人心服口服、互谅互让，使纠纷得到了圆满的解决，调解实例值得借鉴。

◆ **在线测试**

第七章　人民调解的方式和方法

【本章引例】

　　芦某因右内外踝骨折并踝远端骨折，于20××年3月6日在某医院进行手术治疗。家属称芦某手术前无不适情形，但手术后因术后并发症导致呼吸衰竭，经抢救无效死亡。3月16日，芦某当医生的儿子，在复印了医院的诊疗病例后，觉得医院没有在术前用抗凝药是导致芦某死亡的重要原因，因知道镇人民调解委员会主任牛某有着很好的调解经验，遂申请让其进行调解。牛某在初步了解情况并看过病例后，觉得无法判断医疗单位的诊疗过错，于是就联系了某医学院第一附属医院人民调解委员会的刘主任，刘主任具有专业的医疗知识，且从事医患纠纷调解多年，经验丰富。牛某带着病例向刘主任求助，刘主任看后，直接与医院进行了沟通。

　　之后，连续十天，在人民调解员的主持下双方多次进行沟通，对于家属对诊疗过程的疑虑，医院逐一进行了详细解释，最终获得了家属的理解。对于医院的不当之处，两个人民调解委员会又进一步协调，于4月14日为家属争取到了6万元的补偿款。4月15日上午补偿款到账，4月16日上午，患者家属将一面内容为"专业服务 调解为民"的锦旗送到了镇人民调解委员会，向调解员们表示感谢。

请问：

人民调解的方式有哪些？

【本章学习目标】

通过本章的学习，你应该能够：

1. 掌握人民调解的方式。

2. 了解人民调解的方法及其运用。

第一节　人民调解的方式

　　人民调解的目的是化解矛盾，解决纠纷，在调解过程中，要想使双方当事人互谅互让，达成调解协议，调解的方式至关重要。

一、单独调解与共同调解

单独调解，是指由一个人民调解委员会独自对民间纠纷进行调解。单独调解是比较常见的民间纠纷解决方式。根据我国人民调解相关法律的规定，民间纠纷由纠纷当事人所在地、所在单位，或者纠纷发生地的人民调解委员会受理调解。由此可见，通过人民调解的方式解决民间纠纷，采取的是就近原则。由于人民调解委员会的人民调解员一般居住在当地，或者本人就是本单位的职工，与纠纷双方当事人通常比较熟悉，调解工作的开展具有人熟、地熟、情况熟的特点，因此便于人民调解员有针对性地进行调查研究，了解纠纷产生、发展的情况，有针对性地对双方当事人做耐心细致的调解工作，促使双方当事人在互谅互让的基础上达成调解协议，解决矛盾纠纷，从而达到一次性快速、彻底解决纠纷的目的。

共同调解，是指由两个或两个以上的人民调解委员会，对跨地区、跨单位的民间纠纷，协调配合，共同进行调解。根据我国人民调解相关法律的规定，村民委员会、居民委员会或者企业事业单位的人民调解委员会调解不了的疑难、复杂民间纠纷，以及跨地区、跨单位的民间纠纷，由乡镇、街道人民调解委员会受理调解，或者由相关的人民调解委员会共同调解。所谓疑难、复杂的民间纠纷，是指在人民调解委员会辖区范围内有较大社会影响的民间纠纷，或者是涉及群体性、敏感性等因素，对社会稳定有较大影响的民间纠纷。所谓跨地区、跨单位的民间纠纷，指的是纠纷当事人属于不同地区、不同单位，或者纠纷当事人属于同一地区、同一单位，但发生在其他地区、其他单位的民间纠纷。

共同调解与单独调解是相对而言的。由于共同调解涉及的民间纠纷相对比较复杂，调解组织又是多个，因此在调解民间纠纷之前，需要详细、具体地制订调解计划，以保证调解工作有步骤、有秩序地进行。同时，需要注意分清主次，确定以一个调解委员会为主，其他调解委员会协助调解。通常情况下，以最先受理民间纠纷的人民调解委员会为主，其他参加调解的人民调解委员会为辅。如果涉及两个或两个以上人民调解委员会同时受理民间纠纷的情形，应本着有利于民间纠纷调解解决的原则，通过协商，确定在调解中占主导地位的人民调解委员会，以其为主进行调解，其他参加调解的人民调解委员会协助调解。总之，涉及多方主体共同进行调解时，一定要协调好各方的关系，以利于纠纷的解决。

二、直接调解与间接调解

直接调解，是指由人民调解委员会的人民调解员直接对民间纠纷进行调解，即人民调解员将纠纷双方当事人召集到纠纷调解地点，对纠纷进行调解。在具体调解中，可以单独进行调解，也可以共同进行调解。

间接调解，是指人民调解委员会的人民调解员借助纠纷当事人以外的第三者的力量进行调解。单个人民调解员或单个人民调解组织的能力和水平毕竟是有限的，而且，民间纠纷复杂多样，即使有的民间纠纷不是特别复杂，但也存在当事人的思想工作难以做通的情形。此时，如果有深得当事人信任的第三者介入，通过劝说、疏导等方式，耐心细致地做思想工作，当事人通常比较容易接受，使调解工作能够顺利进行。对于家庭成员关系比较复杂的婚姻家庭纠纷、当事人依赖他人出主意的纠纷，以及当事人之间积怨比较深的纠纷，调解难度比较大，往往需要运用间接调解的方式进行调解。例如，有些家庭成员关系比较复杂的婚姻家庭纠纷，表面上看是夫妻之间的矛盾，实际上则是公婆、岳父母在后面操控，人民调解委员会在调解时，需要首先做好公婆和岳父母的工作，然后再做夫妻双方的思想工作，这样才能从根本上解决问题，使矛盾纠纷彻底得到解决。因此，运用间接调解的方式进行调解，不失为一种较好的纠纷解决方式。

三、公开调解与不公开调解

公开调解，是指人民调解委员会调解纠纷时，向当地群众公布调解时间、调解场所，邀请当事人亲属或朋友参加，允许群众旁听的调解方式。公开调解纠纷，允许群众旁听，以案说法，可以起到法治宣传教育的作用。在调解实践中，公开调解的纠纷，大多属于涉及面广、影响大、当事人过错严重、具有典型意义的纠纷。需要注意的是，选择以公开的方式调解纠纷，不能涉及当事人的个人隐私，也不能涉及当事人不愿意公开的其他信息，应当注意维护纠纷当事人的合法权益。

不公开调解，是相对公开调解而言的，是指人民调解委员会调解纠纷时，除纠纷当事人外，不允许其他人参加，调解以不公开的方式进行。在调解实践中，不公开调解的纠纷，主要是涉及当事人个人隐私和商业秘密的纠纷。例如，婚姻家庭纠纷，当事人本着"家丑不外扬"的想法，不愿意公开调解，为了使纠纷能够顺利解决，人民调解委员会可以采取不公开调解的方式对纠纷进行调解。再如，涉及商业秘密的纠纷，如果公开调解，容易泄露商业秘密，因此，也不适宜采用公开调解的方式。总之，人民调解委员会应当根据纠纷的具体情况和纠纷当事人的不同特点，采用灵活多样、易于达成调解协议的方式，对民间纠纷进行调解，以利于纠纷的解决。

第二节　人民调解的方法及其运用

人民调解的方法，是指人民调解员调解民间纠纷时，采用的调解途径、步骤和手段。《人民调解法》第22条规定："人民调解员根据纠纷的不同情况，可以采取多种方式调解民间纠纷，充分听取当事人的陈述，讲解有关法律、法规和国家政策，耐心疏导，在当事人平等协商、互谅互让的基础上提出纠纷解决方案，帮助当事人自愿达成调解协议。"根据上述法律规定，人民调解委员会调解民间纠纷，要想取得良好的效果，需要注意调解方法的运用。在具体的调解实践中，民间纠纷复杂多样，调解民间纠纷的方法亦千差万别。

一、法德结合法

法律与道德关系密切，既有联系，也存在一定的区别。法律与道德的联系主要体现为，凡是法律反对的行为，通常也是道德谴责的行为；凡是法律要求的行为，通常也是道德倡导的行为。法律与道德的区别主要是，法律通常由国家制定的规范性文件予以体现，是调整人们之间权利义务的规范，靠国家强制力保证实施。道德通常存在于人们的意识中，不像法律规范那样明确、具体；道德主要通过社会舆论予以确立，靠人们的信念、社会舆论、习惯力量维持。有些关系不宜通过法律调整，只适宜由道德调整；有些问题不属于道德评价范畴，只能由法律作出规定。更多的社会关系是由法律和道德共同调整的，但具体的要求又各不相同。

根据《人民调解工作若干规定》第 4 条第 1 项的规定，人民调解委员会调解民间纠纷，应当依据法律、法规、规章和政策进行调解，法律、法规、规章和政策没有明确规定的，依据社会主义道德进行调解。依据上述法律规定，人民调解委员会调解民间纠纷，应当以事实为根据，以法律为准绳，依法对民间纠纷进行调解。但是，需要注意的是，法律即使再完备，也不可能穷尽社会生产和生活中的所有情形，法律规范中还存在缺陷和盲区，完全依靠法律规范进行调整，既不现实也不可能。因此，当遇到损害国家利益、社会公共利益、他人合法权益的情形时，如果缺乏法律禁止性规范，就需要用道德进行调整。

在人民调解制度适用中，法律与道德的结合主要体现在以下两个方面：

（1）人民调解委员会调解民间纠纷，在查清事实的基础上，应当运用国家的法律和政策，依法进行调解，耐心细致地做当事人的思想工作，向当事人宣传国家的法律和政策，依据法律分清纠纷的是非曲直，公正地进行调解。

（2）人民调解委员会调解民间纠纷，如果没有具体的法律可以遵循，人民调解员可以依据道德规范进行调解，说服、劝导当事人，使当事人提高思想觉悟，端正解决纠纷的态度，认识到自身的不足和错误，促进调解协议的达成。

二、情理交融法

"情"是指人情，是由人们之间的基本关系决定的相互感情，一般是指有较好关系的人们之间彼此接纳、认同的感情，是人的一种天性。"理"是指道理，是指社会对建立在基本关系之上的人们之间相互支持和友好关系的认同，其成为一种规则，是社会对于此类社会关系衍生的相互权利、义务的确认，是在长期共同的生活实践中培养起来的[①]。在人民调解实践中，对于亲属、朋友、邻里之间产生的民间纠纷，大多采用情理交融法进行调解。因为上述民间纠纷大都是由亲属、朋友、邻里之间一些鸡毛蒜皮的小事引发的，当纠纷发生时，出于一时的气愤或者情绪激动，当事人往往不顾及亲情、友情、邻里关系，针锋相对、恶语相加。这类纠纷原本并不复杂，也不涉及实质性争议，之所以难以解决，往往是因为纠纷双方当事人为了争一口气，处于不理智的状态，或者有的当事人在纠纷发生后，想尽早解决，愿意作出一定的让步，但为了面子又难以启齿。需要注意的是，不要小看这些鸡毛蒜皮的纠纷，如果得不到及时解决，则可能会进一步激化，影响社会稳定。

情理交融法，是指人民调解委员会在不违背法律、政策的前提下，兼顾人情事理，以当事人情感上能够接受的方式，以及共同认同的公德对民间纠纷进行调解。在调解实践中，对于亲属、朋友、邻里之间产生的纠纷，人民调解委员会在调解时，应当对纠纷当事人晓之以理、动之以情，采用情理结合的方式进行调解，尤其是婚姻家庭纠纷，在调解时

---

① 刘筱文．"法"与"情理"的选择：对农村和城市人民调解制度的分析．天津商学院学报，2003（6）.

更应当如此，因为和谐的家庭，需要每一个家庭成员付出关爱和承担责任，离不开每一个家庭成员的情感支持。人民调解员在对这种类型的纠纷进行调解时，要以情感人，对纠纷当事人进行耐心的劝导，促使双方当事人互谅互让，达成调解协议。使用情理交融法，通常能够有效地解决婚姻家庭纠纷、邻里纠纷、亲友纠纷，达到化解矛盾纠纷，维护家庭、邻里、朋友之间和谐稳定关系的目的，取得良好的社会效果。

三、以案说法法

以案说法法，是指通过对具体案例进行分析，认定事实，解释法律，以达到良好调解效果的调解方法。

在人民调解过程中，纠纷当事人出于自我保护的目的，通常站在自己的角度，千方百计地寻找各种理由为自己辩解，最大可能地解释自己所犯的错误，希望自己的意见能够被人民调解员接受。在上述情形下，人民调解员往往竭尽全力对纠纷当事人进行说服教育，但是收效甚微，一方面是因为有些当事人固执己见，另一方面也存在有的当事人理解能力差，虽然人民调解员苦口婆心地进行劝说，但是当事人理解不了、不明其意的情形。这时，人民调解员可以找出具体发生的且已经获得解决的案例，采用以案说法的方式，将已经解决的纠纷与正在调解的纠纷进行比较，发挥典型案例的引导示范作用，举一反三，让当事人结合自身的情况进行参考，这样的调解方法生动形象，通俗易懂，容易理解。通过人民调解员的调解，纠纷当事人往往能够认清自己的问题，使纠纷迎刃而解。

四、换位思考法

换位思考法，是指人民调解员在调解民间纠纷时，变换思维方式，从人民调解员和纠纷当事人的双重角度思考问题，体察和感受纠纷当事人的立场、观点、态度和做法，与当事人建立情感交流，理解当事人，考虑周全，使纠纷彻底、圆满地解决的调解方法。采用换位思考法调解民间纠纷，通常适用于纠纷当事人争强好胜、固执己见、刚愎自用的情形。

换位思考法的纠纷调解方式在具体适用时，主要体现在以下两个方面。

（一）人民调解员的换位思考

人民调解员换位思考，要求人民调解员站在双方当事人的立场和角度，寻找矛盾和纠纷全面解决的适当方法。在调解实践中，人民调解员虽然已经意识到理解当事人的重要性，但是在调解具体纠纷时，通常还是以自己的立场猜测当事人的想法、感受和要求，或是站在"一般人"的立场上猜想当事人"应该"有什么样的想法、感受和要求。此时，人民调解员认为自己已经为当事人着想，可调解的效果却不尽如人意。面对这样的情形，人民调解员往往觉得非常委屈，感觉"好心没好报"，但其实是自己没有掌握换位思考的要义。在纠纷调解中，人民调解员换位思考，需要从纠纷当事人的角度思考问题，想当事人所想、急当事人所急，了解、理解当事人的想法和感受，才能真诚地与当事人进行交流，消除当事人对人民调解员的抵触心理，获得当事人的信任，也才能避免自己考虑不周全，从而使调解获得成功。

（二）当事人之间的换位思考

在调解过程中，要想快速解决纠纷，不仅人民调解员需要换位思考，纠纷当事人也需要换位思考，人民调解员应当引导当事人进行换位思考。民间纠纷发生后，从本位主义和利己主义角度出发，纠纷当事人通常都会极其关注自己的利益，为了获取最大的利益，在纠纷解决过程中，纠纷当事人往往互不相让，彼此对立，在这种情况下，很容易使矛盾激化。人民调解员应当客观地阐述和分析纠纷的具体情况，分析各方当事人的处境，讲述各方当事人不为对方了解的苦衷，采取假设的方式，引导当事人换位思考，告知纠纷当事人凡事都应当全面考虑，既应当考虑自己的切身利益，也应当顾及对方当事人的想法和感受，设身处地地站在对方当事人的立场上考虑问题，体会、感受对方当事人的疾苦，使纠纷当事人通过换位思考，比较判断，得出正确的结论，进而促使纠纷当事人相互理解，互谅互让，消除对立情绪，达成和解协议。

五、褒扬激励法

褒扬激励法，是指人民调解员在调解民间纠纷时，对纠纷当事人在调解过程中表现出的优点和长处予以表扬和激励，调动纠纷当事人调解的积极性，缓解当事人的抵触心理，安抚当事人的情绪，从而使纠纷得以解决的调解方法。

现实生活中，各种矛盾往往从无到有、从小到大、从缓和到激化，人民调解员只有认识矛盾和纠纷的特点，掌握矛盾和纠纷发展的规律，才能有预见性地做好矛盾纠纷的调解工作。人民调解员在调解纠纷前，应当先了解纠纷情况，熟悉纠纷当事人，分析纠纷当事人的性格特点，使纠纷调解更具有针对性。在调解进行过程中，从纠纷当事人的心理来看，过多的批评往往会引起当事人的反感，增强抵触情绪。由于双方当事人之间存在利益冲突，因此依赖双方当事人在调解过程中互相照顾对方的情绪很难做到，尤其是在情绪激动时，双方当事人之间往往语言激烈、唇枪舌剑、恶语相向，很容易互相伤害，导致矛盾激化。

针对矛盾和纠纷的这一特点，人民调解员在调解矛盾和纠纷时，应当站在中立第三方的立场上，对纠纷当事人在纠纷调解过程中表现出的优点和长处及时地予以褒扬和激励，赞扬的话语通常能够引起当事人的共鸣，使人民调解员获得当事人的信任，从而使当事人能够比较容易地接受人民调解员在后续调解中提出的意见和建议。但是，人民调解员在运用褒扬激励法时也需要注意，应当根据纠纷当事人的表现实事求是、中肯地肯定当事人的优点和长处，掌握褒扬的尺度和分寸，因为如果褒扬过度，会引起当事人的反感，甚至会被当事人认为人民调解员是在讽刺、挖苦自己，导致事与愿违。因此，褒扬的方法很重要，应当既不夸大也不缩小，可以直接褒扬当事人的行为，也可以间接褒扬当事人的行为，做到态度真诚、言语中肯，只有如此，才能获得当事人的信任，也才能受到当事人的尊重。

同时需要注意，在对当事人的优点和长处予以褒扬和肯定的同时，如果纠纷当事人在纠纷解决过程中言行存在不当之处，人民调解员也应当一并指出，并对当事人予以批评、说服、规劝当事人停止不当言行，以拉近当事人之间的距离，使调解获得成功。

总之，在人民调解中，褒扬激励法如果运用得当，不仅能够缓和当事人的情绪，而且有利于拉近人民调解员和纠纷当事人之间的心理距离，容易使纠纷当事人接受人民调解的意见和建议，收到很好的调解效果。

六、重点突破法

重点突破法，是指人民调解员在调解民间纠纷时，抓住矛盾纠纷的重点，采用先易后难的方式，各个突破，解决纠纷的方法。

民间纠纷复杂多样，人民调解员了解纠纷情况，掌握纠纷发展规律，集中精力，抓住主要矛盾，重点突破，往往有利于矛盾纠纷的解决。通常情况下，一起纠纷中会存在多个矛盾，各个矛盾之间往往存在千丝万缕的联系，如果能够找出纠纷的主要矛盾，重点击破，先解决纠纷的主要矛盾，其他的矛盾和纠纷通常也能够迎刃而解，达到事半功倍的效果。因此，人民调解员调解民间纠纷，应当集中精力和力量，根据纠纷的发展和变化情况，抓住纠纷的主要矛盾，将纠纷解决的重点放在主要矛盾的解决上。

涉及具体矛盾纠纷的解决，人民调解员主要应当从以下两个方面入手。

（一）发现主要矛盾，重点进行解决

人民调解员可以通过调查研究，全面搜集与纠纷有关的资料，详细了解纠纷的来龙去脉，站在客观的立场上，保持清醒的头脑，对复杂的纠纷进行认真的梳理和分析，透过现象看本质，找出纠纷的主要矛盾，抓住问题的关键，采取先易后难的顺序，各个击破，劝导、说服当事人，对当事人晓之以理、动之以情，促使矛盾纠纷顺利解决。

（二）确定纠纷的关键人物，集中精力做好关键人物的工作

在调解实践中，涉及群体性的纠纷，某些当事人在纠纷中往往起着关键性的作用，对纠纷影响较大，其他的大多数当事人在纠纷解决过程中通常听从关键当事人的意见。因此，在调解纠纷时，人民调解员应当了解每位当事人的具体情况，确定每位当事人在纠纷中所处的地位和所起的作用，找出对纠纷解决起决定性作用的关键当事人，集中力量做耐心细致的调解工作，重点突破关键当事人的防线，以此带动其他当事人接受调解结果，达成调解协议。

需要注意的是，抓住主要矛盾进行调解，也不能忽略次要矛盾的解决，人民调解员在调解矛盾纠纷时，既要集中精力抓住主要矛盾进行调解，也应当统筹安排，合理布局，协调和处理好次要矛盾。

七、借助外力法

借助外力法，是指人民调解委员会调解民间纠纷时，除依靠自身力量进行调解外，还依靠纠纷当事人的亲友、社会上有威望的人，以及其他的社会力量解决纠纷的方法。

民间纠纷能否顺利解决，通常取决于三个因素，即利益的平衡、怨气的发泄、人格的维护，只要这三点中有一点或两点双方达成了协议，纠纷基本就能够得到化解。从人民调解实践来看，一个调解组织或者一个调解员的能力毕竟是有限的，对于一些疑难复杂案件的调解，有时会感到力所不能及。此时，如果借助外力进行调解，往往能达到很好的效果。例如，邀请纠纷当事人的亲友、有威望的人，或者借助其他多种社会力量进行调解，往往能够促进矛盾纠纷的解决。其中，当事人的亲友，一般是指与当事人关系密切的亲戚和朋友，由于他们与纠纷当事人之间关系密切，存在信任的基础，并且这些人通常对当事

人的情况比较了解，因此邀请他们参与调解往往能够较快地找到问题症结所在，对症下药，取得较好的调解效果。有威望的人，一般都社会阅历丰富，明白事理，受人尊重，由这样的人协助调解民间纠纷，出于对有威望的人的信赖，当事人往往能够接受其提出的意见和建议，通过调解解决纠纷。其他社会力量主要包括纠纷当事人的单位、新闻媒介等。单位参加调解，当事人会产生依赖、信任的依托感，对单位所提意见和建议不会产生抵触情绪，容易接受。新闻媒介具有社会影响力，一旦对当事人的纠纷进行报道，就会引起社会各界对民间纠纷的广泛关注，各种舆论压力也会随之而来，新闻舆论的压力会迫使当事人作出某种让步，使纠纷得以解决。

人民调解委员会采用借助外力法解决矛盾和纠纷，需要注意以下几个问题：

（1）要注意尊重当事人的意志，借助外力进行调解，需要征得当事人的同意，不能急于求成、擅作主张，以免引起当事人的反感。

（2）要注意对当事人合法权益的维护，防止当事人个人隐私的泄露。

（3）被邀请协助调解者应当公道、正派，秉公调解，否则，不但不能获得良好的调解成效，反而会事与愿违。

八、模糊处理法

模糊处理法，是指人民调解委员会调解民间纠纷时，采用"宜粗不宜细"的方法，对某些非原则性的问题不进行深入探究，以促进矛盾纠纷的解决的调解方法。

民间纠纷属于人民内部矛盾，当事人对争议的民事权利义务享有处分权，人民调解委员会在调解民间纠纷时，调解结果只要不违反国家法律、政策、社会公序良俗即可。因此，人民调解委员会对民间纠纷某些事实的判断没有必要追根究底，对于某些非原则性问题的争议可以忽略不计，以促进矛盾纠纷的解决。因此，在纠纷调解中，人民调解员没有必要将纠纷发生过程中任何的微小细节都查证清楚，包括某些事实、某些情节、某些人说的具体的话等，因为既没有必要，有些细节又不可能全部查证清楚。人民调解员在对矛盾纠纷进行调解的过程中，只要把纠纷产生、发展、演变、结束的基本情况查证清楚，能够分清是非曲直即可，对于某些确实查不清楚，又不影响纠纷处理的非原则性问题可以忽略不计。但是，也应当注意，人民调解委员会调解民间纠纷绝不能"和稀泥"，是非曲直、责任承担等关键性问题必须查证清楚，调解协议的达成一定不能损害任何一方当事人的合法权益。

在运用模糊处理法时，为了保证公正地处理矛盾纠纷，人民调解员在纠纷解决过程中需要注意以下几个问题：

（1）说话宜少不宜多。人民调解员调解民间纠纷，应当先听取纠纷当事人诉说纠纷的经过，多听少说，不急于表态。

（2）做事宜缓不宜急。如果民间纠纷不存在恶化的可能性，人民调解员应当不急于调解，采取冷处理的方式，先把纠纷的来龙去脉弄清楚。

（3）调解宜暗不宜明。人民调解员调解民间纠纷，遇到情绪激动的当事人，应当先与当事人单独谈心，进行个别劝解，然后再面对面地进行调解，促使双方当事人握手言和，防止矛盾激化。

（4）方法宜粗不宜细。在调解纠纷时，人民调解员不要对纠纷当事人的每一句话、每一个细微的行为都予以追究，避免纠纷当事人在小事上纠缠不清，影响调解的效果。

九、苗头预测法

苗头预测法，是指人民调解委员会调解民间纠纷时，关注纠纷的发展、变化，预测纠纷发展的态势，对于存在恶化趋势的民间纠纷，及时采取措施，妥善处理解决，防止矛盾激化的调解方法。

我国《人民调解法》第21条规定："人民调解员调解民间纠纷，应当坚持原则，明法析理，主持公道。调解民间纠纷，应当及时、就地进行，防止矛盾激化。"从纠纷发展演变的规律来看，矛盾产生后，有的矛盾会停留在原始状态，有的矛盾则会不断地发展演变，甚至恶化。因此，民间纠纷的调解应当快速及时，同时人民调解员还应当密切关注纠纷发展的新动向，认识矛盾纠纷的特点，掌握矛盾纠纷的发展规律，有预见性地做好矛盾纠纷的调解工作，以有效地防止矛盾纠纷的激化。

目前，我国正处于社会转型时期，民事主体的利益和要求呈现出多元化的状态，各种矛盾纠纷不断产生，有些纠纷疑难复杂，有些纠纷极易反复，难以调解解决。运用苗头预测法调解民间纠纷，是人民调解"防调结合，以防为主"工作方针的具体体现，要求人民调解员了解纠纷发展变化的规律，在纠纷解决过程中，注意观察纠纷当事人思想、行为发展变化的蛛丝马迹，针对纠纷当事人思想、行为不断变化的特点，分析变化的现状和原因，提出解决纠纷的具体方案，针对可能出现的问题，抓紧工作，积极疏导，妥善解决，把纠纷解决在萌芽状态，防止矛盾纠纷恶化。

需要注意的是，运用苗头预测法解决矛盾纠纷，关键不是预测纠纷恶化的苗头，而是强调人民调解员对纠纷恶化的苗头予以重视，积极行动起来，采取妥善措施，及时进行处理解决，把纠纷恶化的苗头消灭在萌芽状态，防患于未然。

◆ 【引例分析】

在人民调解工作中，为了使调解获得较好的成效，选择恰当的调解方式非常重要。从人民调解实践来看，调解方式主要包括单独调解与共同调解、直接调解与间接调解、公开调解与不公开调解等，具体选择适用何种调解方式，需要人民调解员根据纠纷的具体情况确定。

本纠纷属于医患纠纷，专业性比较强，虽然纠纷当事人出于对人民调解员的信任，向人民调解委员会申请调解，但是大多数人民调解员都不具备医学专业知识，很难"对症下药"，区分对错，有针对性地进行调解。从医疗机构角度来看，由于患者一方与医疗单位处于对立地位，出于对医疗机构的不信任，患者家属对于医疗机构的专业诊疗行为和对治疗流程的解释很难听进去。如果人民调解员建议纠纷当事人通过诉讼的方式解决纠纷，周期长、诉讼成本高，不利于低成本、快速地解决矛盾纠纷。针对上述情况，人民调解员选择了共同调解的方式，一方面基于纠纷当事人对自己的信任，消除家属的疑虑；另一方面借助医疗行业人民调解委员会调解员的医学知识，通过医疗行业调委会与一般调委会联合进行调解，发挥各自的特长和优势，有效地化解了医患纠纷，使纠纷得到了圆满的解决。在调解进行过程中，人民调解员工作耐心细致，不辞辛劳，多次与纠纷当事人进行沟通、交流，使调解取得了很好的效果，作为人民调解成功的典型案例，值得学习和借鉴。

◆ 【本章小结】

1. 调解方式至关重要，主要包括单独调解与共同调解、直接调解与间接调解、公开调解与不公开调解。

2. 人民调解员根据纠纷的不同情况，可以采取多种方法调解民间纠纷，包括法德结合法、情理交融法、以案说法法、换位思考法、褒扬激励法、重点突破法、借助外力法、模糊处理法、苗头预测法等。

◆ 【练习题】

■ 一、名词解释

单独调解　共同调解　直接调解　间接调解　公开调解　不公开调解　法德结合法　情理交融法　以案说法法　换位思考法　褒扬激励法　重点突破法　借助外力法　模糊处理法　苗头预测法

■ 二、简答题

1. 人民调解的方式有哪些？

2. 简述人民调解的方法及其运用。

■ 三、案例分析题

1. 提起调解员李大伯，在"金五星"集贸市场的个体工商户中，那可是无人不知、无人不晓。李大伯早些年也在这个集贸市场做生意，而且生意做得很红火，后来年纪大了，在家人的劝说下就不做了。但李大伯闲不住，想到这些摊主们平时有纠纷没人给调解，有烦恼没处去诉说，有困难没人给解决，李大伯就建议在该集贸市场建立人民调解委员会。在市场管理部门和有关上级单位的支持下，市场调委会诞生了。李大伯担任人民调解员，在广大摊主的拥护下，开始了他的人民调解员生活。这天上午，该市的一名个体工商户贾某找到了李大伯，他说20××年秋天他将价值1.8万元的铝制品卖给"金五星"集贸市场26号的摊主黄某，因黄某当时资金周转困难，暂时不能付款，所以给贾某写了一张欠条，写明欠贾某1.8万元人民币，下一年春节之前还钱。谁知，快到还钱日期了，贾某怎么也找不到那张欠条了。他去找黄某要钱，黄某见他拿不出欠条，死活不承认自己欠贾某钱。贾某没办法，只好回家继续找欠条，可是把家里翻了个底朝天也找不着。这事就拖到了过完年之后。后来贾某又多次去黄某那儿催要，可黄某都说不欠他钱。看着黄某一副死不认账的表情，贾某气得想打黄某一顿。但他压住心里的火，跑到律师事务所咨询，欲通过诉讼的方式将钱要回来，结果却被告知因为没有证据，胜诉的可能性微乎其微。

走投无路的贾某在朋友的指点下，抱着一线希望找到了李大伯。李大伯听完贾某的话说："小贾，你放心。这件事我们调委会一定会替你做主的。"当天下午，李大伯就来到了黄某的摊前。李大伯说明来意，黄某露出一副无辜的表情说："李调解，这笔钱我已经还给他了。""哪天啊？""就是去年农历12月20日。""在哪儿还的？有人证明吗？""就在这儿还的。邻摊的董某、江某可以证明。"李大伯心想，黄某这次承认欠了钱并说已经还了，看来这小子确实是欠了别人的钱。因为担心黄某在场，邻摊的摊主不好说真话，李大伯没有马上就问邻摊的董某和江某，而是在快收摊时，把他俩叫到了调委会。江某和黄某关系颇好，他一口咬定黄某还了钱。而董某看见是李大伯问此事，不由得支支吾吾起来，他说："那段时间，我和李某去外地进了一次货，太忙了，好像小黄是还了小贾的钱。"李大伯这时心里已经有了数，他让两人先回去。然后马上找到李某，一打听才知道，去年农历12月20日董某根本没在市场，而是和李某去外地进货了。第二天，李大伯又找到董某和江某，严肃地告诉他们，作伪证不仅帮不了朋友，反而会害了朋友，而且作伪证是要承担法律责任的。在李大伯的耐心开导下，两人都承认是黄某让他们这么说的。

弄清楚情况后，李大伯带着贾某来到了黄某的摊前。他把他所调查的情况向黄某作了细致的解释，同时语重心长地说："小黄，我们做生意的人，讲的就是'诚信'二字。小贾敢借钱给你就是相信你是个诚信之人。像你现在这样，传出去，以后还能得到别人的信任吗？以后还有谁敢放心大胆地和你做生意啊？你因小贾的欠条丢失而拒绝还钱，表面看来是赚了一笔。但你好好想想，这以后没人敢在你资金周转不灵时借钱给你了，你这生意还怎么做？你还赚什么钱？小黄啊，别捡了芝麻丢了西瓜。"这些话说到了黄某心坎里，他承认没还钱，并说："钱，我还。但小贾所送的货有部分质量不好，能否扣除一部分钱？"没等李大伯开口，贾某便说："行，1.8万元，我只要1.5万元。"黄某当场拿出1.5万元付给贾某，一场欠条丢失引发的欠款纠纷案，在李大伯的努力下得到了妥善的解决。

问题：

人民调解员应如何运用法德结合法调解民间纠纷？

分析要点提示：

法律和道德都是社会上层建筑的重要组成部分，都是规范人们行为的重要手段，但二者各自又有不同的特点和作用。法治强调用法律制度来治理国家，用强制的手段来约束人们的行为。而道德与法律不同，道德的实施不是依靠强制性手段，而是通过道德教育的手段，说服和劝导人们提高道德觉悟，使人们自觉地遵守道德行为规范。在人民调解的具体运作过程中，通常需要将法律与道德结合起来运用，才能达到良好的调解效果。

从本纠纷的解决来看，债权人将债务人给自己写的欠条丢失，即使债权人向法院提起诉讼，法院受理案件，但是在诉讼过程中，如果债务人矢口否认债权债务关系存在，债权人又不能提供相应的证据支持自己的诉讼主张，也极有可能承担败诉的结果。本纠纷产生之后，贾某找不到欠条，找黄某要钱，黄某见贾某拿不出欠条，死活不承认自己欠贾某的钱。在万般无奈的情况下，贾某找到了人民调解员李大伯。显然，对于此类纠纷，仅仅依靠法律手段解决，很难取得较好的效果。

人民调解员受理此纠纷后，耐心细致地向纠纷当事人了解情况，向证人调查取证。在调查取证过程中，人民调解员告知证人，作伪证是要承担法律责任的，迫使证人说出真相。在初步掌握纠纷情况后，人民调解员采取就地调解的方式，带着贾某来到黄某的摊位前，以"诚信"为核心，分析纠纷的来龙去脉，阐明利害关系，晓之以理、动之以情，指出贾某借钱给黄某，是出于对黄某的信任，如果因为贾某丢失了欠条就赖账，黄某以后很难得到别人的信任，资金再周转不灵时，将会无人可借钱。通过权衡利害关系，债务人最终作出了让步，使纠纷得到了圆满的解决。由此可见，纠纷应当依法解决，但是法律并不是全能的，当依法解决纠纷遇到瓶颈时，道德的作用是不容忽略的。在本案例中，人民调解员很好地运用了法德结合法，使纠纷解决取得了较好的效果。

2.20××年6月的一个傍晚，某镇司法所接到电话，当地村民称，一外省男子张某租赁本镇街道刘某家的房子做小生意，由于该房年久失修加上连续几天雨水较多，上面搭建的建筑物突然自行倒塌，张某头部被砸伤，伤势较重。张某的七八个在此做生意的亲戚聚集在一起准备闹事，如不及时调处很有可能使矛盾激化，引发外来务工人员群体性上访，造成严重的社会后果。

司法所工作人员立刻赶往医院进一步了解情况，当了解到病人因无钱预缴医疗费医院已经停止用药、伤势得不到有效控制的情况后，调委会人员立即与医院协商，先给病人治疗，稳定伤者及其家属的情绪，然后又到事故现场同当地村干部一起进行调查，并查清了事发房屋所有人刘某的基本情况。

刘某本人及其家庭的经济状况很差，当调解员向刘某说明来意后，刘某声称自己的建筑物是牢固的，是张某个人的过错引起了建筑物倒塌，责任应由张某自己承担。调解员向刘某耐心讲解了《民法典》第1253条的规定，即"建筑物、构筑物或者其他设施及其搁置物、悬挂物发生脱落、坠落造成他人损害，所有人、管理人或者使用人不能证明自己没有过错的，应当承担侵权责任。所有人、管理人或者使用人赔偿后，有其他责任人的，有权向其他责任人追偿"，终于使刘某的态度发生了转变。但刘某表示自己还欠着八九万元的债，也没有财产，即使法院判决，自己也无履行赔偿的能力，目前只能承担几百元的赔偿款。

由于双方在赔偿金额上的分歧较大，调解一时无法达成一致。受害方的亲属表示如果对方的态度不转变，他们将不惜一切代价，采取逐级上访的方式，直到讨回公道。调解员进一步从人情、道理和法律等角度做工作，刘某在与家人商量后终于自愿来到司法所接受调解。双方本着互敬互谅的原则，经过多次协商，终于达成了调解协议，即刘某赔偿张某医疗费、误工费等共计9500元，张某自愿放弃其他赔偿权利。协议达成一致的当天下午，刘某便借齐赔偿款，一次性履行了赔偿协议，至此，一场很有可能激化、升级的矛盾纠纷，在调解员的努力下得到了圆满的解决。

问题：

人民调解员应如何运用情理交融法调解民间纠纷？

分析要点提示：

情理，是指人情与道理。情感作为人对客观事物的态度，是人的需要和客观事物之间关系的反映，人的全部心理活动都伴随着情感。道理，是指是非曲直。情理交融，是指思维活动和心理活动相互融合、统一，体现为情感与理性相协调的心理状态。人民调解员运用情理交融法调解民间纠纷，是指在不违背法律、政策的前提下，兼顾人情事理，以当事人情感上能够接受的方式，以及共同认同的公德对民间纠纷进行调解。

本案是由建筑物倒塌引起的人身损害赔偿纠纷。由于刘某对自家搭建物未尽维护、管理义务，致使张某受伤，且张某亲属情绪激动，如果不及时妥善解决，就有可能激化矛盾。

本案调解员在纠纷调解过程中，首先安抚当事人及其亲属的情绪，使伤者得到及时救治；然后进行实地调查，进一步了解情况；最后在掌握第一手资料的基础上，采用情理交融的调解方法对纠纷进行调解。一方面，调解员告知刘某，我国《民法典》第1 253条规定："建筑物、构筑物或者其他设施及其搁置物、悬挂物发生脱落、坠落造成他人损害，所有人、管理人或者使用人不能证明自己没有过错的，应当承担侵权责任。所有人、管理人或者使用人赔偿后，有其他责任人的，有权向其他责任人追偿。"根据上述法律规定，刘某是房屋所有人，由于刘某疏于对房屋的管理，房屋年久失修，上面搭建的建筑物突然自行倒塌，将张某的头部砸伤，刘某应对本次事故承担损害赔偿的民事责任。另一方面，调解员又做张某及其亲属的思想工作，将刘某的家庭困境、欠债情况、履行能力告知张某及其亲属，在此基础上，从情、理、法等多种角度晓之以理、动之以情，使双方当事人互让互谅，求同存异，最终达成了调解协议，使一场很有可能激化、升级的矛盾纠纷得到了圆满解决。由此可见，情理交融的调解方法有利于化解矛盾、解决纠纷，是一种值得提倡的调解方法。

3.20××年4月的一天，邵某在回家路上被系在树边的狗咬伤，后经医院救治，终因抢救无效死亡。

经公安机关调查，该狗系某饭店老板郭某所养。邵某死后，家属情绪激动，悲痛万分，坚决要向该狗的主人讨个说法，他们认为，邵某的死与被狗咬伤存在因果关系，郭某作为狗的主人负有不可推卸的责任，理应承担赔偿责任。而郭某则认为，邵某被狗咬伤后，已经得到了及时的救治，邵某的死与其长期患病有关，狗咬不是致死原因，因此坚决不同意承担责任。

死者家属先后多次与郭某交涉，要求就邵某的死亡赔偿问题进行协商，并提出了25万元的赔偿要求。而郭某则认为，邵某家属的赔偿金额纯属漫天要价，无理取闹。双方的协商因赔偿金数额无法达成一致而几度陷入僵局。死者家属见几番协商无果，便扬言这个问题不圆满解决，就把死者尸体抬到郭某饭店门口。随后双方的争执愈加激烈，矛盾和冲突迅速恶化，直至拨打110报警。

110接警后，派出所立即委托镇调委会对此纠纷进行调解，以避免矛盾再次激化。调处小组迅速组建起来，人民调解员即刻赶赴死者家中，安抚死者家属情绪。首先，人民调解员对死者家属的心情表示充分理解和同情，并适时向他们宣传相关政策、法规；同时让死者家属意识到若矛盾进一步激化可能会造成的伤害，设身处地为其分析、权衡利弊，对死者家属进行安抚与劝解。然后，调解员又前往公安机关调取相关笔录、材料，了解到该狗确系郭某所养，并持有养狗证、动物免疫证等证明。

在此基础上，人民调解员协调双方当事人就赔偿事宜进行第一次当面协商，双方如约而至。在协调过程中，死者家属经先前劝解，很明显已经对赔偿问题有了相对理性的认识，在赔偿金数额上不再漫天要价，双方各自阐述了自己的观点和主张，事态渐渐朝着预期方向发展。然而，就在赔偿金数额初步达成一致意见时，郭某突然表态："要补偿可以，但话要说清楚，老人死亡原因主要是患有严重疾病，不是狗咬致死的。"死者家属顿时气急，丢下一句"明天抬着老人尸体饭店门口见"就抽身走人。原本相对和谐的协商氛围因一句话又紧张起来。

眼见事态严重，调解员立即前往死者家中，对其家属再次开展思想工作，劝解死者家属以大局为重，冷静处理，于"情"该让死者入土为安，于"理"该站在解决矛盾的角度看问题。见调解员一次次主动上门，死者家属深受感动，表示其实在乎的不全是赔偿金数额，而是接受不了郭某说话的态度。

调解员趁热打铁，终于让死者家属同意与郭某进行第二次当面协商。在明确了死者家属的协商意愿后，调解员随即找到郭某，告知死者家属的想法，同时耐心劝说郭某换位思考，要充分体谅死者家属丧亲之痛，执意僵持，于谁都不利，郭某意识到了自己的态度问题，当场表示同意再次协商。

次日，调解员为防止当事人见面后情绪激动，就把双方当事人分别安排在两个房间，采取分开调解的方法，逐一和双方当事人协商。经过多番劝说，双方最终就赔偿金额达成了一致意见。郭某同意一次性补助死者邵某的医药费、丧葬费等费用共计人民币5.5万元，死者家属同意不再追究郭某的其他责任。至此，一起死亡赔偿纠纷在调解员的努力下，得到了较为圆满的解决。

问题：

人民调解员应如何运用换位思考法调解民间纠纷？

分析要点提示：

此纠纷是一起人身损害赔偿案件，案情相对简单，具体解决亦有明确的法律依据。我国《民法典》第1 245条规定："饲养的动物造成他人损害的，动物饲养人或者管理人应当承担侵权责任；但是，能够证明损害是因被侵权人故意或者重大过失造成的，可以不承担或者减轻责任。"从本纠纷看，邵某被郭某饲养的狗咬伤，到医院医治无效死亡，邵某的死亡与被狗咬伤之间存在因果关系，郭某是动物饲养人，依法应当是赔偿义务人。因此，依据《民法典》的规定，作为动物饲养人的郭某，依法应当是赔偿义务人。从本纠纷来看，责任是清楚的，关键是赔偿金数额，如果纠纷处理不好，有可能会激化矛盾，引发恶性事件。因此，采用何种方法化解矛盾、解决纠纷，成为本纠纷解决的关键。

从本纠纷的解决来看，人民调解员采用了多种调解方法，包括情理交融法和换位思考法。首先，人民调解员认真听取双方当事人的陈述，了解纠纷的真实情况，确定双方当事人的争执焦点，在查明事实、分清是非的基础上，权衡双方当事人的要求和理由，确定调解方案，寻找纠纷解决的切入点，为有针对性地进行调解奠定基础。其次，选择合适的调解方法，力争达到较好的调解效果。本纠纷的解决主要采用了情理交融法和换位思考法。从情理交融法的具体运用来看，本纠纷是公安机关接警后移送到人民调解委员会的民间纠纷，为了使纠纷调解工作能够顺利进行，避免矛盾激化，人民调解员首先赶到死者家中，对死者家属的心情表示理解和同情，向死者家属讲解法律和政策，为其权衡利弊，从死者家属角度考虑，对死者家属进行安抚和劝解，晓之以理、动之以情，以此拉近了人民调解员与纠纷当事人之间的心理距离，获得了纠纷当事人对人民调解员的信任。从换位思考法的具体运用来看，通过人民调解员的耐心调解，本来双方当事人就赔偿金数额问题已经初步达成了一致意见，但是由于郭某认为老人是病死的，而非被狗咬致死，死者家属顿时情绪激动，声称要将死者尸体抬到郭某饭店门口。在这种情况下，人民调解员再次到死者家中做工作，安抚死者家属的情绪，同时耐心细致地做郭某的思想工作，劝说郭某从死者家属的角度考虑，换位思考，体谅死者家属的丧亲之痛，使郭某意识到自己态度存在问题，最终使双方当事人达成调解协议。

从上述纠纷的调解和解决来看，人民调解员的职业素养、道德操守、工作责任心至关重要。同时，根据纠纷的不同情形，选择和运用恰当的调解方法也十分重要。同时具备上述条件，调解成功的可能性才会更大，才能取得较好的调解效果。

◆　在线测试

第八章 人民调解的技巧

◆ 【本章引例】

　　某村村民陈某红与住在其屋后的邻居陈某勇产生纠纷。经了解，陈某红是无房户，准备将父母的老房子原拆新建，但是需要邻居陈某勇的签字。陈某勇家出于自家房屋采光考虑，要求陈某红的新建房屋后面留出三米的空间且与陈某勇家的房屋层高一致。但是陈某红家原房子所处位置较低，房屋前空地也不大，因此并未同意陈某勇的要求。

　　网格长陈某在知晓此事之后，立即对双方展开了调解。由于陈某勇一家目前住在外地，网格长通过多次电话联系，终于将双方请到一起进行沟通。在双方沟通过程中，陈某勇的儿媳态度坚决，认为不留出三米的距离，会严重影响自家的采光，而且住着也会十分压抑。陈某眼见调解陷入僵局，便请双方冷静一下，过几天去村里再次商讨。经过分析，陈某认为陈某勇儿媳的工作更难做通，于是决定"曲线救国"，先做通陈某勇妻子的工作。

　　几天之后，双方来到村委会再次进行调解。在这次调解中，陈某先从情感出发对陈某勇妻子进行了耐心的劝说，毕竟双方也是几十年的老邻居，俗话说远亲不如近邻，不能因为这样一件小事，影响了大家数十年的情谊；再从道理出发，希望双方各退一步，新房屋会遮挡住陈某勇家部分阳光是事实，但是也要考虑到陈某红家确实土地有限，实在是不得已而为之。最后经过协商，双方各退一步，陈某红同意新建房屋后面留出2.7米，层高与陈某勇家房屋一致。双方达成调解协议，这起矛盾纠纷终于得到了解决。

　　请问：
　　人民调解的技巧有哪些？

◆ 【本章学习目标】

　　通过本章的学习，你应该能够：

1. 了解人民调解的技巧。

2. 掌握人民调解技巧的要素及其运用。

第一节 人民调解技巧

人民调解的性质决定了民间纠纷的调解应当采用说服、疏导的方法。在民间纠纷的调解中，人民调解员应当依据法律、政策、社会公德和公序良俗对当事人进行说服教育，使当事人提高思想觉悟，形成对纠纷的正确认识，互谅互让，消除隔阂，达成协议。同时，在纠纷调解中，人民调解员也应当注重调解技巧的运用，调解技巧运用得当，能够使调解达到事半功倍的效果。

一、面对面的调解

面对面的调解，是指人民调解委员会调解民间纠纷时，通知纠纷当事人到场，面对纠纷当事人，摆事实、讲道理，说服、劝解纠纷当事人互谅互让，以促使纠纷当事人通过调解达成调解协议的纠纷解决方式。

通过面对面的方式调解纠纷，主要适用于纠纷比较简单，双方当事人争议不大的案件。如果涉及的民间纠纷比较复杂，双方当事人之间的矛盾纠纷比较激烈，则不适合直接采用面对面的方式进行调解。简单的民间纠纷，当事人之间分歧不大、矛盾不尖锐，存在面对面直接进行调解的基础。在调解实践中，对于婚姻家庭纠纷、邻里纠纷、朋友之间的纠纷，通常采用面对面的方式进行调解。

人民调解员采用面对面的技巧调解民间纠纷，需要注意以下几个问题：

（1）调解在人民调解员的主持下进行，人民调解员需要掌控调解的局势，把握调解的时机，不能使调解的局面失控。

（2）在对纠纷进行调解时，由于矛盾纠纷并不复杂，比较容易处理，人民调解员应当积极地做说服和劝导工作，稳定当事人的情绪，了解纠纷当事人的需求，促使纠纷当事人友好地进行沟通，缩小当事人之间的分歧，以利于调解协议的达成。

（3）在调解过程中，如果人民调解员发现纠纷双方当事人情绪濒临失控，为了避免矛盾恶化，应当及时终止面对面调解，转为背对背的调解。

二、背对背的调解

背对背的调解，是指人民调解委员会调解民间纠纷时，不通知纠纷当事人同时到场面对面地进行调解，而是由人民调解员分别对各方当事人单独做思想工作，对当事人进行说服、教育，使纠纷当事人作出让步，最终达成调解协议的纠纷解决方式。

背对背的调解方法，主要适用于相对比较复杂，或者纠纷当事人分歧比较大、对抗比较激烈、难以沟通的纠纷。根据 2010 年司法部发布的《关于贯彻实施〈中华人民共和国人民调解法〉的意见》的规定，人民调解组织要着力化解本地区多年积累、长期未得到有效解决的矛盾纠纷，群众反映强烈、社会影响大的矛盾纠纷以及党委、政府交办的矛盾纠纷。要集中时间、集中力量，深入开展形式多样、主题鲜明的人民调解专项活动，推进人民调解工作不断深入。对于重大、复杂、疑难的矛盾纠纷，司法行政机关领导干部要加强督促指导，亲自参与调解，确保矛盾纠纷得到有效化解。由此可见，着力化解重大、复杂、疑难的民间纠纷，是人民调解委员会的重要任务。

人民调解员采用背对背的技巧调解民间纠纷，需要注意以下几个问题：

（1）人民调解员应当认真倾听当事人的陈述，了解纠纷当事人对纠纷的看法和所持的态度。

（2）总结纠纷当事人陈述的共同点，找出纠纷当事人争执的焦点，寻找纠纷解决的突破口。

（3）分别对纠纷当事人进行说服教育工作，通过摆事实、讲道理，引导、劝说当事人放弃错误的想法，逐渐缩小双方当事人之间的分歧。

（4）拟定双方当事人都能够接受的调解方案，征询纠纷当事人的意见，促使矛盾和纠纷得到解决。

第二节　人民调解技巧的要素及其运用

人民调解技巧，是指人民调解员在调解民间纠纷时所运用的调解技能。调解技巧与调解方法存在一定的差异，调解方法具有一定的宏观性和战略性，调解技巧则具有微观性和战术性。调解方法选用正确，调解技巧运用得当，能够极大地促进纠纷的解决和调解协议的达成。在调解技巧的具体运用中，纠纷要素、语言要素、体态要素等都是不可忽视的，对调解成功与否起着关键性的作用。

一、纠纷要素的运用

纠纷要素包括纠纷发生的时间、地点，纠纷涉及的人物，以及纠纷的情节等。

（一）时间要素

时间，是物质运动、变化的持续性、顺序性的表现。万物生长，皆离不开时间，民间纠纷的发生和调解也是如此。时间要素，是指民间纠纷的调解应当遵循民间纠纷发生和解决的时间规律，包括纠纷发生的时间和纠纷解决的时间。

从纠纷发生的时间来看，民间纠纷的发生通常是有规律可循的。有些民间纠纷的发生，具有季节性特点。例如，以农村民间纠纷为例，在农忙季节，比较容易发生农田水利纠纷，草场、牲畜纠纷，农用物资纠纷，春耕费用的借贷纠纷等；在农闲季节，比较容易发生宅基地纠纷、婚姻家庭纠纷、邻里纠纷等。有些民事纠纷的发生与其他一些事件的发生具有关联性。例如，在重大工程建设过程中就容易发生以下纠纷：征地补偿和拆迁安置纠纷，工程建设中的环境污染纠纷，民工工资发放矛盾纠纷等。掌握上述纠纷的发生规律，人民调解委员会就可以提前做好有效的预防工作，减少和避免纠纷的发生[1]。

从纠纷解决的时间来看，民间纠纷发生后，人民调解员应当选择最佳的纠纷解决时机，及早介入，快速解决。因为纠纷持续的时间越长，当事人之间的隔阂就越深，纠纷的解决难度就会越大。通常情况下，纠纷发生后，当事人到人民调解委员会申请调解时，是纠纷解决的最佳时机，因为此时纠纷当事人大多对纠纷的解决和处理结果尚未来得及进行

---

[1]　盛永彬，刘树桥．人民调解实务．4版．北京：中国政法大学出版社，2018：137.

仔细考虑，当事人在第一时间陈述的纠纷事实真实性、可靠性相对比较强，通过人民调解员的调解，纠纷当事人对争议的事实会形成基本的认识，通常能够比较理智、客观地对待纠纷事实。在这种情况下，人民调解员可以有的放矢，向纠纷当事人宣讲法律规定，使纠纷当事人明辨是非。在此基础上，人民调解员再趁热打铁，通过批评教育，耐心细致地做好当事人的思想工作，往往能够使纠纷当事人较快地达成调解协议。

在时间要素的具体运用中，人民调解员需要注意以下几个问题：

（1）人民调解员进行调解应当抓准有利时机，循循善诱，积极疏导，耐心细致、沉着冷静地做好调解工作，趁热打铁，以促进纠纷的解决。

（2）人民调解员需要注意谈话的方式和技巧，掌握谈话的有利时机。

（3）人民调解员应当掌握调解协议书的制作时间，如果能够当场达成调解协议，制作调解协议书，应当抓住时机制作调解协议书，确定双方当事人的权利义务关系。如果调解协议能够当场履行，应当尽量当场履行，以免夜长梦多，当事人事后反悔。

（二）地点要素

地点，是指所在的地方。地点要素，是指人民调解员调解民间纠纷应选择合适的场所。

《人民调解工作若干规定》第 28 条规定：“人民调解委员会调解纠纷，一般在专门设置的调解场所进行，根据需要也可以在便利当事人的其他场所进行。”专门设置的调解场所，通常是指人民调解委员会所在地。2010 年 12 月司法部发布的《关于贯彻实施〈中华人民共和国人民调解法〉的意见》规定，村（居）和企业事业单位人民调解委员会根据需要，可以在自然村、小区、楼院、车间等设立人民调解小组开展调解工作，也可以在机关、单位等场所设立人民调解工作室调解特定的民间纠纷。其他场所，主要是指除人民调解委员会所在地外，其他有利于纠纷解决的场所，如纠纷发生地、当事人住所地等。2004 年 2 月最高人民法院、司法部发布的《最高人民法院、司法部关于进一步加强人民调解工作切实维护社会稳定的意见》规定，要充分发挥人民调解便民、利民、亲民和不收费的特点和优势，利用“村头”“地头”“炕头”等群众易于接受的方式及时、就地调解矛盾纠纷。由此可见，凡是有利于民间纠纷解决的地点，都属于法律规定的“其他场所”，只要有利于民间纠纷的解决，随时随地都可以调解和解决民间纠纷。

选择合适的地点，往往有利于矛盾纠纷的解决。纠纷调解地点的选择，应当根据纠纷的具体情况确定。通常情况下，如果纠纷发生在单位，纠纷当事人在同一单位工作，选择单位调解委员会所在地进行调解比较合适；如果纠纷当事人分属不同单位，选择胡搅蛮缠一方当事人所在单位调解委员会进行调解比较合适，因为受工作场所的限制，纠纷当事人会更注意自己的言行和态度，调解时通常不会再胡搅蛮缠，会更加通情达理。如果是婚姻家庭纠纷，选择纠纷当事人住所地调解比较合适，因为本着“家丑不外扬”的想法，当事人的住所地相对比较封闭，当事人相对比较放松，有利于取得较好的调解效果。如果属于当事人态度蛮横、不讲道理的侵权、损害类纠纷，可以考虑选择在人民调解委员会进行调解，因为地点陌生、场合严肃，当事人会产生敬畏感，从而约束自己的行为。

在选择具体调解地点时，人民调解员需要注意以下几个问题：

（1）不怕条件简陋，因为条件越简陋，当事人心里越放松，有利于纠纷的调解和解决。

（2）不怕去当事人家里调解纠纷，不能因为嫌麻烦而坐等当事人到人民调解委员会调解纠纷，应当主动上门调解纠纷。

（3）营造良好的调解环境，可以将调解场所布置得温馨一些，有利于当事人放松心情，缓和对立情绪，达成调解协议。

（三）人物要素

人物要素，是指人民调解员调解民间纠纷应当根据纠纷当事人的不同特点，因人而异，选择合适的调解方法。

由于生理因素、社会阅历、文化素质和道德观念的差异，每个人都具有不同的个性特征。在民间纠纷中，纠纷当事人形形色色，有的性格比较外向，有的性格比较内向；有的性格比较豪爽，有的性格比较孤僻。通常外向型性格的人，感情容易外露，内心的想法比较容易通过行为和表情表现出来；内向型性格的人，感情深沉，不容易外露，内心的想法不易于通过行为和表情表现出来。性格豪爽的人，热情直率，善于与人交往，易于冲动，情绪变化比较快；性格孤僻的人，安静沉稳，沉默寡言，不善于与人交往，情绪稳定。另外，还有些人性格冷酷，这类人缺乏普通人具有的情感，没有同情心，麻木不仁。因此，人民调解员要善于察言观色，通过分析纠纷当事人的表情、言语和行为，弄清楚当事人内心的真实想法，有针对性地进行调解。

针对上述不同个性特征的人，人民调解员在调解民间纠纷时，应当因人而异，根据纠纷当事人的自身特点，采用不同的调解方式。对于性格外向和豪爽的人，可以先稳定当事人的情绪，然后再进行调解，切忌采取"硬碰硬"的调解方法，应当以情感人，以柔克刚，先守后攻，采取赞扬、肯定、疏导的方式，对纠纷当事人进行调解。对于性格内向和孤僻的人，调解时需要耐心，不要急于求成，应当多进行正面的鼓励，多进行耐心细致的调解工作，必要时也可以采取强硬的手段，如利用组织干预、外界施压、舆论抨击等方法进行调解，迫使纠纷当事人妥协让步，接受调解协议。对于性格冷酷的人，调解纠纷时，人民调解员需要用爱心感化当事人，必要时可以调动社会力量，让周围的人给予纠纷当事人温暖，使当事人感受到尊重、理解和爱，以收到较好的调解效果。

《人民调解员意见》规定，切实发挥村（居）民小组长、楼栋长、网格员的积极作用，推动在村（居）民小组、楼栋（院落）等建立纠纷信息员队伍，帮助了解社情民意，排查发现矛盾纠纷线索隐患。发展调解志愿者队伍，积极邀请"两代表一委员"（党代表、人大代表、政协委员）、"五老人员"（老党员、老干部、老教师、老知识分子、老政法干警）、专家学者、专业技术人员、城乡社区工作者等参与矛盾纠纷化解。充分发挥律师、公证员、司法鉴定人、基层法律服务工作者、法律援助工作者等司法行政系统资源优势，形成化解矛盾纠纷工作合力。民间纠纷的调解，在注重纠纷当事人人物要素运用的同时，也应当注意社会人物要素的运用，充分调动社会力量，一方面可以通过社会成员了解纠纷当事人的特点，另一方面也可以让社会力量协助调解，有针对性地做好当事人的思想工作，以促进纠纷的解决和调解协议的达成。

同时，需要注意的是，文化水平、法律素质较高的人，自我调节能力相对也比较强，纠纷心理不容易形成，即使形成纠纷心理，也不易外化为纠纷行为。如果这类人与其他人发生纠纷，人民调解员在进行调解时，他们对人民调解员讲述的道理更容易接受，也能理解并配合人民调解员的工作。反之，文化水平低、法律素质较差的人，自我调节能力也比较差，纠纷心理容易形成，并容易外化为纠纷行为。对这类纠纷当事人，人民调解员进行调解时，需要多花时间，耐心细致，用通俗易懂的语言把法律和政策讲清楚，以便于纠纷当事人理解和接受，并配合人民调解员的工作。

（四）情节要素

情节要素，是指人民调解员调解民间纠纷时，应了解纠纷产生、发展的整个过程，有针对性地选择调解方法。

民间纠纷的产生、发展，总会经历一定的过程，包括萌芽、发生、发展、激化等阶段。为了有效地化解矛盾、解决纠纷，人民调解员在调解民间纠纷时，需要深入进行调查研究，了解纠纷的来龙去脉，弄清纠纷的争执焦点，以便有的放矢地进行纠纷调解工作。具体需要注意以下两点：

（1）人民调解员应当了解民间纠纷产生的原因，因为纠纷产生的原因是纠纷的症结所在，只有找到纠纷产生的原因，才能从根本上解决纠纷。从调解实践来看，纠纷产生的原因有直接原因，也有间接原因，有近期原因，也有远期原因，直接原因和近期原因通常比较易于寻找，间接原因和远期原因通常难以查明。因此，人民调解员需要做耐心细致的调查工作，找出纠纷产生的深层次原因，透过现象看本质，根据民间纠纷的特点，对症下药，引导当事人说出纠纷实情，以提高纠纷调解的成功率。

（2）人民调解员应当了解纠纷发生、发展整个过程的真实情况。在整个纠纷的发展演变过程中，纠纷当事人的动机、目的是什么，各方当事人存在哪些过激的语言、实施过哪些过激的行为、导致了什么样的严重后果、造成了什么样的损失，这些都是人民调解员需要了解清楚的事实。只有掌握了纠纷发生、发展、变化的整个过程，才能做到调解有备无患。人民调解员应当在做好充分准备工作的前提下，有针对性地进行调解，如果有的当事人蛮不讲理、心存侥幸、死不认账，人民调解员可以出示证明纠纷事实的证据，以此威慑当事人，促使当事人知错认错。对于心存疑虑、有所顾虑的当事人，人民调解员阐述清楚纠纷事实，分清是非、明确责任，可以获得当事人的信任，促使当事人配合调解。

总之，人民调解员只有在充分了解和掌握纠纷情况的基础上，采取灵活多样的调解方式，进行耐心细致的调解工作，才能使纠纷当事人心服口服，使纠纷得到彻底的解决。

二、语言要素的运用

俗话说："良言一句三冬暖，恶语伤人六月寒。"人民调解员在调解民间纠纷的过程中，如果语言运用得当，会使人倍感亲切，给当事人带来温暖、信心和慰藉，促进纠纷的解决。反之，如果语言运用生硬、刺激，会使纠纷当事人反感，产生戒备心理，增加纠纷调解的难度。因此，人民调解员调解民间纠纷，掌握语言的运用技巧至关重要。在人民调解中，语言包括书面语言和口头语言，书面语言主要在人民调解文书制作中运用，口头语言则在调解工作过程中得以体现。此处语言要素的运用，仅指人民调解员调解纠纷时口头语言的具体运用。

（一）谈话内容的运用

语言在人民调解中起着举足轻重的作用，人民调解员在纠纷调解中运用好语言的交流技巧，充分发挥语言的魅力，往往能够拨动当事人的心弦，促使纠纷当事人接受人民调解员的调解意见和建议，使调解取得较好的成效。具体需要注意以下几点。

1. 语言通俗易懂

人民调解员面对的纠纷当事人千差万别，涉及不同层次、不同职业、不同性格，这些人大部分都是普通老百姓，因此，人民调解员在调解民间纠纷时，不应当追求华丽的辞藻，应当使用通俗易懂的大众化语言与当事人交流。在依法对纠纷当事人进行说服教育时，也应当尽量避免使用深奥的法律术语，应当用纠纷当事人听得懂、易于接受的语言向纠纷当事人解释法律的原意，使纠纷当事人了解和理解法律规定的内涵，提高自己的法律水平，依法调整自己的行为。

2. 谈话具有针对性

人民调解员调解民间纠纷，要想取得较好的调解效果，与当事人交流就应当简明扼要、层次分明、讲究逻辑，切忌是非不分、模棱两可，使纠纷当事人不知所云。人民调解员应当仔细观察纠纷当事人的情绪特点，把握说话时机。纠纷发生后，当事人的表现是不一样的，有的当事人焦躁不安，有的当事人伤心痛苦，有的当事人粗暴蛮横，有的当事人情绪激动。人民调解员面对不同的当事人，应当有针对性地运用不同的调解语言。对于焦躁不安的当事人，应当耐心劝说，使其恢复冷静；对于伤心痛苦的当事人，应当婉言安慰，使其心情好转；对于粗暴蛮横的当事人，应当直言相告，使其明白不讲道理、无视法律是无法解决纠纷的；对于情绪激动的当事人，应当努力安抚，避免当事人因情绪过于激动而实施过激行为。总之，人民调解员的谈话内容应当因人、因时、因地而宜，调解用语应当具有针对性，以达到较好的调解效果。

3. 用语真实婉转

言不在多，达意则灵；语不在快，明理则通。在人民调解工作中，人民调解员与当事人交流时，要使当事人感觉人民调解员的话是真实可信的。因此，人民调解员要讲真话，实事求是，并且态度应当明确。对于当事人有争议的问题，如果法律有明确规定，应当依法明确地作出肯定或否定的回答，切不可模棱两可、含糊其词。对法律没有明确规定的，不能随意表态，以防止造成不良后果。在进行调解工作时，讲究语言艺术非常重要，说话应因人而异，哪些可以直截了当地问，哪些需要委婉含蓄地问，哪些不该问，都需要把握分寸。人民调解员用语婉转巧妙，才能缓和气氛，避免造成僵局。

4. 用语真诚可信

在人民调解中，要想取得良好的调解效果，人民调解员就应当用真诚感人的话语与当事人交流，从情感上与当事人融合，潜移默化地拉近与当事人的心理距离，打消当事人的疑虑，赢得当事人的信任，让当事人感受到人民调解员平易近人的亲和力，感受到人民调解员的良苦用心。人民调解员调解民间纠纷，可以先采取拉家常的方式，与当事人推心置腹地进行交流，然后再切入正题，对于情绪冲动、急躁易怒者，要和风细雨地细心交谈，正确疏导，对于有些当事人想不通的问题，需要耐心地给他们讲解，晓之以理、动之以情，以真情感化当事人，解开当事人心中的症结，这样才有利于人民调解员与当事人的交流。

（二）语音语气的运用

人民调解就是做人的思想工作，要想做好人的思想工作，人民调解员必须具有好的口才。除能言善辩外，人民调解员还要掌握语音、语调的具体运用技巧，只有如此，才能获得较好的调解效果。具体需要注意以下几点。

1. 语气的具体运用

人与人进行语言交流时，语气不同，表达出来的感情是不一样的。在人民调解工作中，对待不同的当事人，人民调解员要学会有意识地调整自己的表达方式，并适当地调整说话的语气，要根据当事人的性别、文化程度、职业、生活环境、心理素质、对人对事的态度等，采用不同的语气。

语气的具体运用，主要体现在两个方面：首先是语调的具体运用。从理论上看，书面语言的语气主要包括四种，即陈述、祈使、疑问和感叹。口头语言的语调也包括四类，即平直调、上扬调、曲折调和下降调。其中，平直调多用于陈述、说明的语句，表述庄重、严肃。上扬调多用于疑问、反问的语句，或者某些感叹句、陈述句，适用于提问、称呼、鼓励等情形。曲折调多用于语义双关、幽默含蓄、表示意外惊奇等的语句，大多表达惊讶、怀疑、轻蔑等心理。下降调多用于感叹句，有时也用于陈述句，大多用于表达祈求、祝愿、命令等方面的内容。在实际运用中，语调变化并不是以句子为单位的，而是体现在语流的具体运用中①。其次是语气感情色彩的表达。语气的表达是具有感情色彩的，不同的语气表达出来的感情差别比较大，也能够反映出人民调解员对纠纷当事人的不同态度，纠纷当事人亦能够感受到人民调解员的态度，并会受人民调解员的影响。同样的话语，语气的感情色彩不同，产生的调解效果也不一样。

人民调解员在调解民间纠纷时，对于语气的具体运用，应当注意以下几点：一是要不断提高自己的语言修养，增强语言驾驭能力，把话说到当事人的心里，找到问题症结所在，达到一语破的的效果。二是不能随意使用嘲讽、命令的语气，否则会引起当事人的反感，容易使当事人产生抗拒心理，不利于调解的进行。三是在调解语言的运用上，应当避免句式简单、语气平淡乏味的表达，学会同时使用多种语气，使语言表达情绪饱满、抑扬顿挫、错落有致，以获得良好的调解效果。

2. 节奏的具体把握

语言是思想的载体。口才培训专家樊荣强将语言的节奏分为六种，即高亢型、低沉型、紧张型、舒缓型、轻快型、凝重型。其中，高亢型的声音偏高，语气昂扬，语势上行。低沉型的声音偏低，语气压抑，语势多下行，给人庄重、沉闷的感觉。紧张型的语速较快，声音不一定高，句中停顿较短。舒缓型从容舒畅，声音起伏不大，音量适中，是一种稳重、自然的表达方式。轻快型明快清晰，多扬少抑，使人感到活泼流畅。凝重型既不高亢也不低沉，清晰沉稳，节奏庄重严肃，一字千钧，发人深省。在语言节奏的具体运用中，只有掌握语言节奏的类型，以及各种节奏类型的具体转换方式，才能够有效地提高语言表达能力。

在人民调解工作中，语言节奏的具体运用主要体现在语速、重音、停顿几个方面。首先，从语速、重音来看，语速应当具有节奏感，应当做到有紧有慢、有轻有重。表达欢快、紧张、愤怒的情绪时，应当使用较快的语言节奏；表达悲哀、失望、郁闷的情绪时，应当使用缓慢的语言节奏。语言节奏的运用，需要根据语言环境不断进行调整，表达爱的语气，声柔；表达憎恨的语气，声硬；表达急的语气，声短而促；表达怒的语气，声重气粗；表达喜的语气，声高气满。只有如此，才能带动当事人的情绪和思路，引导当事人接

---

① 本书编写组．人民调解工作的方法与技巧．北京：中国法制出版社，2003：296-297．

受调解方案。其次，从停顿来看，为了表达复杂微妙的心理感受，也为了给纠纷当事人留有短暂的回味、思考时间，语言表达的停顿是必要的。人民调解员与当事人的谈话切忌一潭死水，语言的表达应当有急有缓、有轻有重，并辅以相应的停顿，声高不刺耳、调低不沉闷，用真挚的话语打动当事人的心，从而使矛盾纠纷得到圆满的解决。

三、体态要素的运用

人与人之间进行交流，除了直接通过口头表达的语言运用外，还包括肢体语言的运用，或者说是体态语言的运用。体态语言，是指以面部表情、身体姿势等为主要表达手段的交际工具。在人民调解中，人民调解员的体态语言对纠纷当事人的影响也是至关重要的。

（一）面部表情的运用

面部表情，是指通过眼部肌肉、颜面肌肉和口部肌肉的变化表现出的各种情绪状态。例如，眼睛不但可以传情，还可以交流思想。面部表情是一种十分重要的非语言交往手段。人的面部表情十分丰富，可以表达喜、怒、哀、乐、忧、悲、恐、惊等多种情绪。一般来说，眼睛和口腔附近的肌肉群是面部表情最丰富的部分。面部表情主要通过以下面部器官的具体变化体现出来。

1. 眼睛

眼睛是心灵的窗户，是会说话的。通过人的眼神，往往能够直接看出人的精神状态和内心活动，包括欢乐与忧伤、烦恼与悠闲、厌恶与喜欢等。正眼视人，显得坦诚；躲避视线，显得心虚；乜斜着眼，显得轻佻。当人看到有趣或者心中喜爱的东西时，瞳孔会不自觉地放大；看到不喜欢或厌恶的东西时，瞳孔往往会缩小。因此，眼睛可以委婉、含蓄地表达允诺、拒绝、询问、谴责、赞许等复杂的思想和愿望。

2. 眉宇

眉宇间的表情亦能表达人的情感变化。例如，横眉冷对表示敌意、愤怒；低眉顺眼表示顺从；扬眉吐气表示畅快；眉头舒展表示宽慰；喜上眉梢表示愉悦等。

3. 嘴和鼻部

嘴和鼻部的表情也能体现人的情感变化。例如，伤心时，嘴角会下撇；欢快时，嘴角会上扬；愤恨时，会咬牙切齿；厌恶时，会耸起鼻子；轻蔑时，会嗤之以鼻；愤怒时，会鼻孔张大、鼻翼抖动；紧张时，会鼻腔收缩、屏息敛气。

一般来说，面部各个器官组成了一个有机整体，能够协调一致地表达出同一种情感。当人感到尴尬、有难言之隐或有所掩饰时，会露出复杂、不和谐的表情。

人民调解员调解民间纠纷时，应当掌握和善于运用面部表情特征。一方面，可以通过对面部特征的观察，了解当事人的内心动态，有针对性地进行调解；另一方面，也可以利用自己的面部特征，配合语言，声情并茂地进行调解，以取得较好的调解效果。神情淡定、目光炯炯的人民调解员，流露出内心的刚毅和坚定，给人以可信任感。目光游离不定、躲躲闪闪的人民调解员是不会获得纠纷当事人的信任的。

在人民调解工作中，面部表情的运用需要注意以下几个问题：

（1）表情要真实，装模作样的面部表情会令人反感。

（2）表情要庄重，要保持面部的温和与真诚，过于夸张的表情会使人民调解员失去当事人的信任。

（3）表情要鲜明，"喜"和"怒"要确定。若表情模糊不清，会使当事人琢磨不透人民调解员的意思，无所适从。

（4）表情要灵活，与内心的反应应当一致。

总之，人民调解员调解民间纠纷时，切不可眉头紧锁，一副不耐烦的样子，应当注重自己面部表情的运用，以促进调解协议的达成。

（二）体态姿势的运用

体态姿势，是指人们自觉或者不自觉表达内心情感和思想的动作。体态姿势有静态和动态之分，有一定的规律可以遵循，了解这一点，不仅有助于理解纠纷当事人的意图，而且能够使人民调解员的表达方式更加丰富、表达效果更加直接。

在人们的日常生活和交往中，体态姿势无处不在，几乎所有人都会自觉或者不自觉地运用体态姿势，最常用、较为典型的体态姿势是手势语和姿态语。手势语，是指通过手和手指活动来传递信息，直观地表现人们的心理状态。例如，握手、招手、挥手、摇手等动作，信息传递很明确，可以表达友好、打招呼、惜别、不同意等多种语义。姿态语，是指通过坐、立等姿势的变化表达语言信息的方式。人的动作与姿态，是人的思想感情和文化教养的外在体现。

人民调解员调解民间纠纷，可以借助手势支持自己的话语。自然放松的身体状态，可以给人留下自信、坦率的印象。在人民调解工作中，体态姿势的运用需要注意以下几点。

1. 自然

自然是对体态姿势的基本要求，动作自然是人民调解员具有文化教养、思想丰富的具体体现。有的人民调解员在调解民间纠纷时，刻意表演，动作和姿态做作，像是在"背台词"，使人觉得别扭、不真实、缺乏诚意。有的人民调解员说话时，动作生硬、刻板，如同木偶一样。这样都是不能获得良好的调解效果的。人民调解员调解民间纠纷，动作和姿态应自然，即使有时纠纷当事人言语过激，也要保持情绪稳定，这样才能获得纠纷当事人的信赖，收到良好的调解成效。

2. 适度

人民调解员在调解民间纠纷时，动作不宜过多，要适度、简洁，举手投足要符合生活习惯，能够被纠纷当事人看懂、接受。动作与说话的内容、情绪、气氛应当协调一致，不能故作姿态、故弄玄虚，甚至手口不一，亦不能龇牙咧嘴、手舞足蹈，甚至喧宾夺主，妨碍语言的正常表达，使人眼花缭乱。有的人民调解员在调解民间纠纷时，懒散地坐在椅子上，跷着二郎腿，手指不停地在椅子的扶手上敲打，给人以不负责任、不耐烦的感觉。这样会引起纠纷当事人的反感，不利于纠纷的解决。因此，人民调解员应当注意纠正不良习惯，去掉多余的手势和动作。

3. 得体

动态的姿势一般都具有明显的含义。如果人民调解员在调解民间纠纷时，环抱双臂，会使当事人感觉人民调解员拒人于千里之外，或者对当事人阐述的话题不感兴趣。人民调解员的恰当站姿应当是，双腿站直、头正、肩平、挺胸收腹，以礼貌、柔和的目光注视纠纷当事人，给当事人以亲近感、可信感。人民调解员的恰当坐姿应当是，腰背挺直，双腿并拢，身体稍微前倾，目光直视当事人。无论是站姿还是坐姿，都应当力争做到自然、大方。有的人民调解员在调解时，将身体斜倚在门框上，或者坐在椅子上双腿不停地抖动，既不雅观也没礼貌，不利于与纠纷当事人推心置腹地进行交流。

4. 富有变化

人民调解员与纠纷当事人进行交流时，适当地重复某种动作是必要的，可以重现或强调原来的情绪。但是，也不能总是重复一种姿势，如果从头到尾总是一种表情、一种姿势，会显得单调乏味，没有新意。因此，人民调解员要善于随着谈话内容、情绪的变化，适当地变换动作和姿态，以使表达更生动、更有魅力。

总之，在纠纷调解中，体态姿势运用得当，举止端庄得体，面部表情丰富自然，并与姿势协调一致，有助于人民调解员很好地与纠纷当事人沟通，从而达到理想的调解效果。

◆【引例分析】

人民调解要想取得成功，调解技巧的运用至关重要。在人民调解工作的具体开展中，为了取得良好的调解效果，人民调解员通常会根据民间纠纷的具体情况，采用面对面或背对背的调解技巧，对民间纠纷进行调解。从本纠纷的具体解决来看，人民调解员首先采取的是面对面的调解，在调解过程中，由于陈某勇的儿媳态度坚决，认为陈某红建房不留出三米的距离，会严重影响自家的采光，而且住着也会十分压抑，调解陷入僵局。针对这种情况，人民调解员及时改变调解策略，将面对面的调解改为背对背的调解，先做通陈某勇妻子的工作，然后再进行面对面的调解，从人情、事理出发，不厌其烦地做双方当事人的思想工作，希望双方当事人从邻里关系出发各退一步。最终，在人民调解员耐心细致的调解下，双方当事人达成调解协议，使纠纷得到了圆满的解决。

◆【本章小结】

1. 在纠纷调解中，人民调解员应当注重调解技巧的运用，调解技巧运用得当，能够使调解达到事半功倍的效果。（1）面对面的调解。面对面的调解，是指人民调解委员会调解民间纠纷时，通知纠纷当事人到场，面对纠纷当事人，摆事实、讲道理，说服、劝解纠纷当事人互谅互让，以促使纠纷当事人通过调解达成调解协议的纠纷解决方式。（2）背对背的调解。背对背的调解，是指人民调解委员会调解民间纠纷时，不通知纠纷当事人同时到场面对面地进行调解，而是由人民调解员分别对各方当事人单独做思想工作，对当事人进行说服、教育，使纠纷当事人作出让步，最终达成调解协议的纠纷解决方式。

2. 人民调解技巧，是指人民调解员在调解民间纠纷时所运用的调解技能。（1）纠纷要素的运用。纠纷要素包括纠纷发生的时间、地点，纠纷涉及的人物，以及纠纷的情节等。一是时间要素。时间，是物质运动、变化的持续性、顺序性的表现。万物生长，皆离不开时间，民间纠纷的发生和调解也是如此。时间要素，是指民间纠纷的调解应当遵循民间纠纷发生和解决的时间规律，包括纠纷发生的时间和纠纷解决的时间。二是地点要素。地点，是指所在的地方。地点要素，是指人民调解员调解民间纠纷应选择合适的场所。三是人物要素。人物要素，是指人民调解员调解民间纠纷应当根据纠纷当事人的不同特点，因人而异，选择合适的调解方法。四是情节要素。情节要素，是指人民调解员调解民间纠纷时，应了解纠纷产生、发展的整个过程，有针对性地选择调解方法。（2）语言要素的运用。一是谈话内容的运用。具体包括语言通俗易懂、谈话具有针对性、用语真实婉转、用语真诚可信。二是语音语气的运用。具体包括语气的具体运用和节奏的具体把握。（3）体态要素的运用。具体包括面部表情和体态姿势的运用。面部表情主要通过眼睛、眉宇、嘴和鼻部的具体变化体现。体态姿势的运用要求做到自然、适度、得体、富有变化等。

◆ 【练习题】

一、名词解释

面对面的调解　背对背的调解　人民调解技巧

二、简答题

1. 采用面对面的调解技巧调解民间纠纷，需要注意哪些问题？
2. 采用背对背的调解技巧调解民间纠纷，需要注意哪些问题？
3. 调解技巧包括哪些要素？
4. 在时间要素的具体运用中，需要注意哪些问题？
5. 在选择具体调解地点时，需要注意哪些问题？
6. 在谈话内容的运用中，需要注意哪几点？
7. 在谈话语音语气的运用中，需要注意什么问题？
8. 在体态姿势的运用中，需要注意哪几点？

三、案例分析题

1. 王某，男，67 岁，某村村民。王某认为自己身体尚可，不想给儿女增加负担，20××年 9 月，经过自身努力，被某管件制造有限公司招聘，从事公司门卫值勤工作，并与公司签订了劳务合同。工作三年多后，20××年 2 月 19 日下午 2 时许，出门送货的司机在找门卫签出门单的时候，发现王某倒在门卫室地上，不省人事，遂报告了厂保卫处并拨打了 120 急救电话。20 分钟后，120 急救车赶到现场，将王某送往区人民医院进行紧急抢救，同时电话告知王某的家属赶往医院。

经医院检查发现，王某系脑干出血导致深度昏迷，情况十分危急，公司当场垫付了抢救费及诊疗费用 4 万多元，王某随后被转入重症监护室治疗。

经了解，王某是农民家庭，虽然儿女都已成家，但家境并不富裕，重症监护室里每天产生的 2 000 多元医疗费用，让王某的整个家庭面临着巨大的压力。家属多次到公司要求垫付治疗费用，但公司认为王某发病系自身疾病所致，与公司并无多大关系，拒绝再支付医疗费用，双方发生纠纷。王某的儿子、女儿、女婿等人多次组织亲属到公司门口进行围堵、放哀乐等活动，并与公司管理人员发生严重冲突。派出所先后接到四次报警并进行处理，但均不能平息事态，公司所在地调委会及警务室将情况反映给了街道调解中心。

街道调解中心接到报告后，高度重视，立即电话联系了双方当事人，了解了案发经过和事情的发展状况，得知双方当事人都想尽快把问题解决，调解中心工作人员引导双方进行人民调解，由街道调解中心出面进行处理，以达到尽快解决纠纷的目的，这一建议得到了双方当事人的一致认可。

街道调解中心根据案情，迅速组成了四人调解小组，由司法所所长郑某担任调解小组组长，曲某、蔡某为调解员，并邀请了具有丰富调解经验的某法律服务所主任牛某参与调解。3 月 3 日下午，调解小组第一次约请双方当事人进行调解，公司日方副总经理、翻译、法律顾问，王某的儿子、女婿等人到调解中心参与调解。双方一见面，王某的家属情绪比较激动，反应激烈，将王某的病因全部归结到公司用工问题上，指责公司在用工过程中存在过错，要求公司承担全部责任，并威胁说如果公司不负责，王某要有三长两短，会将尸体抬到公司门口讨说法。公司日方副总经理通过翻译表示公司是正常用工，且王某是因自身身体原因而发病，发病原因和公司用工没有实质上的因果关系，且公司已经支付了先前的抢救费用，已经尽了一定的义务，不应该再承担额外的费用。

鉴于双方当事人各执一词，且病人家属情绪激动，调解小组分成两组，迅速将双方隔离，郑所长与蔡某负责安抚王某家属的情绪，在对方情绪稳定以后，将我国《劳动合同法》和《工伤保险条例》的相关内容向王某家属进行了详细的解读，让王某的家属了解王某的情况在法律上并不能被认定为工伤，让公司承担全部责任于法无据，应该本着友好的态度和公司方进行协商，才会收到好的效果。王某家属进行思考后表示同意郑所长的这种说法，会平复情绪和对方好好谈，但是对方也不能一概不管，至少目前医疗费用方面要有个说法，否则家里实在是负担不起。牛某和曲某向公司日方副总经理阐述了作为企业应该对员工承担的救助义务，不管是不是工伤，企业与职工相比是强者，应该承担更多的社会义务，要关心和爱护员工，特别是当员工面临巨大困难的时候，应该为员工排忧解难，而不是置之不理、不闻不问。公司日方副总经理也表示理解，可以和家属深度商讨解决方案。

调解小组把双方叫到一起，王某家属提出要求公司垫付王某目前治疗费用的60%，直至出院，公司认为鉴于目前王某的病情，出院遥遥无期，而且费用巨大，公司出不了这笔费用。调解小组综合双方情况后，建议公司按照目前医疗费的70%支付到王某出重症监护室，后期治疗费用再进行商讨。王某家属表示同意，公司日方副总经理表示原则上同意，但要报日本总部审批，需要一周的时间，在这一周内公司按医疗费的60%进行垫付，双方初步达成一致意见。

3月5日，三名人民调解员来到公司及王某所在的社区进行实地了解和取证，走访了公司的一些员工，向公司所在社区的警务室及调委会了解了案件处理的经过；走访了社区居委会及部分村民，掌握了第一手资料。

3月11日，公司日方副总经理及翻译来到司法所，向调解小组报告了日本总部的决议，日本总部董事会决议，不再支付王某的后续治疗费用，先前支付的医疗费用出于人道主义原则，也不再追回。调解陷入僵局。

3月12日，调解小组第二次约谈了双方当事人。郑所长向公司日方副总经理详细阐述了目前王某家庭面临的困难和问题，并向日方副总经理讲解了全国范围内类似的案例，希望日方副总经理能拿出积极的态度和日本总部进行沟通，承担起企业应尽的义务。郑所长和王某家属沟通以后，提出一个解决问题的方案，根据公平原则，公司一次性支付王某的医疗费用后，双方不再有任何瓜葛。王某家属提出了一个20万元的补偿数额。日方副总经理表示会积极向日本总部提议，并尽快给予答复。郑所长让双方回去后再好好考虑考虑，冷静分析一下现在的情况，不要做一些无谓的激化矛盾的事情。

3月18日，调解小组第三次邀请双方当事人来到司法所，进行最后的调解，在一次性费用问题上，双方你来我往，争执不下，最后在调解小组的不断努力下，以130 200元达成一致意见，并当场签订了协议书，此纠纷到此调解成功。

问题：

（1）人民调解的技巧有哪些？

（2）如何合理运用人民调解的方法？

分析要点提示：

调解解决纠纷离不开人民调解技巧的具体运用，采用适当的纠纷调解技巧，有针对性地对纠纷进行调解，通常能够获得较好的调解效果。从人民调解实践来看，常用的调解技巧主要包括面对面的调解和背对背的调解。面对面的调解主要适用于纠纷比较简单，纠纷当事人之间争议不大的案件。背对背的调解通常适用于矛盾比较激烈，纠纷当事人对立比较严重的纠纷。在具体纠纷的调解过程中，通常穿插使用两种纠纷解决技巧，协调进行。

从上述纠纷的调解来看，调解技巧运用得当、调解方法运用合理。本纠纷属于人民调解委员会主动介入调解的纠纷，人民调解委员会首先征求双方当事人的意见，在双方当事人同意运用人民调解的方式解决纠纷后，考虑到纠纷的复杂性，人民调解委员会组成了四人调解小组，其中包括三名人民调解员和一名具有丰富调解经验的某法律服务所主任，着手进行调解工作，从程序上依法取得了调解纠纷的合法地位。

从调解技巧来看，人民调解员首先采取的是面对面的调解，即在调解中心进行调解。但是双方当事人一见面，王某的家属情绪激动，反应激烈，将王某的病因全部归结到公司的用工问题上，指责公司用工存在过错，要求公司承担全部责任，并威胁说如果公司不负责，王某要有三长两短，会将尸体抬到公司门口讨说法。公司表示用工正常，王某是因自身身体原因发病，与公司用工没有实质上的因果关系，公司已经垫付了先前的抢救费用，尽了一定的义务，不再承担额外的费用。由此，调解陷入僵局。

针对上述情形，调解小组马上改变策略，分成两组，迅速将双方隔离，采用背对背的技巧对纠纷进行调解。调解人员首先平复双方当事人的情绪，然后，通过讲法律、讲义务、讲情理的方式告知病人家属，病人依法不能被认定为工伤，让公司承担全部责任于法无据，应该本着友好的态度和公司进行协商，才会收到好的效果；同时，向公司阐明公司对员工有救助的义务，不管是不是工伤，企业与职工相比是强者，应该承担更多的社会义务，要关心和爱护员工，特别是当员工面临巨大困难的时候，应该为员工排忧解难，而不是置之不理、不闻不问。之后，人民调解员再次采取面对面的调解技巧，对公司垫付费用问题进行调解，使双方当事人达成初步意见。从上述调解过程来看，人民调解员针对纠纷的具体情形，不断变换调解技巧，穿插采用面对面调解和背对背调解，取得了很好的调解成效。

从调解方法的具体运用来看，人民调解员采用了法德结合法、情理交融法、苗头预测法等纠纷解决方法。首先，人民调解员向双方当事人讲法律、讲情理，安抚纠纷双方当事人的情绪，尤其是病人家属的情绪，以防止纠纷恶化。同时，人民调解员不辞辛苦，到王某所在社区、公司等地进行调查走访，掌握第一手资料，获得了纠纷当事人的信任。当调解陷入僵局时，调解小组沉着冷静，向双方当事人讲法律规定和社会责任感，让当事人进行冷静的思考，最终使纠纷得到解决。

近年来，随着社会经济的发展，企业在劳动用工方面的需求持续加大，类似纠纷不断产生。在本纠纷中，王某虽然已经超过了法定退休年龄，但公司还是雇用了他，并签订了劳务合同。但是，根据相关规定，超过法定退休年龄的劳动者在企业、单位不再受《劳动

《合同法》调整。因此，王某生病在性质上依法不属于工伤，即便是工伤案件，也只能参考《工伤保险条例》的相关规定进行处理。在人民调解员的努力调解下，公司在处理这件事情的过程中，还是表现出了较强的责任感，以解决问题为根本出发点，积极和王某家属商讨补偿事宜，这种做法是值得肯定的。在上述纠纷的解决中，人民调解员的表现是出色的，采用的调解方法和技巧是值得肯定和借鉴的，尤其是人民调解员在调解工作中认真负责的精神，更是值得学习和借鉴。

2. 某村村民甄某，其儿子三年前娶了媳妇朱某。老人原以为儿子终于成了家，自己和老伴能安享晚年了，哪知道这个儿媳脾气暴躁且蛮横不讲理，稍有不顺心的事就打骂老人。老人的儿子在家时，朱某还有所收敛，但一过完年，老人的儿子就去广东打工了，从此，朱某就无所顾忌了，在家里作威作福，什么事都指使老人去做，一不高兴就打骂老人。前不久，朱某回到家里发无名之火，坐在屋里大骂公婆，并用铁钳将公婆打伤。在别人的指点下，老人找到了村调解员老王，向他寻求帮助。

老王从老人和甄家的邻居那儿进行了详细的调查，掌握了朱某虐待老人的第一手资料。在做好充足的准备工作后，老王找到了朱某。老王刚提起朱某打老人的事，哪知朱某把眼睛一瞪，又叉着腰，蛮横地说："谁说我打他们了？谁说的？"老王一看朱某这种态度，生气地大声说："你打骂公婆，还不承认。你知不知道你触犯了法律，是要承担法律责任的！"这句话震住了朱某。老王接着说："别以为你打骂公婆的事别人不知道，国家不会管。除了这一次，这个月你因为做饭和下田收稻子的事还打过你公婆两次，你承不承认？"紧接着，老王把朱某这几次打老人的起因、过程以及老人的伤势都说得一清二楚，把事实清清楚楚地摆在了朱某面前。听了这些话，朱某低下了头。调解员老王又趁热打铁，对朱某讲起了相关法律规定，从法律的角度晓以利害，使其意识到问题的严重性。最后告诉她，其公婆虽受其辱，但仍念家庭情义，不愿上告，使朱某感受到老人的宽容大度。在调解员老王的说服教育下，朱某认识到自己做错了，并向公婆承认了错误，为公婆买药治病，且保证永不再犯，做个孝顺的好儿媳。

问题：

人民调解员在调解工作中应如何运用纠纷的情节要素？

分析要点提示：

民间纠纷大都会经历萌芽、发生、发展，直至激化的过程。人民调解员要了解纠纷事实真相，做好充分准备，在调解时做到有备无患，对于蛮不讲理、死不认账、心存侥幸的当事人，可以起到威慑作用，促使当事人低头认错。在本纠纷的调解中，对于虐待公婆一事，儿媳朱某态度蛮横，拒不承认。但是，在调解前，人民调解员进行了深入细致的调查研究，做了充分的调解准备工作。在调解过程中，面对朱某的蛮横态度，人民调解员老王恰当地运用纠纷情节要素，把一个月来朱某几次打老人的起因、过程，以及老人的伤势都说得一清二楚，把事实清清楚楚地摆在了朱某面前。在事实面前，朱某无法继续抵赖，只能低头认错。由此可见，没有调查研究就没有发言权，通过调查研究掌握第一手资料，在进行调解时才能有理有据、有说服力，才能掌握调解的主动权。因此，进行深入细致的调查研究，恰当地运用纠纷情节要素，有利于纠纷调解成功。

3. 某年 3 月的一天上午，正值星期天，某镇的大街小巷里热热闹闹、人来人往。在两条路交接的岔路口，围满了看热闹的人，到底发生了什么事呢？

原来，住在这附近的居民王某，发现她家的一只母鸡不见了，找了几天也没找到，后来听说孙某家有一只与自己丢失的那只一模一样的母鸡，便认为那是自己丢失的母鸡，想去捉回来。一到孙某家，王某见孙家的鸡群里果然有一只与自己那只一样的麻灰色的母鸡，便急急忙忙捉起抱在怀里，转身就走出门。孙某见王某进门就捉鸡，哪里肯让，马上就追出了门。她一边抓住王某怀里的鸡往外拽，一边破口大骂："你这不讲理的跑来就捉鸡。这只鸡是我一把糠、一把米喂大的，长了多少毛我都数得清，你为什么要抢……"

顿时，两人的骂声、吵声，母鸡挣扎的"咯咯"叫声，围观群众的哄闹声，混成了一团。王某和孙某，你一拉，我一拽，鸡的脑袋被拧断了，鸡脚也被拉掉了，鸡毛扯落了一地。孙某还被王某推倒在地，沾了一身灰，头发也像堆乱麻。孙某气急败坏，爬起来又和王某扭打在一起。

正在这时，年轻的调解员李某恰好路过这里。她看见这么多人围观，又听见人群里有吵骂的声音，赶快分开人群挤了进去。看见两人狼狈不堪，她幽默地说："这是在大街上拍电影啊，吸引这么多人看，还拿只鸡做道具。"孙某和王某一听，不好意思地分开了。李某接着说："有什么事，到调委会说，别在大街上站着了。"于是，三个人一起到了调解委员会。听了两人的叙述，李某问她们："你们都说母鸡是自己的，有什么依据呢？"

"我的鸡刚生过蛋。脚有点瘸，其中一只脚比另一只脚短一些。"孙某回答道。王某也说："我的鸡也刚刚生过蛋。别的都好好的。"李某赶紧把两只鸡脚找来，放在一起让双方比较，果然一只脚长，一只脚短。王某接过鸡脚看了又看，然后争辩说："这是在抢的时候用的力气不一样造成的，并不能说明什么问题。怎么能说鸡就不是我家的呢？"

这件事情，看似简单，现在却有点麻烦了。自己经验不足，怎么办呢？李某想了想，沉吟道："好吧！鸡暂时放在这儿，明天给你们断案。"她表示，自己一定会妥善处理这起纠纷，分清是非曲直。

等孙某和王某一走，李某一口气跑到了农科站，她恭恭敬敬地请教专家，把两只鸡脚给有经验的人看，所有看过的人都说成年鸡的脚是不能用外力拉长的，显然这只有争议的母鸡，肯定是孙某的。

第二天，李某把孙某和王某找来，把结果告诉了她们，并指出两人为了一只鸡在众人面前打骂，不仅扰乱了交通秩序，而且丢了自己的脸。王某听李某说得有理有据，句句在理，羞愧地低下了头，说："都是我不对，这起纠纷是我引起的。我只考虑了自己的鸡，要不是李调解你及时赶到，可能还会出更大的乱子。我愿意负担孙某的医药费，赔偿她的损失。"孙某听了，也承认了自己骂人的错误。一场争鸡纠纷终于得到了解决。

问题：

人民调解员在调解工作中应如何运用语言要素？

分析要点提示：

俗话说："一句话让人笑，一句话让人跳。"语言具有艺术性。语言要素运用得好，往往会赢得调解中的主动权；语言要素运用得不好，就会失去纠纷当事人的信任，丧失良好的调解时机。因此，语言要素的具体运用至关重要。从本纠纷的调解来看，在纠纷发生之初，双方当事人处于剑拔弩张、互不相让的态势，在这种情况下，人民调解员较好地运用了语言要素，一句风趣幽默的话——"这是在大街上拍电影啊，吸引这么多人看，还拿只鸡做道具"，立即起到了"降温"的作用，使双方当事人意识到，在大街上争吵和谩骂是件很难堪的事情，下意识地停止了扭打。在后续的调解中，为了弄清楚纠纷的是非曲直，人民调解员跑到农科站请教专家，把两只鸡脚给有经验的人看，所有看过的人都说成年鸡的脚是不能用外力拉长的，由此得出结论，有争议的母鸡是属于孙某的。在查清事实的基础上，人民调解员将双方当事人召集在一起，耐心细致地做思想工作。在人民调解员有理有据的劝说下，王某羞愧地承认了错误，孙某也承认了自己骂人的错误。一场争鸡纠纷最终得到了圆满的解决。

◆ **在线测试**

第九章 人民调解协议

◆ 【本章引例】

　　9 月 22 日上午，赵某与张某、王某夫妇因债权债务纠纷到某人民调解工作中心申请调解。赵某与已故丈夫因经商、还贷及治病先后分 6 笔向张某夫妇借款 440 万元。在调解工作中心姜股长的调解下，双方就上述 6 笔欠款达成了调解协议。双方当事人申请对该调解协议进行司法确认。人民法院于 9 月 28 日书面审查了相关证据材料，确认双方当事人是在人民调解员的依法调解下，自愿达成了调解协议，该协议合法且真实有效。9 月 29 日，旗人民法院作出了"（20××）内 0428 民特 5 号"司法确认决定书，确认该调解协议有效。拿到司法确认决定书后的张某表示："有了这份司法确认书，心里就更踏实了。"

请问：
人民调解协议司法确认的效力如何？

◆ 【本章学习目标】

通过本章的学习，你应该能够：
1. 掌握人民调解协议的含义、性质和内容。
2. 掌握人民调解协议的效力。
3. 了解人民调解协议履行产生争议的解决途径。
4. 掌握司法确认的概念、条件和审查程序。

第一节　人民调解协议概述

一、人民调解协议的含义、性质和内容

　　人民调解协议，是指在人民调解组织的主持下，纠纷当事人平等协商、互谅互让，就纠纷的解决达成的一致意见。

　　人民调解协议的性质从属于人民调解的性质，是由人民调解的主持者即人民调解委员

会的性质决定的。根据《人民调解法》的规定，人民调解委员会是基层群众性自治组织，人民调解属于一定范围和社区内群众的一种民主自治活动。在人民调解委员会的主持下纠纷各方当事人达成的人民调解协议，是人民调解委员会制作的，经纠纷各方同意、认可，具有权威性和社会约束力的调解文书。

我国《人民调解法》第28条规定："经人民调解委员会调解达成调解协议的，可以制作调解协议书。当事人认为无需制作调解协议书的，可以采取口头协议方式，人民调解员应当记录协议内容。"第29条规定："调解协议书可以载明下列事项：（一）当事人的基本情况；（二）纠纷的主要事实、争议事项以及各方当事人的责任；（三）当事人达成调解协议的内容，履行的方式、期限。调解协议书自各方当事人签名、盖章或者按指印，人民调解员签名并加盖人民调解委员会印章之日起生效。调解协议书由当事人各执一份，人民调解委员会留存一份。"第30条规定："口头调解协议自各方当事人达成协议之日起生效。"

二、人民调解协议的效力

我国《人民调解法》第31条规定："经人民调解委员会调解达成的调解协议，具有法律约束力，当事人应当按照约定履行。人民调解委员会应当对调解协议的履行情况进行监督，督促当事人履行约定的义务。"第32条规定："经人民调解委员会调解达成调解协议后，当事人之间就调解协议的履行或者调解协议的内容发生争议的，一方当事人可以向人民法院提起诉讼。"

（一）人民调解协议具有法律约束力

人民调解委员会对民间纠纷进行调解，双方当事人达成调解协议，是对人民调解工作的肯定。人民调解是化解民间纠纷、维护社会和谐稳定最有效的方式之一，如果调解协议没有任何法律效力，当事人可以任意反悔、不履行，不仅是对人民调解员工作的否定，也不利于人民调解工作的深入开展。但是，人民调解毕竟是基层群众性自治组织调解民间纠纷的一种民主自治活动，如果赋予人民调解协议过高的法律效力，会使纠纷当事人在调解过程中有所顾虑，不利于深入推进调解工作。

2002年9月最高人民法院发布的《最高人民法院关于审理涉及人民调解协议的民事案件的若干规定》规定："经人民调解委员会调解达成的、有民事权利义务内容，并由双方当事人签字或者盖章的调解协议，具有民事合同性质。当事人应当按照约定履行自己的义务，不得擅自变更或者解除调解协议。"上述法律规定第一次以司法解释的形式将人民调解协议确定为具有民事合同性质，试图解决人民调解协议的效力问题。

将人民调解协议定性为民事合同，在一定程度上有助于提升人民调解协议的地位。但是，在具体施行中也产生了一定的问题，具体体现在以下几个方面：

（1）人民调解协议与民事合同是存在区别的，即民事合同只需要当事人意思表示一致即可；而人民调解协议是在人民调解员的主持下达成的，需要经人民调解委员会确认。如果完全按照有关合同的法律规定处理人民调解协议，有不妥之处。

（2）人民调解协议只是被视为民事合同，不能直接申请强制执行，当一方当事人不主动履行调解协议，或者双方当事人对调解协议发生争议时，只能通过向人民法院起诉来解决纠纷。

（3）当一方当事人以不履约为由向人民法院提起诉讼，请求人民法院判令对方当事人履行调解协议时，案件的诉讼标的是调解协议本身，而不是双方当事人原来的民事争议，由此会产生诉讼标的难以界定、证明责任难以分配、调解协议与原协议之间的关系难以定位等问题。

人民调解协议是双方当事人自愿达成的，调解协议的内容是双方当事人真实意思的反映，如果调解协议的内容公平合理，在大多数情况下，当事人是能够自觉履行的。如果一方当事人不履行调解协议确定的义务，对方当事人可以要求其履行，也可以请求人民调解委员会督促其履行。从人民调解的性质来看，人民调解协议的约束力，靠的主要是当事人的道德水平和诚信理念。我国《人民调解法》规定，经人民调解委员会调解达成的调解协议，具有法律约束力。

（二）人民调解委员会监督调解协议的履行

在人民调解实践中，当事人达成调解协议后，大多能够自愿履行调解协议。但是，也有些当事人出于各种原因，不愿意履行调解协议。当事人履行了调解协议中约定的义务，民事纠纷才算彻底解决，才能最终实现"案结事了"。如果当事人不履行调解协议，应当如何处理呢？

根据《人民调解工作若干规定》的规定，当事人不履行调解协议或者达成调解协议后又反悔的，人民调解委员会应当按照不同情况进行不同处理：

（1）当事人无正当理由不履行协议的，应当做好当事人的工作，督促其履行。

（2）如果当事人提出协议内容不当，或者人民调解委员会发现协议内容不当，应当在征得双方当事人同意后，经再次调解变更原协议内容；或者撤销原协议，帮助当事人达成新的调解协议。

（3）对经督促仍不履行人民调解协议的，应当告知当事人可以请求基层人民政府处理，也可以就调解协议的履行、变更、撤销向人民法院起诉。

在调解实践中，确实存在调解协议对履行的内容、期限、方式约定不明确，或者当事人在达成调解协议后，认为调解协议内容显失公平，或者有的当事人认为自己是在受欺诈、胁迫等情况下订立的调解协议等情形。由此，当事人对调解协议的履行，或者对调解协议的内容可能会产生争议。考虑到人民调解工作的实际情况，并考虑到与《民事诉讼法》等有关法律规定的衔接，我国《人民调解法》规定，经人民调解委员会调解达成的调解协议，具有法律约束力，当事人应当按照约定履行。人民调解委员会应当对调解协议的履行情况进行监督，督促当事人履行约定的义务。经人民调解委员会调解达成调解协议后，当事人之间就调解协议的履行或者调解协议的内容发生争议的，一方当事人可以向人民法院提起诉讼。根据上述法律规定，如果当事人不履行调解协议，人民调解委员会只能"督促"当事人履行调解协议，如果当事人仍然拒绝履行调解协议，人民调解委员会不能"强制"当事人履行调解协议，只能依法建议另一方当事人向人民法院提起诉讼，或者运用其他方式解决纠纷。

（三）人民调解协议履行产生争议的解决途径

通过人民调解委员会的调解，双方当事人达成调解协议，如果当事人之间针对调解协议的履行或者调解协议的内容发生争议，根据法律规定，存在两种解决途径：

第一种：申请撤销或者变更原调解协议确定的内容，针对有关内容重新达成调解协议。当事人之间产生民事纠纷，根据自愿的原则，可以向人民调解委员会申请调解解决。

经过人民调解委员会的调解达成调解协议后，如果一方当事人不愿意履行调解协议确定的义务，对方当事人可以向人民调解委员会提出申请，请求人民调解委员会对调解协议的履行进行监督，督促当事人履行调解协议约定的义务。如果双方当事人对调解内容发生争议，可以申请人民调解委员会就有争议的内容重新进行调解，在双方当事人自愿的基础上，撤销或者变更原协议确定的内容，针对有关内容重新达成协议，并在调解协议中予以明确。

第二种：向人民法院提起诉讼。根据法律规定，选择何种方式解决纠纷，是当事人的权利。当事人选择通过人民调解的方式解决纠纷，并不是提起民事诉讼的必经程序。我国《人民调解法》规定，应当尊重当事人的权利，不得因调解而阻止当事人依法通过仲裁、行政、司法等途径维护自己的权利。当事人双方通过人民调解达成调解协议，就调解协议的履行和调解协议的内容产生争议时，向人民法院提起诉讼是当事人的法定权利，任何人不得非法阻碍或者剥夺当事人向人民法院起诉的权利。

根据《民事诉讼法》和相关司法解释的规定，当事人向人民法院提起诉讼，主要应当注意以下几点。

1. 管辖

当事人就民间纠纷提起诉讼，应当向有管辖权的人民法院起诉。根据法律规定，对公民提起的民事诉讼，由被告住所地人民法院管辖；被告住所地与经常居住地不一致的，由经常居住地人民法院管辖。对法人或者其他组织提起的民事诉讼，由被告住所地人民法院管辖。同一诉讼的几个被告住所地、经常居住地在两个以上人民法院辖区的，各该人民法院都有管辖权。

2. 起诉

当事人就民间纠纷向人民法院起诉，应当符合法定的起诉条件，即有明确的被告，有具体的诉讼请求、事实和理由。起诉应当向人民法院递交起诉状，并按照被告人数提交副本。起诉状应当记明当事人的姓名、性别、年龄、民族、职业、工作单位和住所，法人或者其他组织的名称、住所和法定代表人或者主要负责人的姓名、职务；诉讼请求和所根据的事实与理由；证据和证据来源，证人姓名和住所。书写起诉状确有困难的，可以口头起诉，由人民法院记入笔录，并告知对方当事人。同时，需要注意的是，当事人进行民事诉讼，应当按照规定交纳案件受理费。

3. 诉讼时效

当事人就民间纠纷向人民法院提起诉讼，应当在法定的诉讼时效期限内提出。我国《民法典》第188条规定："向人民法院请求保护民事权利的诉讼时效期间为三年。法律另有规定的，依照其规定。诉讼时效期间自权利人知道或者应当知道权利受到损害以及义务人之日起计算。法律另有规定的，依照其规定。但是，自权利受到损害之日起超过二十年的，人民法院不予保护，有特殊情况的，人民法院可以根据权利人的申请决定延长。"

第二节　司法确认

为了完善人民调解制度，规范人民调解活动，及时解决民间纠纷，发挥人民调解协议的法律效力，维护社会和谐稳定，我国《人民调解法》确立了人民调解协议的司法确认制度。为了规范人民调解协议司法确认程序，2012 年我国修正《民事诉讼法》时，在"特别程序"一章中，增加规定了"确认调解协议案件"的程序，即司法确认调解协议案件程序。2015 年 2 月 4 日起施行的《最高人民法院关于适用〈中华人民共和国民事诉讼法〉的解释》（以下简称《民诉法解释》），对司法确认调解协议案件程序进一步作出了明确具体的规定①。

一、司法确认的概念

司法确认，是指根据调解协议当事人的申请，人民法院对调解协议是否符合法律规定进行审查，并作出调解协议是否有效的裁定。人民法院受理、审查和裁定调解协议法律效力的程序，称为司法确认调解协议案件程序。

社会救济是多元化纠纷解决机制的重要环节之一，人民调解委员会的调解就属于社会救济途径。《人民调解法》施行前，当事人之间产生纠纷，经过人民调解委员会调解达成的调解协议，主要依靠当事人自觉履行，不能成为人民法院执行的依据，这严重影响了人民调解制度作用的发挥，不利于民间纠纷的一次性、彻底解决。为了充分发挥人民调解的作用，强化人民调解协议的效力，我国《人民调解法》确立了司法确认制度。该法第 33 条规定："经人民调解委员会调解达成调解协议后，双方当事人认为有必要的，可以自调解协议生效之日起 30 日内共同向人民法院申请司法确认，人民法院应当及时对调解协议进行审查，依法确认调解协议的效力。人民法院依法确认调解协议有效，一方当事人拒绝履行或者未全部履行的，对方当事人可以向人民法院申请强制执行。人民法院依法确认调解协议无效的，当事人可以通过人民调解方式变更原调解协议或者达成新的调解协议，也可以向人民法院提起诉讼。"

二、申请司法确认的条件

根据《民事诉讼法》第 205 条的规定，申请司法确认调解协议，必须同时具备以下条件。

（一）具有明确的法律依据

当事人向人民法院申请司法确认调解协议，必须具有明确的法律依据，即对于调解协议，法律明确规定可以由人民法院进行司法确认的，当事人才能提出司法确认申请；法律没有明确规定可以申请司法确认的，当事人不得提出司法确认申请。目前，根据法律规定，经依法设立的调解组织调解达成的调解协议，可以向人民法院申请司法确认。

（二）在法定期间内提出申请

当事人申请司法确认，应当自调解协议生效之日起 30 日内提出，逾期提出的，人民法院应当裁定驳回申请。法律规定的 30 日申请期限，为法定的不变期间，目的在于保证人民法院能够全面收集相关资料，准确审查调解协议是否符合法律规定。同时，也是为了

---

① 《民事诉讼法》2012 年修正之后于 2017 年、2021 年、2023 年又分别进行了修正，《最高人民法院关于适用〈中华人民共和国民事诉讼法〉的解释》于 2020 年、2022 年进行了修正，但其中关于司法确认制度的内容变化都不大，下文中涉及司法确认制度的内容皆为法律最新规定。

提高司法确认的效率。

（三）协议当事人共同提出申请

申请司法确认调解协议，应当由协议的各方当事人共同向人民法院提出申请。法律规定当事人共同提出申请的原因是，一方面，人民调解协议的达成是基于当事人的自愿，只有各方当事人认为有必要的，才会向人民法院申请司法确认。法律规定必须由协议的各方当事人共同提出申请，目的在于确保申请司法确认的自愿性。另一方面，人民法院对调解协议进行司法审查，其中一项较为重要的内容就是审查调解协议是否是当事人自愿达成的，是否是当事人的真实意思表示。只有各方当事人同时到场，才便于人民法院的审查。

（四）受理申请的人民法院具有管辖权

根据《民事诉讼法》的规定，申请对调解协议进行司法确认，人民法院邀请调解组织开展先行调解的，向作出邀请的人民法院提出。调解组织自行开展调解的，向当事人住所地、标的物所在地、调解组织所在地的基层人民法院提出；调解协议所涉纠纷应当由中级人民法院管辖的，向相应的中级人民法院提出。《民诉法解释》第352条进一步规定，调解组织自行开展的调解，有两个以上调解组织参与的，符合《民事诉讼法》相关规定的各调解组织所在地人民法院均有管辖权。双方当事人可以共同向其中一个有管辖权的人民法院提出申请；双方当事人共同向两个以上有管辖权的人民法院提出申请的，由最先立案的人民法院管辖。由调解组织所在地的人民法院管辖，有利于人民法院收集调解过程的相关资料，依法对调解协议的效力作出正确判断。

三、司法确认的审查程序

根据《民事诉讼法》和《民诉法解释》的规定，司法确认的审查程序主要分为以下几步。

（一）申请

司法确认遵循当事人自愿原则，当事人提出申请是司法确认的必经程序，没有当事人提出申请，人民法院不得依职权对调解协议进行司法确认，调解组织也无权主动向人民法院申请对调解协议进行司法确认。当事人申请司法确认调解协议，可以采用书面形式，也可以采用口头形式。当事人口头提出申请的，人民法院应当记入笔录，并由当事人签名、盖章或按指印。司法确认调解协议，可以由双方当事人本人提出申请，也可以委托他人代理提出申请。

当事人申请司法确认调解协议，应当向人民法院提交调解协议、调解组织主持调解的证明以及与调解协议相关的财产权利证明等材料，并提供双方当事人的身份、住所、联系方式等基本信息。当事人未提交上述材料的，人民法院应当要求当事人限期补交。

（二）受理

当事人向人民法院申请司法确认，只要申请符合法定条件的要求，人民法院就应当决定受理当事人的申请，并向当事人送达受理通知书。当事人申请司法确认调解协议，具有下列情形之一的，人民法院裁定不予受理：（1）不属于人民法院受理范围的；（2）不属于收到申请的人民法院管辖的；（3）申请确认婚姻关系、亲子关系、收养关系等身份关系无效、有效或者解除的；（4）涉及适用其他特别程序、公示催告程序、破产程序审理的；

（5）调解协议内容涉及物权、知识产权确权的。人民法院受理申请后，发现有上述不予受理情形的，应当裁定驳回当事人的申请。

（三）审查

人民法院受理司法确认申请后，应当依法进行审查。根据我国《民事诉讼法》第 185 条的规定，确认调解协议案件一般由审判员独任审理，重大、疑难的案件也可以组成合议庭进行合议。《民诉法解释》进一步规定，人民法院审查相关情况时，应当通知双方当事人共同到场对案件进行核实。

对于确认调解协议案件，人民法院审查的内容是调解是否符合法律规定。经过审查，人民法院认为当事人的陈述或者提供的证明材料不充分、不完备或者有疑义的，可以要求当事人限期补充陈述或者补充证明材料。必要时，人民法院可以向调解组织核实有关情况。

（四）裁定

审查结束后，人民法院应当作出审查结论。根据《民事诉讼法》的规定，人民法院应当以裁定的方式作出审查结论：符合法律规定的，裁定调解协议有效；不符合法律规定的，裁定驳回申请。《民诉法解释》第 358 条进一步规定，经审查，调解协议有下列情形之一的，人民法院应当裁定驳回申请：（1）违反法律强制性规定的；（2）损害国家利益、社会公共利益、他人合法权益的；（3）违背公序良俗的；（4）违反自愿原则的；（5）内容不明确的；（6）其他不能进行司法确认的情形。

根据法律规定，人民法院审查确认调解协议案件，应当在立案之日起 30 日内审结；有特殊情况需要延长的，由本院院长批准。司法确认的裁定作出前，当事人撤回申请的，人民法院可以裁定准许。当事人无正当理由未在限期内补充陈述、补充证明材料或者拒不接受询问的，人民法院可以按撤回申请处理。对人民法院作出的确认调解协议裁定，当事人或者利害关系人认为有错误的，可以提出异议。其中，当事人有异议的，应当自收到裁定之日起 15 日内提出；利害关系人有异议的，应当自知道或者应当知道其民事权益受到侵害之日起 6 个月内提出。人民法院经审查，认为异议成立或者部分成立的，作出新的裁定，撤销或者改变原裁定；异议不成立的，裁定驳回异议。

四、司法确认的法律后果

根据《民事诉讼法》第 206 条的规定，人民法院裁定调解协议有效，一方当事人拒绝履行或者未全部履行的，对方当事人可以向人民法院申请执行；裁定驳回申请的，当事人可以通过调解方式变更原调解协议或者达成新的调解协议，也可以向人民法院提起诉讼。也就是说，人民法院确认调解协议有效的裁定具有执行力，一方拒绝履行或者未全部履行的，对方当事人可以向人民法院申请执行，通过民事执行程序迫使其履行；人民法院裁定驳回确认申请的，当事人可以通过重新调解或者直接提起诉讼解决纠纷。

需要注意的是，"司法确认"是对已经生效的调解协议的审查，并不是调解协议生效的必经程序。按照《人民调解法》的规定，当事人达成书面调解协议的，调解协议自各方当事人签名、盖章或者按指印，并由人民调解员签名、加盖人民调解委员会印章之日起生效；口头调解协议自各方当事人达成协议之日起生效。生效的调解协议当然具有法律约束力，而司法确认只是对调解协议的效力进行事后确认，并不影响调解协议的生效。

◆ 【引例分析】

> 根据我国《人民调解法》的规定，经人民调解委员会调解达成的调解协议，具有法律约束力，当事人应当按照约定履行。人民调解委员会应当对调解协议的履行情况进行监督，督促当事人履行约定的义务。从法律规定来看，我国《人民调解法》虽然规定人民调解协议具有法律约束力，当事人应当按照约定履行义务，但是法律并没有规定当事人不履行调解协议应当承担的法律责任。在人民调解实践中，虽然大多数纠纷当事人经过调解达成调解协议后能够自觉履行，但是也确实存在某些纠纷当事人不履行调解协议的情形，由此影响了人民调解制度的具体适用。为了强化人民调解协议的效力，保证调解协议的履行，我国《民事诉讼法》确立了人民调解协议的司法确认程序，即经人民调解委员会调解达成调解协议后，双方当事人认为有必要的，可以自调解协议生效之日起30日内共同向人民法院申请司法确认，人民法院应当及时对调解协议进行审查，依法确认调解协议的效力。人民法院依法确认调解协议有效，一方当事人拒绝履行或者未全部履行的，对方当事人可以向人民法院申请强制执行。为了保障司法确认制度的贯彻施行，《民诉法解释》对司法确认程序的管辖法院、受理范围、审查程序、审查标准、裁定情形等都进行了细化，保障了程序的操作性和规范性。从本纠纷的解决来看，对于债权债务纠纷，经人民调解员调解，双方当事人达成了调解协议，并向人民法院申请司法确认，确定了人民调解协议的效力，有利于保证调解协议的切实履行。

◆ 【本章小结】

1. 人民调解协议，是指在人民调解组织的主持下，纠纷当事人平等协商、互谅互让，就纠纷的解决达成的一致意见。人民调解协议具有民间性，是人民调解委员会制作的，经纠纷各方同意、认可，具有权威性和社会约束力的调解文书。

2. 经人民调解委员会调解达成的调解协议，具有法律约束力，当事人应当按照约定履行。人民调解委员会应当对调解协议的履行情况进行监督，督促当事人履行约定的义务。

3. 通过人民调解委员会的调解，双方当事人达成调解协议，如果当事人之间针对调解协议的履行或者调解协议的内容发生争议，根据法律规定，存在两种解决途径：一种是申请撤销或者变更原调解协议确定的内容，针对有关内容重新达成调解协议；另一种是向人民法院提起诉讼。

4. 经人民调解委员会调解达成调解协议后，双方当事人认为有必要的，可以自调解协议生效之日起30日内共同向人民法院申请司法确认，人民法院应当及时对调解协议进行审查，依法确认调解协议的效力。人民法院依法确认调解协议有效，一方当事人拒绝履行或者未全部履行的，对方当事人可以向人民法院申请强制执行。

5. 人民法院依法确认调解协议无效的，当事人可以通过人民调解的方式变更原调解协议或者达成新的调解协议，也可以向人民法院提起诉讼。

◆ 【练习题】

一、名词解释

人民调解协议　司法确认

二、简答题

1. 简述人民调解协议书应当载明的事项。
2. 简述人民调解协议的效力。
3. 简述人民调解协议履行产生争议的解决途径。
4. 简述申请司法确认必须同时具备的条件。
5. 简述司法确认的审查程序。
6. 简述司法确认的法律后果。

三、案例分析题

1. 20××年2月4日，正值除夕，陈某润正在燃放烟花，葛某晨（女，4岁）出于好奇，在陈某润燃放烟花处看烟花，正当葛某晨看得开心时，烟花突然落到她脸上，导致其脸部受伤，葛某晨的父亲葛某军（男，30岁）知道情况后，要求陈某润对此事负责，并赔偿相关的费用。陈某润认为葛某军作为葛某晨的监护人，应当尽到监护义务，照看好自己的孩子，自己的责任并不大，不需要对此事负太大的责任，双方因责任的承担问题各执一词，导致无法达成赔偿协议。

4月11日，双方当事人到司法所要求调解该纠纷。双方当事人向司法所工作人员陈述了整个纠纷的过程，以及双方争执的焦点。在认真听取了双方当事人的陈述后，司法所工作人员马上介入调解，巧用"枫桥经验"，并结合日常调解工作中积累下来的经验，耐心、细致地做双方当事人的工作，梳理了双方当事人在此次纠纷中存在的过错以及需要承担的责任。葛某军作为葛某晨的监护人，要起到监护的作用，有责任照看好自己的孩子远离危险，在这件事中，葛某军没有履行好监护的义务，需要承担相应的责任。烟花属于易燃易爆物品，具有一定的危险性，陈某润作为成年人应当预知烟花燃放过程中所产生的后果，而且葛某晨是一名幼儿，她在旁边观看，陈某润有义务劝其离开或者让其监护人将她带离现场，确保她的人身安全。但是，陈某润在整个过程中未尽到劝阻的义务，所以应当承担的责任更多。在经过司法所工作人员认真、细致的分析后，双方当事人同意司法所工作人员的说法，认为各自都应承担相应的责任。

葛某军认为葛某晨现在还小，又是女孩，以后脸上若是留有疤痕，对其会有很大的影响，于是向陈某润提出赔偿其整容费用，陈某润同意赔偿，但是他认为扣除医药费等费用之外，整容费用不能超过两万元，葛某军无法接受他的要求，双方当事人因为整容费用问题僵持不下，都不肯退让。

4月12日，司法所工作人员通过对整容费用进行详细的调查和了解后，再次组织双方当事人到司法所进行调解，将所了解的情况告诉双方当事人。陈某润出于对司法所工作人员的信任，相信司法所的调查结果，当场表示同意在司法所调查的标准范围内，赔偿整容费用给葛某晨，葛某军也接受陈某润提出的整容费用。

看到双方当事人对整容费用的赔偿达成了协议，司法所工作人员乘势结合《人民调解法》等相关法律规定，对当事人晓之以理、动之以情，进行思想疏导和法治宣传，双方当事人对其余费用的赔偿也很快达成了协议。最终，双方在众人的见证下握手言和。

最后，陈某润同意赔偿葛某晨医药费、营养费、整容费等费用共计人民币 10 万元整，并要求到法院进行司法确认，并承诺在 4 月 20 日前支付完所有费用。4 月 17 日，区人民法院作出民事裁定。4 月 18 日，陈某润将所有费用结清。

问题：

人民调解协议的效力如何？

分析要点提示：

我国《人民调解法》第 31 条规定："经人民调解委员会调解达成的调解协议，具有法律约束力，当事人应当按照约定履行。人民调解委员会应当对调解协议的履行情况进行监督，督促当事人履行约定的义务。"根据上述法律规定，人民调解协议的效力包含两层含义，一是经人民调解委员会调解达成的调解协议具有法律约束力，当事人应当按照约定履行。二是人民调解委员会应当对调解协议的履行情况进行监督，督促当事人履行约定的义务。也就是说，法律虽然规定人民调解协议具有法律效力，但是主要依靠纠纷当事人自觉履行，人民调解委员会只是对调解协议的履行负有监督和督促的义务，不能强迫纠纷当事人履行调解协议。在调解实践中，多数纠纷当事人都能够自觉履行调解协议。如果经人民调解委员会调解达成调解协议后，当事人之间就调解协议的履行或者调解协议的内容发生争议，根据法律规定，可以申请撤销或者变更原调解协议确定的内容，针对有关内容重新达成调解协议，或者向人民法院提起诉讼。如果欲强化调解协议的效力，纠纷当事人可以向人民法院申请司法确认。

在本纠纷的解决中，陈某润燃放烟花，不慎导致葛某晨脸部受伤，葛某晨的监护人葛某军要求陈某润承担相应的责任、赔偿相关的费用。因双方当事人在责任承担上各执一词，由此产生争议，申请人民调解。人民调解员介入后，经过耐心细致地做双方当事人的思想工作，对双方当事人存在的过错、需要承担的责任依法进行梳理，促使双方当事人互谅互让，达成了调解协议。为了保证调解协议的履行，双方当事人到法院对调解协议进行了司法确认，陈某润及时将所有费用结清，该纠纷得到了圆满的解决。由此可见，经人民调解委员会调解达成的调解协议，对双方当事人是具有法律效力的，会产生一定的法律约束力。

2. "我的孙子吃了喷了农药的蔬菜住了院，现在对方不肯赔偿，希望你们能够帮帮我。"8 月 28 日，某村村民陈某秀来到市司法局某司法所寻求帮助。司法所工作人员接到案件后，详细询问了事件的来由。经了解，陈某秀的菜地紧挨着杨某昌的房屋，7 月底，杨某昌看到自家房屋背后杂草丛生，便买了除草剂进行喷洒，在喷洒过程中，部分农药飘到了隔壁陈某秀的菜地，但杨某昌并未及时告知陈某秀及其家人。8 月 1 日早上，陈某秀采摘了沾染农药的蔬菜，食用后，陈某秀本人出现腹泻等症状，其不到两周岁的小孙子出现发烧、厌食、呕吐等症状，并被送至市第一医院重症监护室治疗，经治疗后痊愈。事发后，陈某秀得知是误食了杨某昌喷洒过农药的蔬菜引起的，便要求杨某昌赔偿医疗费、交通费、误工费等各项损失，而杨某昌认为自己喷洒的农药影响不大，赔偿金额偏高，双方就赔偿金额产生异议。了解案情后，司法所组织村两委干部经过现场调查后，组织双方当事人就赔偿事宜进行协商。调解员本着"思民忧、解民难"

的理念，从情理入手，采取面对面、背对背等多种技巧进行调解。在调解员的耐心劝说下，杨某昌认识到了自己的错误，表示愿意承担相应的责任，最终双方当事人达成了协议，由杨某昌一次性赔偿陈某秀 3 900 元，双方握手言和，并当场签订协议书。

问题：

人民调解协议书包含哪些内容？

分析要点提示：

我国《人民调解法》第 28 条规定："经人民调解委员会调解达成调解协议的，可以制作调解协议书。当事人认为无需制作调解协议书的，可以采取口头协议方式，人民调解员应当记录协议内容。"第 29 条规定："调解协议书可以载明下列事项：（一）当事人的基本情况；（二）纠纷的主要事实、争议事项以及各方当事人的责任；（三）当事人达成调解协议的内容，履行的方式、期限。调解协议书自各方当事人签名、盖章或者按指印，人民调解员签名并加盖人民调解委员会印章之日起生效。调解协议书由当事人各执一份，人民调解委员会留存一份。"人民调解协议书既是人民调解委员会调解员工作的记录，也是纠纷当事人达成调解协议、履行调解义务的依据。

从本纠纷的解决来看，杨某昌喷洒农药，部分农药飘到了隔壁陈某秀家的菜地里，但杨某昌未及时告知陈某秀及其家人，导致陈某秀及其孙子误食杨某昌喷洒过农药的蔬菜引起中毒。后因医疗费、交通费、误工费等赔偿问题，双方当事人产生争议，申请通过人民调解解决。人民调解员进行现场调查后，从情理入手，采取面对面、背对背等多种方式进行调解，促使双方当事人达成调解协议。对于调解协议书的制作，首先应当写明纠纷当事人的基本情况；其次应当写明纠纷的主要事实、争议事项以及各方当事人的责任；最后应当写明当事人达成调解协议的内容，履行的方式、期限。需要注意的是，调解协议书需要由纠纷当事人签名、盖章或者按指印，并由人民调解员签名并加盖人民调解委员会印章。未经纠纷当事人签名、盖章或者按指印的人民调解协议书不具有法律效力。

◆ 在线测试

第十章 人民调解文书

【本章引例】

20××年5月，黄某经人介绍与邻村的姑娘张某相识，二人相处一段时间后，即举行了订婚仪式，张某向黄某索要了彩礼 10 000 元、黄金戒指 1 枚、衣服 3 套、鞋子 2 双。后来，黄某在骑摩托车时不幸摔伤，张某便不再理会黄某。此后，黄某多次打电话给张某，并上门要求张某归还彩礼，张某都置之不理。无奈，黄某到人民调解委员会寻求帮助。人民调解员找到张某，张某同意通过调解解决纠纷。经过人民调解员耐心细致地做调解工作，张某同意退还彩礼钱 7 000 元和黄金戒指，但是衣服自己留用。黄某表示接受。对此，双方当事人达成了调解协议，制作了人民调解协议书。

请问：

人民调解协议书由哪些内容组成？

【本章学习目标】

通过本章的学习，你应该能够：

1. 掌握人民调解文书的概念、功用和特征。

2. 掌握人民调解申请书、人民调解受理登记表、人民调解调查记录、人民调解记录、人民调解协议书、人民调解口头协议登记表、人民调解回访记录的概念和功用。

3. 了解人民调解申请书、人民调解受理登记表、人民调解调查记录、人民调解记录、人民调解协议书、人民调解口头协议登记表、人民调解回访记录的具体写作要求，做到能写会用。

第一节 人民调解文书概述

一、人民调解文书的概念和功用

人民调解文书，是指人民调解委员会在调解和解决民间纠纷的过程中制作和使用的，反映纠纷调解过程和结果的具有法律意义的法律文书。

人民调解是人民调解委员会依法解决民间纠纷的活动，与民事诉讼相比较，虽然调解程序没有诉讼程序要求那么严格，但是也需要依照《人民调解法》规定的程序进行，并且需要用文字的形式将调解的整个过程记录下来。人民调解文书不仅是人民调解委员会依法进行调解活动的忠实记录，反映了整个调解过程，也是维护纠纷当事人合法权益的依据，因为双方当事人持有通过人民调解达成的调解协议，可以向人民法院申请司法确认，获得执行依据。同时，人民调解文书记载的内容，也是人民调解委员会总结调解经验教训、提高人民调解质量的重要参考材料。

二、人民调解文书的特征

人民调解文书需要依法制作，主要具有以下几个特征。

（一）制作主体的特定性

人民调解文书的种类较多，具体包括人民调解申请书、人民调解受理登记表、人民调解调查记录、人民调解记录、人民调解协议书、人民调解口头协议登记表、人民调解回访记录等。不同的人民调解文书，制作主体也不同。从制作主体来看，人民调解文书主要分为两类：一类是人民调解委员会制作的人民调解文书，如人民调解受理登记表、人民调解调查记录、人民调解记录、人民调解协议书、人民调解口头协议登记表、人民调解回访记录等；另一类是纠纷当事人制作和使用的人民调解文书，如人民调解申请书。总体来看，人民调解委员会制作和使用的人民调解文书居多。

（二）文书格式的规范性

人民调解委员会是法定的民间纠纷调解组织，任务是预防和调解民间纠纷。人民调解委员会进行调解活动制作的文书，是对人民调解活动全过程的忠实记录，人民调解文书格式规范，才能体现出人民调解活动法定性和规范性的特点，人民调解活动才能获得社会公众的信赖。为了保证人民调解文书的规范性，司法部专门印发了人民调解文书格式，对每类人民调解文书的制作都提出了规范性要求。因此，人民调解文书应当依照司法部规定的人民调解文书格式要求制作。

（三）文书内容的法定性

人民调解委员会既然是法定的人民调解组织，调解活动就应当依法进行，人民调解文书也应当依法制作。具体体现在以下几个方面：一是文书格式合法，即人民调解文书应当依照司法部规定的文书格式制作。二是文书内容真实合法，即人民调解文书记录的内容必须真实可靠，不允许存在半点虚假，更不允许虚构。三是文书制作程序合法，即人民调解委员会制作的文书，必须经相关人员签名。四是文书的文字表述要规范，应当做到文风朴实、语言庄重、表意精确、解释单一、通俗易懂。

第二节　常用的人民调解文书

为贯彻实施《人民调解法》，进一步提高人民调解工作的规范化、制度化水平，根据司法部《关于贯彻实施〈中华人民共和国人民调解法〉的意见》，2010 年 12 月 31 日，司法部发布了《司法部关于印发人民调解文书格式和统计报表的通知》，为人民调解文书的制作提供了依据。

一、人民调解申请书

（一）概念和功用

人民调解申请书，是指民间纠纷当事人向人民调解委员会申请调解民间纠纷时制作和使用的文书。

人民调解委员会是调解民间纠纷的群众性自治组织，民间纠纷的调解基于纠纷当事人的自愿。在日常生活和工作中，如果当事人之间产生民间纠纷，可以选择多种纠纷解决方式予以解决，选择人民调解方式解决纠纷是当事人法定的权利。当事人依法制作调解申请书，并将调解申请书递交人民调解委员会，表明当事人愿意通过人民调解的方式解决矛盾和纠纷。因此，人民调解申请书既是纠纷当事人向人民调解委员会申请调解的工具，也是人民调解委员会受理民间纠纷的依据。

（二）文书具体写作要求

人民调解申请书由首部、正文和尾部三部分内容组成。

1. 首部

首部包括标题和当事人的基本情况。

（1）标题。应当居中写明"人民调解申请书"。

（2）当事人的基本情况。应当写明申请人、被申请人的基本情况。填写当事人基本情况时，需要注意以下几点：一是当事人是自然人的，应当写明姓名、性别、民族、年龄、职业或职务、联系方式以及单位或住址。二是当事人是法人或者其他组织的，应当写明名称、住所。另起一行写明法定代表人或者主要负责人的姓名、性别、民族、年龄、职业或职务、联系方式。三是如果有第三人的，也应当写明第三人的基本情况。

此外，还需要注意的是，如果当事人是无民事行为能力人或者限制民事行为能力人，应当写明法定代理人的姓名、住所，并在姓名后括注与当事人的关系。当事人及其法定代理人委托诉讼代理人的，应当写明委托诉讼代理人的诉讼地位、姓名。

当事人的基本情况应当写得明确、具体，以便人民调解委员会送达人民调解相关文书，与纠纷当事人取得联系，保证人民调解工作的顺利进行。

2. 正文

正文包括纠纷简要情况、当事人申请事项和告知事项。

（1）纠纷简要情况。应当写明纠纷事实和理由。纠纷事实是当事人申请人民调解的基础，也是当事人提出申请事项的依据，应当详细叙写，主要应当写明纠纷当事人民事权益受到侵害，或者与人发生争议的事实，包括时间、地点、起因、经过、具体情节、结果等。叙写纠纷事实时需要注意以下几个问题：一是叙写纠纷事实应当实事求是，既不夸大，也不缩小；二是叙写纠纷事实既要展示原貌，又要重点突出；三是应当围绕申请事项叙写纠纷事实。

在叙写纠纷事实的同时还需要阐明申请人民调解委员会调解纠纷的理由，理由是对事实的概括和评说。在阐述具体理由时，应当依据事实论述申请人提出申请事项的合法性和合理性，以利于人民调解委员会分清是非，明确责任。阐明理由时需要注意以下两个问题：一是要抓住重点，击中要害；二是阐明的理由应当与申请事项、事实相一致，不能出现矛盾。

(2) 当事人申请事项。申请事项，是指申请人向人民调解委员会提出调解申请，请求人民调解委员会解决的具体问题。申请事项应当写得明确、具体。同一纠纷中，如果申请人的申请事项有多个，应当逐一列明。

(3) 告知事项。应当写明"人民调解委员会已将申请人民调解的相关规定告知我，现自愿申请人民调解委员会进行调解"。

3. 尾部

尾部包括申请人签名、申请时间和附项。

(1) 申请人签名。申请人如果是法人或者其他组织的，应当加盖公章。

(2) 申请时间。应当写明申请的具体时间，包括年、月、日。

(3) 附项。应当写明申请书副本的份数。

人民调解申请书可以由申请人本人书写，也可以委托他人代写。如果纠纷一方当事人是多人的，可以共同递交一份人民调解申请书。如果双方当事人都提出纠纷调解申请的，可以分别向人民调解委员会递交人民调解申请书。

(三) 格式与示例

1. 人民调解申请书的格式

人民调解申请书

申请人姓名_____性别_____民族_____年龄_____职业或职务_____
联系方式_____单位或住址_____

被申请人姓名_____性别_____民族_____年龄_____职业或职务_____
联系方式_____单位或住址_____

纠纷简要情况：_____
_____
_____
_____
_____
_____
_____

当事人申请事项：1. _____
2. _____
3. _____

人民调解委员会已将申请人民调解的相关规定告知我，现自愿申请人民调解委员会进行调解。

申请人（签名、盖章或按指印）_____
_____年_____月_____日

2. 人民调解申请书示例

人民调解申请书

申请人张×，男，汉族，45岁，农民，联系方式：136××××××××，住址：××市××县××乡××村××号。

被申请人李×，男，汉族，48岁，农民，联系方式：139××××××××，住址：××市××县××乡××村××号。

纠纷简要情况：××市××县××乡××村是镇蔬菜保护地重点开发单位，为了扩大生产，需要修建蔬菜大棚，由于张×家的祖坟对修建蔬菜大棚有影响，按要求需要迁走。张×看好了同村王×承包的一块山地，经过与王×协商，王×同意张×将祖坟迁入自己承包的这块山地中。为此，张×做了迁坟的准备工作。在迁坟过程中，由于张×的疏忽，在迁坟前没有要求王×到现场实地指点具体的位置，张×误把祖坟修建在了与王×承包山地相邻的李×的承包地里。几天后，李×突然发现自家的承包地里多了一座坟墓，即刻怒火中烧。回村一打听，知晓是张×新迁的祖坟，遂赶往张×家理论。张×问明原委，发现自己将祖坟迁错了地点，连忙向李×道歉，并与李×协商，能否将错就错，自己愿意以双倍的价钱对李×进行补偿，李×没有答应张×的要求。当天下午，李×即将张×家的祖坟刨开。张×家的族人得知此事后，怒不可遏，认为李×掘开张×家的祖坟，既破坏了风水，又使张×家丢了面子，遂召集家族众人，欲与李×家火并。张×怕闹出人命来，在稳定住众人的情绪后，向人民调解委员会申请调解。

当事人申请事项：请求人民调解委员会帮助平息事端，协商解决迁坟纠纷。

人民调解委员会已将申请人民调解的相关规定告知我，现自愿申请人民调解委员会进行调解。

申请人：张×

二○××年×月××日

二、人民调解受理登记表

（一）概念和功用

人民调解受理登记表，是指民间纠纷当事人申请调解民间纠纷时，人民调解委员会制作的记载纠纷受理情况的表格文书。

我国《人民调解法》第17条规定："当事人可以向人民调解委员会申请调解；人民调解委员会也可以主动调解。当事人一方明确拒绝调解的，不得调解。"当事人申请调解民间纠纷，既可以书面申请，也可以口头申请。人民调解受理登记表是人民调解委员会受理民间纠纷的凭证。

（二）文书具体写作要求

人民调解受理登记表由首部、正文和尾部三部分内容组成。

1. 首部

首部包括标题，调解时间、当事人情况，纠纷类型等。

（1）标题。应当居中写明"人民调解受理登记表"。

（2）调解时间、当事人情况。应当写为"＿＿＿＿年＿＿＿＿月＿＿＿＿日，人民调解委员会依当事人申请（人民调解委员会主动调解），经当事人同意，调解＿＿＿＿、＿＿＿＿之间的纠纷"。

（3）纠纷类型。应当按照民间纠纷的类型进行填写。例如，邻里纠纷、损害赔偿纠纷、婚姻家庭纠纷等。

2. 正文

正文包括案件来源和纠纷简要情况。

（1）案件来源。应当选择是当事人申请，还是人民调解委员会主动调解。

（2）纠纷简要情况。首先，应当写明纠纷发生的时间、地点、起因、经过、具体情节、结果等。然后，写明人民调解委员会"受理"或者"不受理"纠纷。如果不受理纠纷，应当写明不受理纠纷的理由，并且应当告知当事人纠纷应当如何处理和解决。

3. 尾部

尾部包括当事人、登记人签名，人民调解委员会署名，受理申请的时间。

（1）当事人签名。如果是双方当事人共同申请的，应当分别由申请人和被申请人签名。

（2）登记人签名。应当由填写人民调解受理登记表的调解员签名。

（3）人民调解委员会署名。应当写明"×××人民调解委员会"。

（4）受理申请的时间。应当写明填写人民调解受理登记表的具体时间，包括年、月、日。

（三）格式与示例

1. 人民调解受理登记表的格式

人民调解受理登记表

　　＿＿＿＿年＿＿＿＿月＿＿＿＿日，人民调解委员会依当事人申请（人民调解委员会主动调解），经当事人同意，调解＿＿＿＿＿、＿＿＿＿＿之间的纠纷。

　　纠纷类型：＿＿＿＿＿＿＿＿＿＿＿＿＿＿＿＿＿＿＿＿＿＿＿＿＿＿＿＿＿＿＿＿＿

　　案件来源：①当事人申请；②人民调解委员会主动调解

　　纠纷简要情况：＿＿＿＿＿＿＿＿＿＿＿＿＿＿＿＿＿＿＿＿＿＿＿＿＿＿＿＿＿

　　＿＿＿＿＿＿＿＿＿＿＿＿＿＿＿＿＿＿＿＿＿＿＿＿＿＿＿＿＿＿＿＿＿＿＿＿＿

　　＿＿＿＿＿＿＿＿＿＿＿＿＿＿＿＿＿＿＿＿＿＿＿＿＿＿＿＿＿＿＿＿＿＿＿＿＿

　　＿＿＿＿＿＿＿＿＿＿＿＿＿＿＿＿＿＿＿＿＿＿＿＿＿＿＿＿＿＿＿＿＿＿＿＿＿

　　当事人（签名）＿＿＿＿＿＿＿＿＿＿＿

　　登记人（签名）＿＿＿＿＿＿＿＿＿＿＿

＿＿＿＿＿＿＿＿＿＿＿＿人民调解委员会

＿＿＿＿＿年＿＿＿＿＿月＿＿＿＿＿日

---

2. 人民调解受理登记表示例

人民调解受理登记表

20××年×月××日，人民调解委员会依当事人张×申请，经李×同意，调解张×、李×之间的纠纷。

纠纷类型：迁坟纠纷

案件来源：√①当事人申请；②人民调解委员会主动调解

纠纷简要情况：为了扩大生产，××市××县××乡××村需要修建蔬菜大棚，由于张×家的祖坟对修建蔬菜大棚有影响，按要求需要迁走。张×看好了同村王×承包的一块山地，经过与王×协商，王×同意张×将祖坟迁入自己承包的这块山地中。在迁坟过程中，由于张×的疏忽，在迁坟前没有要求王×到现场实地指点具体的位置，张×误把祖坟修建在了与王×承包山地相邻的李×的承包地里。几天后，李×发现自家的承包地里多了一座坟墓，即刻怒火中烧。回村一打听，知晓是张×新迁的祖坟，遂赶往张×家理论。张×问明原委，发现自己将祖坟迁错了地点，连忙向李×道歉，并与李×协商，能否将错就错，自己愿意以双倍的价钱对李×进行补偿，李×没有答应张×的要求。当天下午，李×即将张×家的祖坟刨开。张×家的族人得知此事后，怒不可遏，认为李×掘开张×家的祖坟，既破坏了风水，又使张×家丢了面子，遂召集家族众人，欲与李×家火并。张×怕闹出人命来，在稳定住众人的情绪后，向人民调解委员会申请调解。经征询李×的意见，李×同意调解。

当事人（签名）　张×、李×
登记人（签名）　邓××

××县××乡××村人民调解委员会
二○××年×月××日

三、人民调解调查记录

（一）概念和功用

人民调解调查记录，是指人民调解委员会受理民间纠纷后，为了了解纠纷事实，向有关人员调查情况时制作和使用的文书。

《人民调解工作若干规定》第 26 条规定："人民调解委员会调解纠纷，应当分别向双方当事人询问纠纷的事实和情节，了解双方的要求及其理由，根据需要向有关方面调查核实，做好调解前的准备工作。"

人民调解员调解民间纠纷，需要掌握案件的真实情况，有针对性地进行调解，向有关人员调查情况是查明案件真实情况的重要手段。人民调解调查记录是对有关人员陈述纠纷情况的真实记录，也是人民调解员了解纠纷事实、分清是非、提出调解意见的依据。

（二）文书具体写作要求

人民调解调查记录由首部、正文和尾部三部分内容组成。

1. 首部

首部包括标题、时间、地点、参加人、被调查人等情况。

（1）标题。应当居中写明"人民调解调查记录"。

（2）时间。应当填写人民调解员调查了解情况的具体时间，包括年、月、日，具体的时、分等。

（3）地点。应当写明人民调解员进行调查的具体场所。

（4）参加人。参加人既包括调查人、被调查人、记录人，也包括调查人、被调查人、记录人之外的参加调查的人。

（5）被调查人。应当具体写明被调查人的姓名、性别、年龄、民族、工作单位和职务或者职业、住所、联系方式。如果被调查人与纠纷当事人有特殊关系，也应当注明。

2. 正文

正文是文书的核心内容，主要记录调查的具体内容。人民调解调查记录的具体制作可以采用两种方式：一种是问答式，即调查人提问，被调查人回答；另一种是调查人提问后，与被调查人进行交流，然后将被调查人陈述的纠纷情况进行整理，综合进行记录，最后由被调查人确认。在人民调解实践中，通常采用问答式的调查记录模式。

不论采用哪种调查记录模式，调查人在制作人民调解调查记录时都应当注意以下几个问题：

（1）在调查开始时，调查人应当向被调查人告知自己人民调解员的身份，以及调查的目的。

（2）应当全面、客观、完整、准确、具体地记录被调查人陈述的内容。

（3）对于需要了解的纠纷关键性事实和情节，应当重点进行记录。

（4）记录完成后，应当交给被调查人核对，或者向被调查人宣读，如果被调查人对记录的内容有异议，应当允许被调查人予以补正。

3. 尾部

尾部包括调查人、被调查人、记录人签名。人民调解调查记录制作完成后，必须由调查人、被调查人、记录人签名才具有法律意义，才能产生法律效果。否则，制作的人民调解调查记录没有任何价值。

（三）格式与示例

1. 人民调解调查记录的格式

人民调解调查记录

时间＿＿＿＿＿＿＿＿＿＿＿＿＿＿＿＿＿＿＿＿＿＿＿＿＿＿＿＿＿＿＿＿＿

地点＿＿＿＿＿＿＿＿＿＿＿＿＿＿＿＿＿＿＿＿＿＿＿＿＿＿＿＿＿＿＿＿＿

参加人＿＿＿＿＿＿＿＿＿＿＿＿＿＿＿＿＿＿＿＿＿＿＿＿＿＿＿＿＿＿＿＿

被调查人＿＿＿＿＿＿＿＿＿＿＿＿＿＿＿＿＿＿＿＿＿＿＿＿＿＿＿＿＿＿

记录：＿＿＿＿＿＿＿＿＿＿＿＿＿＿＿＿＿＿＿＿＿＿＿＿＿＿＿＿＿＿＿

＿＿＿＿＿＿＿＿＿＿＿＿＿＿＿＿＿＿＿＿＿＿＿＿＿＿＿＿＿＿＿＿＿＿

＿＿＿＿＿＿＿＿＿＿＿＿＿＿＿＿＿＿＿＿＿＿＿＿＿＿＿＿＿＿＿＿＿＿

＿＿＿＿＿＿＿＿＿＿＿＿＿＿＿＿＿＿＿＿＿＿＿＿＿＿＿＿＿＿＿＿＿＿

＿＿＿＿＿＿＿＿＿＿＿＿＿＿＿＿＿＿＿＿＿＿＿＿＿＿＿＿＿＿＿＿＿＿

＿＿＿＿＿＿＿＿＿＿＿＿＿＿＿

调查人（签名）＿＿＿＿＿＿＿＿＿

被调查人（签名）＿＿＿＿＿＿＿＿＿

记录人（签名）＿＿＿＿＿＿＿＿＿

2. 人民调解调查记录示例

人民调解调查记录①

时间：20××年××月××日××时××分

地点：××县××乡××村村委会

参加人：刘某、陆某、曲某

被调查人：曲某，男，39岁，现住××县××乡××村××号

记录：

调查人：我们是××人民调解委员会的调解员刘某和陆某，应马某的申请，来调解马某与你、苗某有关的人身侵权纠纷，现依法对你展开调查。根据《中华人民共和国人民调解法》第23、24条的规定，你享有下列权利：（1）选择或者接受人民调解员；（2）接受调解、拒绝调解或者要求终止调解；（3）要求调解公开进行或者不公开进行；（4）自主表达意愿、自愿达成调解协议。

同时，你要履行下列义务：（1）如实陈述纠纷事实；（2）遵守调解现场秩序，尊重人民调解员；（3）尊重对方当事人行使权利。请问你听清楚没有？有问题没有？

被调查人曲某：听清楚了，没有问题。

调查人：咬人的这条狗是谁养的？

被调查人曲某：原来是我养的，但在一年前就丢了。

调查人：狗丢以后，你找过吗？

被调查人曲某：找过，但没找到。

调查人：据说后来狗在苗某家，你对狗在苗某家这个情况，发生咬人事件之前是否知道？

被调查人曲某：不知道，还是马某告诉我，我才知道的。

调查人：苗某说自己只是替你代养，是吗？

被调查人曲某：不是的，我跟他不熟，怎能让他帮我代养狗呢？何况我那还是一只纯种的狼狗，价格很贵的。

调查人：好了，情况我们了解了，这是笔录，请阅读确认无误后签字。

被调查人曲某：好的。

调查人：刘某、陆某

被调查人：曲某

记录人：陆某

四、人民调解记录

（一）概念和功用

人民调解记录，是指人民调解委员会受理民间纠纷后，在了解纠纷事实的基础上，依据国家法律、法规、规章和政策等，对纠纷当事人进行说服、教育，做耐心细致的思想工

---

① 人民调解工作法律实务丛书编写组．人民调解文书法律知识及卷宗制作案例示范．北京：中国法制出版社，2017：44－45.

作，促使纠纷当事人平等协商、互谅互让，达成协议时所作的文字记载。

《人民调解法》第 27 条规定："人民调解员应当记录调解情况。人民调解委员会应当建立调解工作档案，将调解登记、调解工作记录、调解协议书等材料立卷归档。"

人民调解记录是人民调解委员会进行调解工作的忠实记录，一方面，调解记录记录了调解的整个过程，有利于调解后续监督、督促、引导工作的进行；另一方面，调解记录有利于人民调解委员会总结调解工作的经验和教训，提高调解质量。

（二）文书具体写作要求

人民调解记录由首部、正文和尾部三部分内容组成。

1. 首部

首部包括标题、时间、地点、当事人、参加人等情况。

（1）标题。应当居中写明"人民调解记录"。

（2）时间。应当写明人民调解员调解民间纠纷的具体时间，包括年、月、日，具体的时、分等。

（3）地点。应当写明人民调解员调解纠纷的具体场所。

（4）当事人。应当具体写明纠纷当事人的姓名、性别、年龄、民族、工作单位和职务或者职业、住所、联系方式等。

（5）参加人。参加人既包括人民调解员、纠纷当事人、记录人，也包括人民调解员、纠纷当事人、记录人之外的参加调解的人。《人民调解法》第 20 条第 1 款规定："人民调解员根据调解纠纷的需要，在征得当事人的同意后，可以邀请当事人的亲属、邻里、同事等参与调解，也可以邀请具有专门知识、特定经验的人员或者有关社会组织的人员参与调解。"如果纠纷调解邀请了上述人员参加，应当在调解记录中写明参加人的情况。

2. 正文

正文是文书的核心内容，主要包括人民调解委员会的告知和调解的具体情况。

（1）人民调解委员会的告知。《人民调解工作若干规定》第 30 条规定："人民调解委员会调解纠纷，在调解前应当以口头或者书面形式告知当事人人民调解的性质、原则和效力，以及当事人在调解活动中享有的权利和承担的义务。"所以，在调解记录中，应当首先记录清楚人民调解委员会将调解相关规定告知纠纷当事人的情况，一般固定格式写为"人民调解委员会已将人民调解的相关规定告知各方当事人"。

（2）调解的具体情况。这部分是调解记录的核心内容，主要包括调解过程和调解结果。关于调解的过程，《人民调解法》规定，人民调解员根据纠纷的不同情况，可以采取多种方式调解民间纠纷，充分听取当事人的陈述，讲解有关法律、法规和国家政策，耐心疏导，在当事人平等协商、互谅互让的基础上提出纠纷解决方案，帮助当事人自愿达成调解协议。

调解记录是对调解过程的记录，主要包括以下内容：一是双方当事人对纠纷的陈述、争执焦点；二是双方当事人围绕争执焦点进行的辩论；三是人民调解员在调解过程中做的工作，包括采取的措施、采用的调解方法和手段等；四是人民调解员对纠纷解决提出的意见和建议；五是如果调解成功，应当写明双方当事人达成调解协议的具体内容；六是如果调解失败，应当具体写明调解失败的原因，以及人民调解员为双方当事人建议的解决纠纷的途径等。

关于调解结果，根据文书格式的规定，分为调解成功、调解不成、有待继续调解三种情形，记录人只需要根据调解的具体情况，在调解结果栏直接选择画"√"就可以了。

记录调解的具体情况，应当做到客观、真实、整洁、简练、实事求是，力求语言简洁、层次分明、重点突出。

3. 尾部

尾部包括双方当事人签名、盖章或按指印，人民调解员、记录人签名，以及记录时间。需要注意的是，调解记录填写完成后，应当交给双方当事人核对，或者向双方当事人宣读，如果双方当事人对记录的内容有异议，应当允许当事人予以补正。

（三）格式与示例

1. 人民调解记录的格式

人民调解记录

时间_____

地点_____

当事人_____

参加人_____

人民调解委员会已将人民调解的相关规定告知各方当事人。

调解记录：_____

_____

_____

_____

_____

_____

_____

调解结果：

1. 调解成功；2. 调解不成；3. 有待继续调解。

当事人（签名、盖章或按指印）_____

当事人（签名、盖章或按指印）_____

人民调解员（签名）_____

记录人（签名）_____

_____年_____月_____日

---

2. 人民调解记录示例

人民调解记录①

时间：20××年×月××日××时××分

地点：××人民调解委员会

当事人：

肖某家属：肖卫某（肖某的父亲）、肖保某（肖某的叔叔）和李某（肖某的母亲）；学校代表：李校长、廖主任、陈老师和学校董事长陈某。

---

① 刘道龙，廖永安. 人民调解经典案例评析. 湘潭：湘潭大学出版社，2016：122-128.

参加人：调解委员会的曾某、司法所的向某、村里的成某、市教育局的王科长和唐科长、市公安局的唐警官；肖某家属；学校代表。

人民调解委员会已将人民调解的相关规定告知各方当事人。

调解记录：

调解员曾某：我先来介绍一下今天参加调解的人员。今天的调解庭成员有我曾某、司法所的向某、村里的成某，还有市公安局的唐警官。另外，我们市教育局的王科长和唐科长也出席本次调解，他们会代表市教育局发表意见。今天调解的两方，分别是肖某的家属：肖卫某（肖某的父亲）、肖保某（肖某的叔叔）；学校代表：李校长、廖主任和陈老师。

在调解开始之前，我先宣布一下调解的纪律：第一，请所有在座的人员将移动电话关机或者调为振动状态；第二，当事人发言应以事实为依据，以法律为准绳，应尊重客观事实；第三，当事人在发言的时候应语气平缓，不能谩骂、攻击调解人员、参与人员及对方当事人；第四，当事人发言应听从调解员的安排，不得随意打断其他人的发言。我知道今天这个案子比较特别，但是请你们控制好自己的情绪，可以吧？

肖卫某：好。

廖主任：没问题。

调解员曾某：下面，正式开始调解。首先，请死者肖某的家属这一方发言，发言应围绕学校是否对肖某的死亡有过错及本次纠纷应如何处理来进行。请肖某的亲属代表一个一个地说，如果观点、内容相同，就不要重复说了，主要就学校是否有责任的问题阐述一下。人死在了学校，你们是向学校索赔。第一，学校是否有责任。第二，对这个问题的处理提一些建设性的意见。

肖保某：我们这个人（肖某）确实是死在学校，这是毫无疑问的。一条人命啊，小孩才15岁，你说这个年纪人就没了，家里面该有多伤心啊！我们希望学校承担自己的责任，赔偿50万元，在我看来这一点都不过分。人都死了，50万元不过分吧？事实上我们宁愿不要50万元，你们把我侄子给赔过来，我们宁愿要个活人。

司法所向某：那啥，兄弟啊，这个事情呢，我们完全理解你们的心情，我相信学校也理解你们的心情，但是人死不能复生，我们还是不要说气话，还是商量怎么解决问题，好不好？

肖保某：我们是要解决问题啊。我们去找了他们好多次，他们怎么说的？说什么他们救人很及时，还找了个学法律的人跟我们说他们没有过失。赔偿我们15 000元，一条人命呢，一条人命就值万把块钱？还说什么出于人道主义，这是人说的话吗？

李校长：我们不是不愿意承担责任，关键是责任是多少、怎么划分，要不然……

肖保某：人在学校死的，划什么划……

调解员曾某：哎，先等下，别着急。李校长，要不你先别说话，我待会儿再叫你讲？

李校长：好吧。

调解员曾某：那你们这边现在是什么打算？

肖保某：我们要求他们赔偿50万元。

调解员曾某：就是这个要求？

肖保某：就是这个要求。

调解员曾某：那学校这边是怎么看呢？

李校长：对于肖某的事，我们很痛心，我们也非常理解家长的心情。我们的态度很明确，该承担的责任我们绝不含糊，但是首先要把责任划分清楚。我想请我们廖主任讲一下这个事情的经过。

调解员曾某：那廖主任你讲讲吧。

廖主任：好，我说说，我是教导主任，专门负责学生工作。5月15日上午的课间，肖某和同班的几个同学在走廊上嬉戏打闹，然后他不小心撞到门上了。我事后问过几个同学，可以确定没有人推他，他是自己跑得太快撞上去的。他撞上门之后还走了两步，然后就倒在走廊上昏迷了。学生立即喊了老师，在他们教室同一层有个教师休息室，然后我们几位老师，其中有陈老师，他今天来了，就把肖某抬到医务室了。医务室的医生说肖某的情况很严重，陈老师就打了120，把他送到市医院。我和李校长一接到电话就赶往医院了，肖某抢救时我一直在，而且还是我给家长打的电话。

陈老师：廖主任说的是实情，我可以证明。

调解员曾某：你们是不是说过肖某在5月11日生了什么病？

廖主任：是有这么回事，所以我们才说要查明肖某的死因。

调解员曾某：那具体是什么情况呢？

廖主任：肖某5月11日生了病，在课堂上直接就晕过去了，后来送到镇上医院，又是输氧又是打针，他才醒过来。至于他究竟是什么病，镇上的医院设备太差，查不出个所以然来，医生建议他去市医院检查，我们也是这么建议的。

调解员曾某：后来他去医院检查了吗？

廖主任：后来他回来上课了，我们老师还问了他去检查没有，他说他爸妈还没打钱过来，没钱去医院。然后我们老师问他有没有事，要不要请假回家休息，他说不用。

调解员曾某：因为这样，所以你们怀疑肖某的死可能与生病有关？

廖主任：嗯。

调解员曾某：刚才听你们讲到要划分责任，也就是说要弄清楚肖某死亡的原因是什么。今天市公安局的唐警官也参加了本纠纷的调解，下面由唐警官就是否需要鉴定、是否需要做医学解剖、是否需要从法医学这一块查明肖某的死亡原因发言。

唐警官：从办理案子的角度出发，建议死者家属写出请求尸体解剖的报告，然后由法医对肖某进行尸体解剖。

调解员曾某：刚才唐警官已提了公安机关的建议，如果肖某的死亡要作为一个刑事案件来办理，有一个很关键的程序，就是要查明他的死亡原因，而这需要死者家属出具同意解剖尸体的报告。对于这个问题，死者家属在调解过程中可以考虑是否有这个必要，考虑好了再告知我们。我们接着调解，学校这边是怎么打算的呢？

李校长：我们表态了，该承担的责任一定承担，但是要先把责任划分清楚。

肖卫某：我们家属方一致希望通过司法程序来解决赔偿问题，但想问问在场的法律专家，我们是否必须做尸检？

调解员曾某：针对肖某是否需要进行尸体解剖，家属和学校的意思我也听出来了。死者家属要给肖某讨回一个公道，想明确学校是否有责任、有多大的责任的问题。做尸检能够查明肖某死亡的原因：是在和同学追跑时撞了门导致脑袋受伤而死亡，还是由于其自身的疾病而死亡。这些可以通过尸体解剖得出答案，做尸体解剖也只能起到这个作用。至于处理的情况，按法律政策办。今天上午就到这里，大家先去吃午饭。我提两个要求：第一，就是死者家属这一方，亲朋好友都来了，大家商量一下，是不是需要对肖某进行尸体解剖。因为尸体解剖最重要的作用就是查明他的死因。你们商量一下，如果要做尸体解剖，今天下午就将尸检申请报告交过来，那我们的调解今天下午要暂时中止。如果不做尸体解剖，那下午三点半继续到这里进行调解。第二，当事人双方都考虑一下对这个问题怎么处理，到时候要你们自己提供一个处理方法给我们。就是说，对方要承担多大的责任，要有详细一点的说法，双方都要向我们提供。下午再调解就不讲这么多了，事实经过已经讲得很清楚了，只实事求是地说有没有责任、有多大责任、怎么赔偿，或者按学校的说法是怎么补偿，直接进入第二道程序。

（下午调解继续）

调解员曾某：上午大家坐在这里进行调解，基本上双方对肖某死亡及抢救的情况已经谈得差不多了，有出入的只是一些细节，那么现在就接着上午继续进行。在这之前，我还是想征询一下死者家属的意见，是不是需要对肖某进行查明死因的尸体解剖，请死者的父亲具体表个态。

肖卫某：这个事情我们讲得很清楚了，人是在学校死的，学校肯定负全部责任，我们不同意尸检。

调解员曾某：言外之意，死者家属认为，学校应对肖某的死亡承担全部责任，没有什么必要做尸体解剖。按照他们这个说法，学校也谈谈自己的观点。

李校长：我们也知道家长的考虑。但是这个事情是必需的啊，要不然怎么能弄清肖某究竟是怎么死的呢？做尸体解剖是帮助查明死亡的原因，出具的尸体解剖报告书只是处理这个事件的一个证据。做尸检不是逼你们去打官司。

调解员曾某：学校已经说到了他们愿意出1.5万元，但死者家属是不同意的。我们还不知道你们是什么要求。死者家属把你们的要求说出来，学校能够承受就承受，不能承受他们再提出自己的观点。

肖保某：我们说了，很简单，学校直接赔偿50万元。

司法所向某：对于肖某不幸去世的事件，我听了整个上午。从我个人的角度讲，目前无法或者难以对本纠纷进行定性。这一方面可能是我自己学识浅薄，另一方面可能是这个事情原因很多、很复杂，包括中午吃饭的时候，我们都在探讨这个问题，到底要从哪个切入点让学校担责。我们如果找不到突破口，那这个调解工作是很难进行下去的，势必造成两个极端：一个要求赔钱，另一个不赔钱。这个调解就进行不下去。我们一直在探讨这个问题，但是至今还没有找到好的办法。这是其一。其二，案子要说简单，凭我们了解的可能算简单。但是，里面又有很多复杂的细节问题。包括11日肖某生病，15日肖某和同学追闹撞到门上了，但是我想，今天大家坐到这里，到底哪个是主要原因，说白了难以确定，这不同于一般打架的案子。打架的案子，我明明看见你打了他一下，他受伤了，那你不用通过鉴定就要承担责任。

但是在这个案子里面，作为调解员，我们如果说学校有100%或者50%的责任，那我们要拿出证据，要说出几个道来，这100%、50%的责任在哪里，要说得校方心服口服，愿意掏钱。如果说校方没有责任，那我们也要拿出几个理由来说服你们家属。要不然，你们双方都不服，调解就没有效果。所以在这种情况下，我们也是好心建议大家走司法的途径，做尸体解剖。这个途径不是说必须做，一定要做，非做不可，而是因为双方今天在这里陈述的观点，没有能够达成共识。一方要求赔偿，另一方不愿意赔偿，就是责任问题没有弄清楚。如果尸体解剖不做，而双方能够把自己的责任担当起来，那当然不需要做，但是在这种情况之下，一方说有责任，另一方说没有责任，我们也只好走正当途径，走这个途径有几个好处。当然，在这里你们家属方接受不了，我完全可以理解。但是尸体解剖做了之后，第一，我们找到了直接原因。假如是撞到门上而导致肖某的死亡，那么我们不仅要找学校来，而且还要找对方学生家长来一起承担这个后果，那么就不是学校一方的责任，而是两方的责任。如果是生病，那么这个问题也好解决，也好解释。只有走了尸体解剖这个程序之后，对双方才有一个交代。家属方明白了这个事情详细的前因后果，校方承担责任也承担得心服口服。只有这样，双方才能够站在同平台上探讨这个问题。否则，你说我有责任，我说我没有责任，永远也争不清楚。所以这是走这个程序的好处。第二，如果双方不走这个程序，也可以，那么就需要双方能够以高姿态来面对这个问题。对你们家属方来说，你们也要降低这个期望值，作为校方，你也要从多方面为肖某的家属来考虑。也就是说，在无法划分责任的前提下，双方只能以高姿态来解决。否则，这么僵持下去也不是办法。第三，我提个建议性意见，我们分头做一下双方的工作，征求一下你们的意见，你们把最真实的想法告诉我们，我们提一个方案出来，看大家是不是觉得行得通，好不好？这样，如果这个方案大家能够70％、80％同意，我想尸检做与不做就都无所谓了。如果大家对我所提出的这个方案有不同的意见，那么没有办法，可能就要走尸检程序了。当然，这个做与不做是你们家属方自己决定的，谁也勉强不了你们。所以我觉得大家还是要站在调解这个平台上，争取今天把这个事情解决。事情拖一天，对双方都没有好处，家属方特别是他的父亲母亲、爷爷奶奶、外公外婆，肯定是心痛不已。这个我们完全能够理解，搞不好，多一天、多两天，老人家又气出病来了，可能有这种情况，以前我们也遇到过。作为校方，问题不解决，你们可能也不得安宁。所以，既然今天有这个机会，我们就要把握机会，作为家属方，要有原则性让步，作为校方，你们应多替家属方考虑一下，好不好？我们分头征求一下意见再集合。

（分头征求意见中，家、校双方分歧很大，家属方情绪很激动，调解只能暂时中止。）

调解员曾某：对于本纠纷，该走的程序也走得差不多了，今天晚上的调解征求了死者父亲的意见，他要求学校董事长陈某参加并详谈。学校领导已把陈董事长请来了，让你们双方能够面对面地再进行一次沟通，争取今天晚上把这个问题处理好。

（学校董事长陈某对肖某的死亡感到悲痛，认为双方应相互理解，愿意和死者父亲进行沟通。最终双方达成一致，由学校赔偿肖某家属4.6万元。）

调解员曾某：赔偿的数字已经确定，那我们就出具一个调解协议书，由双方代表签字即发生法律效力。下面，我宣读一下《人民调解协议书》……征求一下双方当事人的意见，对这份调解协议书还有没有不同意见？如果没有，就在本协议书上签字。本协议书签字即生效。死者父亲肖卫某、母亲李某同意本协议书吗？

肖卫某：同意。

李某：同意。

调解员曾某：学校法定代表人陈某同意本协议书吗？

学校董事长陈某：同意。

调解员曾某：好，那双方当事人就在本协议书上签字。签字之后，在自己的名字上面按右手大拇指印。

本纠纷随着双方当事人在调解协议书上签字得到了圆满的解决。在解决过程中，双方都摆出了高姿态，互谅互让。本纠纷从发生到今天，已经有整整六天的时间了。我希望这个纠纷得到解决之后，作为肖某的家属，你们在面对残酷现实的情况下，要鼓起生活的勇气，要继续精彩地活下去。作为校方，也要把这个事情、这个纠纷当作一个教训，在以后对学生的教育、管理方面，加大教育宣传力度，杜绝此类事件的发生。在这里，圆满解决这个纠纷之后，我们依然是朋友。现在我提个建议，请你们双方站起来握个手，好不好？

本次调解到此结束，谢谢大家。

调解结果：

√1. 调解成功；2. 调解不成；3. 有待继续调解。

当事人（签名、盖章或按指印）肖卫某
当事人（签名、盖章或按指印）李校长
人民调解员（签名）曾某　　向某　　成某
记录人（签名）×××

二○××年×月××日

五、人民调解协议书

（一）概念和功用

人民调解协议书，是指在人民调解委员会的主持下，纠纷当事人平等协商、互谅互让，就纠纷的解决达成的一致的书面协议。

我国《人民调解法》第28条规定："经人民调解委员会调解达成调解协议的，可以制作调解协议书。当事人认为无需制作调解协议书的，可以采取口头协议方式，人民调解员应当记录协议内容。"

人民调解协议书是纠纷解决结果的文字载体，是在人民调解委员会的调解下民间纠纷当事人达成调解协议的书面证明，在人民调解活动中具有重要的意义。

（二）文书具体写作要求

人民调解协议书由首部、正文和尾部三部分内容组成。

1. 首部

首部包括标题、编号和纠纷当事人的基本情况。

（1）标题。应当居中写明"人民调解协议书"。

（2）编号。应当写为"（××××）×民调字第×号"。例如，北京市海淀区人民调解委员会2023年制作的第5号人民调解协议书，应当写为"（2023）海民调字第5号"。其中，"2023"是受理纠纷的年度；"海"是海淀区人民调解委员会的简称；"民"是指纠纷性质；"调"是指纠纷解决方式；"5"是指人民调解委员会受理纠纷的顺序号。

（3）纠纷当事人的基本情况。应当写明申请人、被申请人的基本情况。填写当事人基本情况时，要求同人民调解申请书。

需要注意的是，如果当事人是无民事行为能力人或者限制民事行为能力人，应当写明法定代理人的姓名、住所，并在姓名后括注与当事人的关系。当事人及其法定代理人委托诉讼代理人的，应当写明委托诉讼代理人的诉讼地位、姓名。

2. 正文

正文包括纠纷主要事实、争议事项，当事人达成调解协议的内容，履行方式、时限。

（1）纠纷主要事实、争议事项。主要应当写明纠纷当事人之间发生争议的主要事实，包括纠纷发生的时间、地点、起因、经过、具体情节、结果等。同时，应当写明纠纷当事人对纠纷事实的争议事项与争执焦点，以及通过人民调解委员会对纠纷主要事实的了解，依据法律、法规、规章、政策等对纠纷事实进行分析，各方当事人应当承担的责任。叙写这部分内容，应当客观、全面，做到主要事实阐述清楚，争执焦点明确，各方责任的确定有理有据，有说服力。

（2）当事人达成调解协议的内容。调解协议的内容，是纠纷当事人针对纠纷解决达成的一致意见，这部分内容应当写得明确具体。

（3）履行方式、时限。应当写明当事人履行协议的方式和时限。

3. 尾部

尾部包括调解协议的份数；各方当事人签名、盖章或按指印，人民调解员、记录人签名；年、月、日及加盖人民调解委员会印章。

（1）调解协议的份数。应当写为"本协议一式____份，当事人、人民调解委员会各持一份"。

（2）各方当事人应签名、盖章或按指印，人民调解员、记录人应签名。

（3）写明年、月、日，加盖人民调解委员会印章。

（三）格式与示例

1. 人民调解协议书的格式

人民调解协议书

编号：_____

当事人姓名_____性别_____民族_____年龄_____职业或职务_____联系方式_____单位或住址_____

当事人姓名_____性别_____民族_____年龄_____职业或职务_____联系方式_____单位或住址_____

纠纷主要事实、争议事项：_____

_____

_____

_____

_____

_____

_____

经调解，自愿达成如下协议：_____

_____

_____

履行方式、时限_____

_____

_____

本协议一式_____份，当事人、人民调解委员会各持一份。

当事人（签名、盖章或按指印）_____人民调解员（签名）_____

当事人（签名、盖章或按指印）_____记录人（签名）_____

（人民调解委员会印章）

_____年_____月_____日

2. 人民调解协议书示例

人民调解协议书①

编号：（20××）×民调字第 003 号

当事人：刘某，女，23 岁，汉族，××省××市人，××市××有限责任公司职工，现住××市××路××号 2 栋 1 单元 101 号，联系方式：136××××××××。

当事人：某超市，位于××市××区××路××号，法定代表人马某，男，35 岁，汉族，超市经理，联系方式：135××××××××。

纠纷主要事实、争议事项：20××年 10 月 7 日晚上 7 点左右，刘某到某超市购物未果，经过超市安检门时，报警器报警。超市工作人员当场对刘某随身携带的包进行了检查，并将其带至办公室进行了搜身检查，均未查出违规带出的商品。刘某以人格权受到侵害为由，请求本人民调解委员会进行调解，要求某超市通过媒体公开道歉，并赔偿精神损害 5 000 元，某超市表示愿意接受调解。经查，双方对事实部分没有争议，但对赔礼道歉的方式及精神损害赔偿数额争议较大。

经调解，自愿达成如下协议：根据《民法典》《消费者权益保护法》及相关司法解释的规定，人民调解委员会对纠纷进行了调解，双方自愿达成如下协议：

一、某超市赔偿刘某精神损害抚慰金 2 000 元（大写：贰仟元）。

二、某超市在其大厅张贴向刘某道歉的公告半个月。

履行方式、时限：

一、协议签订后 3 日内（20××年 10 月 28 日前）某超市将现金 2 000 元（大写：贰仟元）送至刘某家中。

---

① 改编自盛永彬，刘树桥. 人民调解实务. 4 版. 北京：中国政法大学出版社，2018：186 - 187.

二、协议签订后半个月内（20××年 10 月 26 日至 20××年 11 月 9 日），某超市在其大厅张贴向刘某道歉的公告。

本协议一式三份，当事人、人民调解委员会各持一份。

当事人：刘某　　　　人民调解员：林某

当事人：某超市　　　记录人：李某

法定代表人：周某

（人民调解委员会印章）

二○××年十月二十五日

六、人民调解口头协议登记表

（一）概念和功用

人民调解口头协议登记表，是指纠纷当事人达成口头协议后，人民调解委员会对口头协议主要内容的记录。

根据我国《人民调解法》第 28 条的规定，经人民调解委员会调解达成调解协议，当事人认为无须制作调解协议书的，可以采取口头协议方式，人民调解员应当记录协议内容。

人民调解口头协议登记表是人民调解委员会调解民间纠纷情况的简要记载，不仅包括纠纷当事人争议的纠纷主要事实、请求事项，而且包括调解结果，即经过人民调解委员会调解达成调解协议的内容，或调解失败的原因，是记录人民调解活动的文字载体，对了解整个纠纷调解过程、总结人民调解的经验教训具有较为重要的意义。

（二）文书写作具体要求

人民调解口头协议登记表由首部、正文和尾部三部分内容组成。

1. 首部

首部包括标题、编号和当事人基本情况。

（1）标题。应当居中写明"人民调解口头协议登记表"。

（2）编号。应当按照有关规定或者各人民调解委员会自定的办法填写。

（3）当事人基本情况。当事人基本情况的写法同人民调解申请书。

2. 正文

人民调解口头协议登记表由人民调解委员会填写，正文是文书的核心内容，包括纠纷主要事实、争议事项，当事人达成调解协议的内容，履行方式、时限。

（1）纠纷主要事实、争议事项。应当载明纠纷的主要事实、争议事项及各方当事人的请求，填写内容较多时，可附页。

（2）当事人达成调解协议的内容。由"经调解，自愿达成如下协议"引出调解协议内容，具体应当载明纠纷各方当事人的权利义务，填写内容较多时，可附页。

（3）履行方式、时限。应当根据具体情况填写。

3. 尾部

尾部包括人民调解员签名，年、月、日，加盖人民调解委员会印章。

（三）格式与示例

1. 人民调解口头协议登记表的格式

人民调解口头协议登记表

编号：_____

当事人姓名_____性别_____民族_____年龄_____职业或职务_____联系方式_____单位或住址_____

当事人姓名_____性别_____民族_____年龄_____职业或职务_____联系方式_____单位或住址_____

纠纷主要事实、争议事项：_____

_____

_____

_____

_____

_____

_____

经调解，自愿达成如下协议：_____

_____

_____

_____

履行方式、时限_____

_____

_____

_____

人民调解员（签名）_____

（人民调解委员会印章）

_____年_____月_____日

2. 人民调解口头协议登记表示例

人民调解口头协议登记表

编号：（20××）×民调字第 0031 号

当事人：马某，女，53 岁，汉族，××市××公司员工，联系方式：137×××××
×××，现住××省××市××小区××号楼×单元××号。

当事人：张某，男，28 岁，汉族，××市××工厂工人，联系方式：139×××××
×××，现住××省××市××小区××号楼×单元××号。

纠纷主要事实、争议事项：马某与张某是邻居。20××年 1 月，张某搬家至现住房，
经常将垃圾堆放在家门口和楼道里，严重影响了马某一家人的通行。马某多次找到张某，
建议张某将垃圾扔到楼下的垃圾站，不要堆放在门口和楼道里，张某不听劝告，反而变本
加厉，与马某发生争吵，认为这是自己家的事情，与马某无关，是马某多管闲事，由此马
某与张某产生纠纷。

经调解，双方当事人自愿达成如下协议：

张某以后每天及时把垃圾扔到垃圾站，不在门口和楼道里堆放垃圾。

履行方式、时限：

张某立即回家清理门口和楼道里的垃圾。

人民调解员李某

（人民调解委员会印章）

二〇××年×月××日

七、人民调解回访记录

（一）概念和功用

人民调解回访记录，是指在人民调解委员会的调解下，双方当事人达成调解协议，为了保证调解协议的履行，人民调解委员会派员了解调解协议履行的情况，督促纠纷当事人履行调解协议时所作的文字记载。

《人民调解法》第31条规定："经人民调解委员会调解达成的调解协议，具有法律约束力，当事人应当按照约定履行。人民调解委员会应当对调解协议的履行情况进行监督，督促当事人履行约定的义务。"

人民调解委员会对双方当事人达成的调解协议履行情况进行回访，督促当事人履行调解协议，是人民调解工作的重要环节，回访记录是对回访情况所作的忠实记载，是人民调解员履行工作职责的凭证。

（二）文书写作具体要求

人民调解回访记录由首部、正文和尾部三部分内容组成。

1. 首部

首部包括标题、当事人基本情况、调解协议编号、回访事由、回访时间。

（1）标题。应当居中写明"人民调解回访记录"。

（2）当事人基本情况。写法同人民调解申请书。需要注意的是，这部分内容应当与人民调解申请书中填写的内容一致。

（3）调解协议编号。调解协议的编号应当与人民调解协议书的编号一致。

（4）回访事由。回访事由需要写明回访的民间纠纷的名称。

（5）回访时间。应当写明回访当事人的具体日期。

2. 正文

正文是文书的核心内容，主要应当记明回访情况。回访情况主要包括以下事项：（1）当事人在调解协议履行过程中是否发生争议；（2）当事人对调解协议的履行情况；（3）当事人向人民法院申请司法确认的情况；（4）当事人向人民法院提起诉讼的情况，以及人民法院的判决情况；（5）当事人对人民调解工作的意见等。

此外，在回访情况中，还需要记明回访的形式，包括实地回访、委托回访、电话回访等。

3. 尾部

尾部包括回访人签名、回访日期以及人民调解委员会署名。

(三) 格式与示例

1. 人民调解回访记录的格式

人民调解回访记录

当事人：_____

调解协议编号：_____

回访事由：_____

回访时间：_____

回访情况：_____

_____

_____

_____

_____

回访人（签名）_____

　　　　　　　　　　　　　_____人民调解委员会

　　　　　　　　　　　　　_____年_____月_____日

2. 人民调解回访记录示例

人民调解回访记录

当事人：某超市，位于××市××区××路××号，法定代表人马某，男，35 岁，汉族，超市经理，联系方式：135×××××××××。

调解协议编号：（20××）×民调字第 003 号

回访事由：刘某与某超市的人格权纠纷。

回访时间：20××年 11 月 15 日。

回访情况：

调解员到某超市找到经理马某，了解到如下情况：

1. 某超市已于 10 月 26 日将现金 2 000 元送至刘某家中，刘某写有收据。

2. 某超市已于 20××年 10 月 26 日至 20××年 11 月 9 日在其大厅入口处张贴了向刘某道歉的声明。

3. 某超市对全体工作人员进行了法治宣传教育，增强其法律意识，避免此类事情再次发生。

回访人：林某

　　　　　　　　　　　　　　　　　　　　　　××人民调解委员会

　　　　　　　　　　　　　　　　　　　　　　二○××年十一月十五日

◆【引例分析】

人民调解协议书由首部、正文和尾部三部分内容组成。

首部主要应当写明：（1）标题。应当居中写明"人民调解协议书"。（2）编号。应当写为"（××××）×民调字第 ×号"。（3）纠纷当事人的基本情况。应当写明申请人黄某、被申请人张某的基本情况。

正文主要应当写明纠纷主要事实、争议事项，当事人达成调解协议的内容，履行方式、时限。

尾部主要包括调解协议的份数；各方当事人签名、盖章或按指印，人民调解员、记录人签名；年、月、日及加盖人民调解委员会印章。

◆【本章小结】

1. 人民调解文书，是指人民调解委员会在调解和解决民间纠纷的过程中制作和使用的，反映纠纷调解过程和结果的具有法律意义的法律文书。人民调解文书不仅是人民调解委员会依法进行调解活动的忠实记录，反映了整个调解过程，也是维护纠纷当事人合法权益的依据。同时，人民调解文书记载的内容，也是人民调解委员会总结调解经验教训、提高人民调解质量的重要参考材料。

2. 人民调解文书需要依法制作，主要具有以下几个特征：制作主体的特定性、文书格式的规范性和文书内容的法定性。

3. 常用的人民调解文书主要包括人民调解申请书、人民调解受理登记表、人民调解调查记录、人民调解记录、人民调解协议书、人民调解口头协议登记表、人民调解回访记录等。

◆【练习题】

一、名词解释

人民调解文书　人民调解申请书　人民调解受理登记表　人民调解调查记录　人民调解记录　人民调解协议书　人民调解口头协议登记表　人民调解回访记录

二、简答题

1. 人民调解文书具有哪些特征？
2. 人民调解申请书的正文主要包括哪些内容？
3. 人民调解受理登记表的正文主要包括哪些内容？
4. 制作人民调解调查记录应当注意哪些问题？
5. 人民调解记录的正文主要包括哪些内容？
6. 人民调解协议书的正文需要写明哪些内容？
7. 人民调解回访记录的正文主要包括哪些内容？

三、案例分析题

张某与李某系夫妻，20××年 8 月，二人到人民调解委员会申请调解。丈夫张某称，自己与妻子李某经朋友介绍相识，半年后登记结婚，由于婚前交往的时间比较短，了解得不够，婚后感情一般。二人婚后第二年有了女儿张某红，此后夫妻二人经常为孩子的教育方式方法问题发生争吵，现女儿已经上小学二年级，夫妻之间的感情已经完全破裂，要求与妻子李某离婚。妻子李某出于女儿的健康成长考虑，不同意离婚。人民调解委员会接受双方当事人的申请后，人民调解员吴某通过与张某和李某夫妻二人交流发现，张某和李某夫妻二人之间的纠纷主要源于对女儿张某红的教育，夫妻二人教育女儿的初衷都是女儿能够健康成长，只是在教育方法上二人之间缺乏沟通和交流。了解清楚纠纷事实后，人民调解员耐心细致地做纠纷双方当事人的思想工作，劝说纠纷双方当事人为家庭稳定和女儿的健康成长考虑，在女儿的教育问题上多沟通、多交流，互谅互让、和睦相处。在人民调解员的耐心说服、教育和帮助下，张某和李某夫妻二人同意和好，不选择离婚。

问题：

人民调解受理登记表主要包含哪些内容？

分析要点提示：

人民调解受理登记表由首部、正文和尾部三部分内容组成。（1）首部包括标题，调解时间、当事人情况，纠纷类型等。（2）正文包括案件来源和纠纷简要情况。其中，案件来源应当选择是当事人申请，还是人民调解委员会主动调解。纠纷简要情况，首先应当写明张某与李某纠纷发生的时间、地点、起因、经过、具体情节、结果等；然后写明人民调解委员会"受理"了纠纷。（3）尾部包括当事人、登记人签名，人民调解委员会署名，受理申请的时间。

 在线测试

参考文献

1. 扈纪华，陈俊生. 中华人民共和国人民调解法解读. 北京：中国法制出版社，2010.

2. 刘爱君，孟德花. 人民调解实用技巧. 北京：中国政法大学出版社，2016.

3. 盛永彬，刘树桥. 人民调解实务. 4版. 北京：中国政法大学出版社，2018.

4. 侯怀霞. 调解技艺. 北京：法律出版社，2020.

5. 本书编写组. 人民调解工作的方法与技巧. 北京：中国法制出版社，2003.

6.《人民调解工作法律实务》丛书编写组. 人民调解方法技巧与法律知识. 北京：中国法制出版社，2020.

7. 吴军营. 人民调解案例汇编与评注. 北京：中国法制出版社，2012.

8. 人民调解工作法律实务丛书编写组. 人民调解文书法律知识及卷宗制作案例示范. 北京：中国法制出版社，2017.

9. 刘树桥，等. 人民调解实用技能. 北京：中国政法大学出版社，2017.

10. 张思星. 人民调解中的沟通艺术. 北京：中国法制出版社，2023.

11. 刘道龙，廖永安. 人民调解经典案例评析. 湘潭：湘潭大学出版社，2016.

12. 江伟，杨荣新. 人民调解学概论. 北京：法律出版社，1990.

13. 王红梅. 民间纠纷调解. 武汉：华中科技大学出版社，2019.

14. 丁寰翔，王宁. 人民调解的实践与发展. 北京：中国民主法制出版社，2015.

15. 侯怀霞. 人民调解理论与实务. 上海：上海交通大学出版社，2017.

16. 廖永安，等. 中国调解的理念创新与机制重塑. 北京：中国人民大学出版社，2019.

17. 强世功. 调解、法制与现代性：中国调解制度研究. 北京：中国法制出版社，2001.

18. 邱星美，王秋兰. 调解法学. 厦门：厦门大学出版社，2008.

19. 常怡. 中国调解制度. 北京：法律出版社，2013.

20. 张西恒. 矛盾纠纷多元化解原理与实务. 北京：法律出版社，2022.

21. 彭芙蓉，冯学智. 反思与重构：人民调解制度研究. 北京：中国政法大学出版社，2013.

22. 湛中乐，等. 行政调解、和解制度研究. 北京：法律出版社，2009.

23. 王秋兰，等．我国调解的立法、理论与实践问题研究．北京：中国政法大学出版社，2014.

24. 宋朝武，等．调解立法研究．北京：中国政法大学出版社，2008.

25. 邱星美．调解的回顾与展望．北京：中国政法大学出版社，2013.

26. 张卫平．民事诉讼法．6版．北京：法律出版社，2023.

27. 《民事诉讼法学》编写组．民事诉讼法学．2版．北京：高等教育出版社，2018.

28. 江伟．民事诉讼法．北京：高等教育出版社，2000.

29. 张卫平．民事诉讼法教程．北京：法律出版社，1998.

30. 毕玉谦．民事诉讼法学．3版．北京：中国政法大学出版社，2022.

31. 江伟，肖建国．民事诉讼法．北京：中国人民大学出版社，2023.

32. 宋朝武．民事诉讼法学．4版．北京：中国政法大学出版社，2015.

33. 刘畅．民间纠纷调解．北京：中国政法大学出版社，2023.

34. 吴毅．村治变迁中的权威与秩序．北京：中国社会科学出版社，2002.

35. 王俊娥．论人民调解的自治性．甘肃政法学院学报，2012（3）.

36. 常怡．中国调解制度．重庆：重庆出版社，1990.

37. 邱星美，王秋兰．调解法学．3版．厦门：厦门大学出版社，2022.

38. 何兵．论民间调解组织之重构．中国司法，2004（2）.

39. 李存捧，刘广安．民间调解与权利保护//夏勇．走向权利的时代：中国公民权利发展研究．修订版．北京：中国政法大学出版社，2000.

40. 郭彦．矛盾纠纷多元化解实例：基于诉源治理实践经验的解析．北京：人民法院出版社，2023.

41. 沈寅弟，陈叶锋．枫桥经验：人民调解的中国样本（城市案例卷）．杭州：浙江工商大学出版社，2023.

42. 黎清海．人民调解实战技法应用．北京：中国法制出版社，2023.